Katja Eman
Gorazd Meško

Przestępczość ekologiczna w kryminologii

Fenomeny przestępczości i rozwój zielonej kryminologii w Słowenii

Wydawnictwo Bezkresy Wiedzy

Imprint

Cover image: www.ingimage.com

Publisher:
Wydawnictwo Bezkresy Wiedzy
is a trademark of
International Book Market Service Ltd., member of OmniScriptum Publishing Group
17 Meldrum Street, Beau Bassin 71504, Mauritius

Printed at: see last page
ISBN: 978-620-2-44705-8

Zugl. / Approved by: Ljubljana, Uniwersytet w Mariborze, Diss., 2012

Przestępczość ekologiczna w kryminologii

Spis treści

Lista danych liczbowych

Lista tabel

1 Wprowadzenie

"Radzenie sobie ze szkodami w środowisku naturalnym będzie wymagało nowych sposobów myślenia o świecie..."
D. Heckenberg (2009: 9)

Rozwój naukowy i technologiczny stał się obsesją ludzkości pod koniec XX wieku i trwał do XXI wieku. Rewolucja przemysłowa była tylko początkiem kapitalistycznego rozwoju i postępu. Dziś, w dobie elektroniki, Internetu i robotów, musimy zmierzyć się z inną stroną rozwoju człowieka: degradacją środowiska, zanieczyszczeniem, zniszczeniem i szkodliwością dla środowiska. Zglobalizowany, nowoczesny i codziennie ulepszający się świat ma dwie "twarze", czyli przedstawia dwie strony tej samej monety. Zanieczyszczenia i odpady jako produkt uboczny lub końcowy produkcji[1] mają niekorzystny wpływ na środowisko naturalne, zamieszkałe przez człowieka i zagrażają jego życiu oraz szansom przeżycia. Problemy środowiskowe i klęski żywiołowe, które stanowią niektóre z następstw wspomnianego postępowania, zostały niemal zmiksowane na szczyt skali problemów bezpieczeństwa i problemów przetrwania współczesnego społeczeństwa. Wyczerpanie i zanieczyszczenie środowiska stało się częścią nowoczesnych społeczeństw w ramach rozwiniętego systemu gospodarczego i przemysłowego.

Ogólnie rzecz biorąc, *środowisko odnosi się* do środowiska naturalnego, kulturowego i społecznego. W wąskim znaczeniu tego słowa środowisko naturalne odnosi się jednak tylko do środowiska naturalnego (Šinkovec, 1986; Mihalič, 1993) i jest rozumiane jako obszar o specyficznych cechach otaczających ludzkość[2]. Mówiąc dokładniej, termin "środowisko" można również zdefiniować jako środowisko naturalne lub część powierzchni ziemi, której człowiek nie zmienił znacząco (tzn. przyroda oznacza niezależny świat

[1] Prawdziwy problem pojawił się w związku z tym, że ludzie zaakceptowali zanieczyszczenie (w przeszłości zanieczyszczenie było inaczej nazywane, ponieważ jeszcze nie tak dawno temu usuwanie odpadów stałych i materiałów budowlanych w lasach było uważane za całkowicie akceptowalne zachowanie społeczne) jako nieprzyjemny i nieunikniony fakt życia, z którym mogą zrobić bardzo niewiele lub nic (Hannigan, 1995: 1).

[2] Mihalič (1993) i Šinkovec (1986: 156) opisują środowisko jako zbiór przedmiotów podzielonych na środowisko fizyczne, społeczne i kulturowe. Jest to bardzo szeroka definicja środowiska, która jest znacznie szersza niż definicja środowiska ludzkiego (środowiska, w którym żyje człowiek, w tym nieruchomości, a także ściśle z nim związane rośliny i zwierzęta) zawarta w przepisach dotyczących ochrony środowiska.

obiektów i działających w nim sił) (Plut, 2004: 233). Pojęcie środowiska jest jeszcze wyraźniej zdefiniowane w art. 3 słoweńskiej ustawy *o* ochronie środowiska (*Zakon o varstvu okolja [ZVO-1-UPB1]*, 2006; 2008; 2009): *"Środowisko naturalne" oznacza tę część natury, na którą działalność człowieka wywiera lub może mieć wpływ. Składniki środowiska oznaczają glebę, materiały mineralne, wodę, powietrze oraz florę i faunę, w tym ich materiał genetyczny"*. Definicja ta, obok szerokiego opisu, wyznacza ramy prawne tego terminu.

Niegdyś kompletne środowisko naturalne, zwane także po prostu naturą, obecnie dzieli się na środowisko naturalne i ludzkie. Środowisko ludzkie może być podzielone na setki różnych części i elementów (np. środowisko kulturowe, społeczne, szkolne i rodzinne, polityczne itd.) Pochodząc głównie ze środowiska naturalnego, ludzkość nadal jest jego częścią. Na podstawie powyższego opisu można stwierdzić, że środowisko składa się z czterech podstawowych elementów: 1) powietrza; 2) wody; 3) gleby; oraz 4) różnorodności biologicznej. Co więcej, te cztery elementy rozszerzają się do ośmiu elementów: 1) powietrze; 2) woda; 3) miękka gleba; 4) surowce mineralne; 5) ludzie; 6) gatunki zwierząt; 7) gatunki roślin; oraz 8) mikroorganizmy. Ta definicja środowiska naturalnego, które dzieli środowisko na osiem elementów (Rysunek 1), jest stosowana w niniejszej książce.

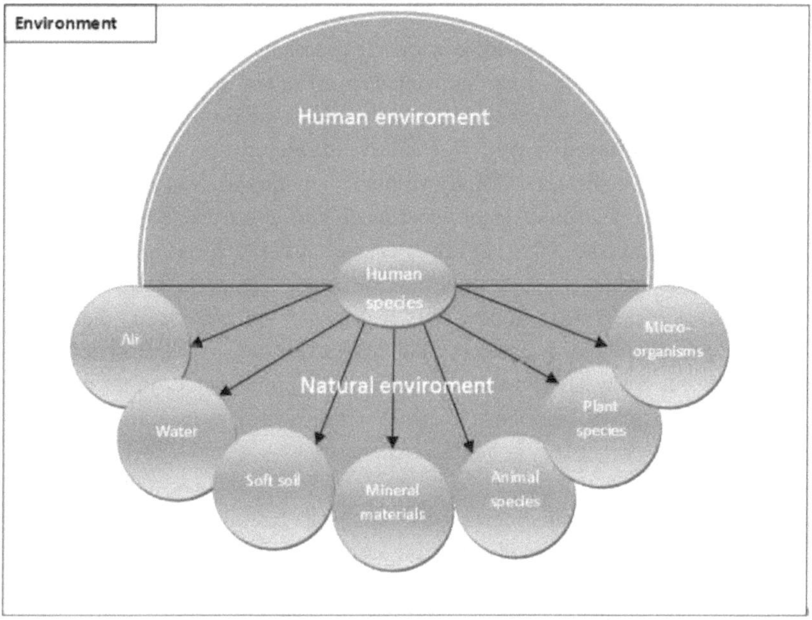

Rysunek 1: Relacje między ludźmi a środowiskiem naturalnym

Ludzkość nie może istnieć poza naturą i musi pozostać konsekwentna i w bezpośrednim kontakcie z nią, aby nie wyginąć. Kwestia przetrwania została podniesiona, ponieważ od średniowiecza ludzie byli przekonani, że to ludzie są władcami tej planety. Przyczyniło się to do tego, że ludzie zaczęli korzystać ze swojego nieuzasadnionego prawa do nieograniczonego korzystania ze wszystkich zasobów naturalnych, takich jak kamienie, gleba, drzewa, rośliny i uprawy, a także do zabijania zwierząt, itp.[3] Dlatego też musimy stawić czoła pojawiającym się dziś konsekwencjom. Takie nielegalne zagrażanie środowisku i jego niszczenie jest definiowane jako działanie, które jest sprzeczne z przepisami dotyczącymi ochrony środowiska. Innymi słowy, celowe i nielegalne niszczenie środowiska jest zdefiniowane jako przestępstwo przeciwko środowisku. Przestępstwa przeciwko środowisku naturalnemu obejmują różne formy ludzkiej inwazji, eksploatacji i niszczenia środowiska naturalnego, które wciąż rosną, podobnie jak ich "skutki uboczne", tj. dewastacja i zniszczenie środowiska.

[3] Często wydaje się, że ludzie robią to wszystko tylko dlatego, że chcą stworzyć (idealne warunki) do własnego przetrwania (i komfortu).

Problemy środowiskowe występują w trakcie procesów uszczuplania, niszczenia i zanieczyszczania środowiska (spowodowanych przez człowieka). Opisuje to termin "szkodliwość dla *środowiska"*, który odnosi się do urazów i degradacji liczbowych związanych z wykorzystaniem, niewłaściwym wykorzystaniem i niewłaściwym zarządzaniem "środowiskiem naturalnym", w tym działaniami takimi jak zanieczyszczenie, usuwanie odpadów toksycznych, zabijanie roślin i zwierząt (Heckenberg, 2009: 12) oraz zatrucie żyznej gleby. Biały (2009: 267) odnosi się do szkód w środowisku w szerszym znaczeniu i podkreśla, że przestępstwa przeciwko środowisku wiążą się ze szkodami dla ludzi, konkretnych środowisk i zwierząt. Nie wszystkie z tych rodzajów szkód są nielegalne, ale wszystkie zostały określone jako problematyczne do pewnego stopnia, dzięki pracy ekologów, badaczy i pracowników naukowych, którzy definiują szkody w bardziej kompleksowy sposób.

Z punktu widzenia kryminologicznego środowiska naturalnego i wyrządzanych mu szkód, szkody w środowisku naturalnym stanowią prawne lub nielegalne działania lub zaniechania wobec środowiska naturalnego popełnione przez człowieka (Heckenberg, 2009). W ten sposób mamy do czynienia z przestępstwami przeciwko środowisku, gdy konfrontujemy nielegalne działania i/lub zaniechania popełniane przez ludzi przeciwko całemu środowisku lub tylko jego elementom. Nacisk kładziony jest przede wszystkim na aspekty socjologii środowiskowej[4] i zielonej kryminologii,[5] które zajmują się coraz bardziej rozpowszechnionym problemem zagrażania i niszczenia środowiska, zabijania gatunków zwierząt i roślin, a w konsekwencji narażania życia ludzkiego. Ochrona środowiska, dążąca do[6] tzw. prawa do zdrowego i czystego środowiska, oraz wspomniana wyżej zielona kryminologia i socjologia środowiskowa najczęściej interweniują w sferze zagadnień środowiskowych, poszukując odpowiednich rozwiązań. W podobnych dyskusjach często

---

[4] Socjologia środowiska jest nauką społeczną zajmującą się wzajemną interakcją między społeczeństwem (jednostką jako częścią społeczeństwa) a środowiskiem, w którym jednostka żyje i pracuje. Źródłem tej kwestii są relacje między jednostką (społeczeństwem) a środowiskiem (King i McCarthy, 2008; Hannigan, 1995).

[5] Zielona kryminologia to nauka o szkodliwości dla środowiska (White, 2009; Heckenberg, 2009).

[6] Ochronę środowiska można zdefiniować jako każde działanie na rzecz ochrony i zachowania przyrody przed różnymi rodzajami działalności człowieka, takimi jak: zanieczyszczenie, (nadmierne) wykorzystywanie zasobów naturalnych, ochrona przed odpadami toksycznymi i radioaktywnymi, utrata różnorodności biologicznej, genetycznie modyfikowana żywność i organizmy, które powodują zubożenie warstwy ozonowej, efekt cieplarniany i zmiany klimatyczne - degradacja środowiska (Plut, 2004: 233).

wspomina się również o sprawiedliwości ekologicznej[7]. W dziedzinie nauk społecznych można zaobserwować współpracę i interdyscyplinarne podejście do studiowania, analizowania i rozwiązywania problemów ochrony środowiska.

W latach 70-tych i 80-tych, w odpowiedzi na wzrost odchyleń od stanu środowiska naturalnego na całym świecie, wzmocniła się prawna ochrona środowiska. Niemniej jednak poziom badań akademickich pozostał na bardzo niskim poziomie. W ostatnich latach sytuacja powoli się poprawia. Badania często wolały skupić się na sensacyjnych i głośnych sprawach karnych niż na ogólnej sytuacji. W związku z tym bardzo niewiele wysiłku włożono w określenie i zdefiniowanie wykroczeń przeciwko środowisku jako przestępstwa karnego. Chociaż rzadko wspomina się o tym w tekstach branżowych i naukowych, kryminolodzy zetknęli się z różnymi formami przestępczości środowiskowej, badając inne rodzaje przestępczości, zwłaszcza przestępczości korporacyjnej, a później także przestępczości zorganizowanej. Przestępczość[8] ekologiczna została wykryta, a nawet zbadana, ale nie została nazwana jako taka ani zdefiniowana jako szczególny rodzaj przestępczości. Dlatego też przestępstwa przeciwko środowisku nie są tak nowe i nieznane, jak się początkowo wydawało. W ostatniej dekadzie ubiegłego wieku zainteresowanie kryminologiczne przesunęło się w kierunku badania przestępczości ekologicznej jako specyficznej grupy lub rodzaju przestępczości. Mówiąc o przestępstwach przeciwko środowisku, można natknąć się na wyraźną specyfikę. W porównaniu z innymi rodzajami przestępstw, karanie sprawców przestępstw przeciwko środowisku nie jest naszym głównym interesem. Nieodłączny związek pomiędzy przestępczością ekologiczną, społeczeństwem i sposobem życia w zglobalizowanym, nowoczesnym świecie jeszcze bardziej utrudnia takie wysiłki. Problem zdefiniowania relacji między jednostką a środowiskiem leży na pierwszym planie dyskusji na temat rozwiązania tej sytuacji.
Głównym celem tej pracy jest umieszczenie przestępczości ekologicznej w

[7] Sprawiedliwość ekologiczna odnosi się do rozkładu środowiska wśród ludności. Dotyczy to dostępu do określonych zasobów naturalnych i ich wykorzystywania na określonych obszarach geograficznych oraz wpływu określonych praktyk społecznych i zagrożeń środowiskowych na określone populacje (np. klasę, zawód, płeć, wiek, pochodzenie etniczne) (Heckenberg, 2009: 13).

[8] Ostatnie ustalenia (Schmidt, 2004; Faure i Visser, 2003; Elliott, 2009; Klenovšek i Meško, 2011) wskazują na ścisły związek między przestępczością ekologiczną i przestępczością korporacyjną (białe kołnierzyki) a przestępczością zorganizowaną (np. udział zorganizowanych grup przestępczych w handlu odpadami, przenoszenie przemysłu ciężkiego do krajów słabiej rozwiniętych z powodu zysków i mniej restrykcyjnych przepisów dotyczących ochrony środowiska, nielegalny wyrąb lasów państwowych z powodu skorumpowanych przedstawicieli rządu, nielegalne kłusownictwo w celu osiągnięcia zysku lub zaspokojenia popytu magnatów przemysłowych itp.)

ramach kryminologii i kryminologii ekologicznej. Wspomniane wyżej relacje między człowiekiem a środowiskiem, ich formy i konsekwencje są głównymi przedmiotami dyskusji. Prace te koncentrują się na kontynuowaniu dyskusji na temat przedstawionych powyżej zagadnień, które są związane z porównawczymi perspektywami kryminologicznymi i karnymi przestępstw przeciwko środowisku w Słowenii i innych krajach (Stanach Zjednoczonych Ameryki, Australii i Wielkiej Brytanii), gdzie kryminologia ekologiczna jest dobrze rozwiniętą dziedziną wiedzy specjalistycznej, a przestępstwa przeciwko środowisku są lepiej badane.

Aby umożliwić lepsze zrozumienie przestępstw przeciwko środowisku i dać odpowiedź na pytanie, z czym dokładnie się one wiążą, co jest karalne, w jaki sposób karane są odchylenia, dlaczego powstają szkody w środowisku i kto jest ofiarą przestępstw przeciwko środowisku, musimy najpierw zdefiniować pewne podstawowe pojęcia. Oczekujemy, że kryminologia dostarczy odpowiedzi na następujące pytania: *kto* popełnił przestępstwo, *dlaczego je* popełnił i *jak popełniane* jest przestępstwo przeciwko środowisku. W ostatniej dekadzie byliśmy świadkami licznych dyskusji kryminologów, którzy próbowali zdecydować, jak nazwać gałąź kryminologii, która zajmuje się badaniem przestępstw przeciwko środowisku w kategoriach [9]zjawiska społecznego i indywidualnego oraz określić jego pojęcie, cel, znaczenie itp. Ze względu na brak odpowiedniej terminologii i wspólnej, uznanej na całym świecie definicji, poruszono kwestie na wszystkich innych poziomach dyskusji, badań, analiz, karania i zapobiegania przestępczości przeciwko środowisku. Ross (2005: 503) ma bardzo dobre powody, aby stwierdzić, że uznanie przestępstwa przeciwko środowisku jest więcej niż oczywiste, podczas gdy jego zdefiniowanie nie jest łatwe. Nie obowiązywała żadna indywidualna definicja przestępstwa przeciwko środowisku, ani nie była powszechnie akceptowana, a dyskusje na temat nazwania gałęzi kryminologii, która obejmuje dziedzinę przestępczości przeciwko środowisku (z odpowiednim określeniem), są nadal prowadzone. Terminy "kryminologia środowiskowa" i "zielona kryminologia" często podsycają debatę. Ostatnie dyskusje wskazują na coraz częstsze zalecenia i zamiary niektórych kryminologów i innych ekspertów (Bottoms,[10] 2007: 529;

[9] Dyskusja wśród kryminologów na temat nazwania gałęzi kryminologii, która bada odchylenia środowiskowe, toczy się od 1990 roku (Edwards, Edwards and Fields, 1996).

[10] Dół (2007: 529) twierdzi, że stosowanie terminu "kryminologia środowiskowa" powinno zostać zmienione z dwóch powodów: 1) termin "kryminologia środowiskowa" jest bardzo często używany do badania przestępczości w odniesieniu do tak zwanych "kwestii zielonych", dlatego też należy unikać

Bottoms and Wiles, 2002: 620), aby termin "kryminologia środowiskowa", dobrze znany i szeroko stosowany termin, który rozwinął się z socjologii miejskiej, zastąpić "kryminologią społeczno-przestrzenną" lub "badaniami nad przestępczością, przestępczością i wiktymizacją", ponieważ odnoszą się one do miejsca lub, innymi słowy, do czynników przestrzennych. Wprowadzając tę zmianę, termin "kryminologia środowiskowa" stałby się dostępny w odniesieniu do przestępstw przeciwko środowisku, które są obecnie objęte kryminologią ekologiczną.

Jako gałąź kryminologii,[11] zielona kryminologia rozwinęła się w połowie lat siedemdziesiątych XX wieku. Pomimo ogromnego braku jasności, braku niezbędnej wiedzy w dziedzinie naturalistyki oraz niewielkiej liczby badań naukowych i publikacji, udało się jej stworzyć podstawy do dalszych prac. W ciągu czterech dekad rozwoju, zielona kryminologia wielokrotnie próbowała zdefiniować przestępczość ekologiczną. Dlatego kryminologia XXI wieku musi być świadoma znaczenia środowiska naturalnego (Południe, 1998: 225). Musi ona obejmować zakres intelektualny i zarezerwowaną część dziedziny, w której mogłaby klasyfikować dziedziny wiedzy specjalistycznej, takie jak ochrona środowiska, prawa człowieka i zwierząt oraz ich naruszenia. To założenie, wyjaśnione i omówione szczegółowo, jest motywem przewodnim niniejszej pracy. Poprzednie badania (Eman, Fields i Meško, 2009; Eman, 2011; South, Eman i Meško, 2014) dotyczące rozwoju zielonej kryminologii wskazują, że ta "nowa" gałąź kryminologii powoli, ale stale się rozwija i postępuje w różnych częściach świata, w tym w Słowenii, pomimo istnienia efforts, aby określić odpowiednie definicje jej podstawowych pojęć. W dzisiejszych czasach zielona kryminologia dostosowuje się do potrzeb współczesnego społeczeństwa i staje się międzynarodowa i zglobalizowana. W procesie kryminalizacji przywiązuje więc duże znaczenie do roli nierówności, władzy i polityki; zwiększa zainteresowanie wiktymizacją i łamaniem praw człowieka oraz próbuje określić i rozwinąć różne formy zapobiegania przestępczości (Eman, 2011: 324).

---

niepotrzebnego mylenia tych dwóch odrębnych i zupełnie różnych dziedzin badań; 2) termin "społeczno-przestrzenny" ujmuje interakcję między badanymi obiektami (społeczeństwem i przestrzenią) w sposób, którego nie uwzględnia kryminologia środowiskowa.

[11] Kryminologia rozumiana jest jako nauka o czynach przestępczych i ich sprawcach, która bada rodzaje zachowań dewiacyjnych i bada ich przyczyny, opisuje takie zjawiska i obserwuje je w ich rozwoju. Wszakże kryminologia nie jest nauką prawną, ale empiryczną, która wykorzystuje wyniki badań empirycznych i wnioski wyciągnięte z doświadczeń.

Radzenie sobie z przestępczością ekologiczną z punktu widzenia kryminologii i sądownictwa karnego wymaga nowych sposobów myślenia o człowieku i społeczeństwie. Zrozumienie przestępczości ekologicznej i ochrona środowiska przed nią jest tematem przewodnim niniejszej książki od jej początków do końcowych rozdziałów, począwszy od badań nad przestępczością ekologiczną. Z kryminologicznego punktu widzenia szczególne znaczenie ma tzw. zaangażowanie społeczne kryminologów, zwłaszcza ich badania nad przestępczością ekologiczną i ich współpraca z praktyką. Faktem jest, że mają one wpływ na dalszy rozwój zielonej kryminologii, a także na opracowywanie polityki ochrony środowiska.

2 Przestępczość przeciwko środowisku

Degradacja i niszczenie środowiska naturalnego stały się częścią nowoczesnych społeczeństw o rozwijających się systemach gospodarczych. Co więcej, żyjemy w zglobalizowanym, ciągle zmieniającym się społeczeństwie, a w konsekwencji zmieniają się także rodzaje szkód w środowisku naturalnym, znane również jako przestępstwa przeciwko środowisku. Społeczeństwo stoi w obliczu rozdźwięku między rozwojem technologicznym a komfortem, poprzez który stara się łagodzić negatywne skutki, aby zagwarantować czyste środowisko, które na dłuższą metę zapewni ludziom i ich dzieciom wysoką jakość życia.
Chociaż mamy do czynienia z brakiem wcześniejszych wysiłków kryminologicznych w dziedzinie przestępczości ekologicznej, nie ma potrzeby "wyciągania wniosków". Dyskusje kryminologiczne na temat przestępstw przeciwko środowisku odnoszą się do powiązanych ze sobą kwestii, np. jak takie przestępstwo jest popełniane, jak jest m.in. mierzone, wyjaśniane, zapobiegane, regulowane i karane. Odpowiedzi na te pytania oczekuje się między innymi od kryminologii. Meško (2010) stawia kilka kluczowych pytań dotyczących przestępczości, przestępców i kar, które można przenieść na dziedzinę kryminologii ekologicznej i przestępczości ekologicznej. Dlatego możemy zadać następujące pytania: Jakie są powody, dla których ludzie popełniają przestępstwa przeciwko środowisku naturalnemu? Jak surowa musi być kara, aby ludzie unikali wyrządzania szkód w środowisku, przemocy i popełniania przestępstw ekologicznych? Czy stopień kary może być ważnym czynnikiem zapobiegającym przestępczości ekologicznej? Czy przestępczość ekologiczna jest zjawiskiem społecznym czy indywidualnym? Czy przestępczość ekologiczna jest zjawiskiem psychologicznym, biologicznym, społecznym czy ekonomicznym? Czy czynnik gospodarczy ma szczególnie istotny wpływ na przestępczość ekologiczną?
Pytania te przedstawiają podstawowe tematy tego i wszystkich kolejnych rozdziałów. Niniejszy rozdział ma na celu zmniejszenie różnic pomiędzy różnymi definicjami oraz zmniejszenie braku uniwersalnej definicji przestępstwa przeciwko środowisku w ogóle. Przedstawiono w nim również analizę rodzajów przestępstw przeciwko środowisku, opartą na przeglądzie sytuacji w Słowenii i przedstawioną w układzie fenomenologicznym. W niniejszym rozdziale omówiono pojęcie i znaczenie przestępczości przeciwko środowisku, w szczególności etiologię i fenomenologię przestępczości

przeciwko środowisku w Słowenii. Opisywane i analizowane są również teorie kryminologiczne dotyczące przestępstw przeciwko środowisku. Przedstawiono różne przykłady wcześniejszych studiów i doświadczeń badawczych, ze szczególnym uwzględnieniem przypadków z Republiki Słowenii. Wreszcie, ostatnia część tego rozdziału zawiera również podsumowanie najważniejszych ustaleń.

2.1 Pojęcie i znaczenie przestępstwa przeciwko środowisku naturalnemu

W ciągu ostatnich czterdziestu lat ochrona środowiska naturalnego stale awansowała w rankingach dotyczących interesu i priorytetów publicznych i państwowych. Kraje przyjęły ustawy i podatki oraz utworzyły policję i inne agencje o różnych mandatach i wytycznych w celu rozwiązania problemu degradacji środowiska (Brack, 2002: 1), wyczerpania i zniszczenia. Ponieważ klasyczne przestępstwa nie są już interesujące (wystarczająco opłacalne) dla przestępców, wzrosła liczba innych rodzajów przestępstw (przestępczość komputerowa, korupcja, przestępczość ekologiczna, przestępczość zorganizowana, cyberprzestępczość itp. Wzrost tego rodzaju przestępczości wywołał "nowe" problemy.

Poza nieporozumieniami związanymi ze stosowaniem terminologii (przestępczość ekologiczna, środowiskowa czy ekologiczna), problemy wynikają również z różnych koncepcji karno-politycznych, ponieważ interesy państw w zakresie prawa karnego dotyczącego środowiska mogą być (bardzo) różne.[12] Ponadto, różne są również typologie polityki społecznej w społeczeństwach (post)industrialnych. W dzisiejszym zglobalizowanym świecie prawie niemożliwe jest uniknięcie międzynarodowych wymiarów życia, które ograniczają niezależność w kształtowaniu polityki ochrony środowiska w niektórych krajach. W dzisiejszych czasach przestępczość przeciwko środowisku stanowi niewątpliwie jedno z największych wyzwań dla teorii i praktyki prawnej, ustawodawstwa prawa karnego oraz, szerzej, kryminologii,

[12] Podczas gdy nowoczesne kraje o ugruntowanych systemach gospodarczych mają tendencję do ochrony systemu ekologicznego poprzez prawo karne, przestępczość ekologiczna (gospodarcza) w krajach słabiej rozwiniętych i innych krajach przechodzących transformację jest *de facto* formą zalegalizowaną. W większości systemów prawnych tych krajów istnieją przestępstwa przeciwko środowisku i prawo karne w zakresie ochrony środowiska, ale żadne z nich nie jest egzekwowane przez właściwe organy. W takich przypadkach współczesna kryminologia mówi o "normalizacji przestępcy" (Selinšek, 2006: 223).

socjologii, ekologii, dochodzeń w sprawach karnych, wiktymologii, zapobiegania przestępczości itp. Jak stwierdził White (2009: 25), samo pojęcie przestępczości jest niejednoznaczne i kontrowersyjne. Badacze (Beirne, 2007; Brack i Hayman, 2002; Burns i Lynch, 2004; Carrabine, Lee, Plummer, South i Iganski, 2004a; Clifford i Edwards, 1998; Emery i Watson, 2004; Pečar, 1981; Halsey i White, 1998; Levy, 1994; Lynch i Stretsky, 2001; South, 1998; Situ i Emmons, 2000) od dawna spierają się o to, które działania lub zaniechania powodujące szkody w środowisku powinny być uznane za przestępstwo, i jak najlepiej ustalić, które szkody społeczne powinny być zdefiniowane jako złe.[13] Al-Damkhi, Khuraibet, Abdul-Wahab i Al-Attar (2009: 118) podkreślają, że oznaczanie zniszczenia środowiska jako przestępstwa jest zdecydowanym krokiem, zależnym od ram prawnych ustanowionych w każdym poszczególnym kraju.[14] Poza różnicami w terminologii fachowej, terminy "przestępstwo przeciwko środowisku" lub "wykroczenia przeciwko środowisku" zostały użyte w popularnych czasopismach, magazynach i gazetach do opisu czynów, które powodują szkody w środowisku naturalnym (Clifford i Edwards, 1998: 6). Problem, który napotyka się obecnie, polega na tym, że w dalszym ciągu używa się wielu podobnych terminów bez jasnej, powszechnie przyjętej definicji lub konkretnego określenia działalności, do której się odnoszą. Dlatego konieczne jest osiągnięcie porozumienia w sprawie podstawowej definicji przestępstwa przeciwko środowisku. Pozwoliłoby to nie tylko wyeliminować problem nieporozumień i błędnych interpretacji, ale również ułatwiłoby pracę właściwym organom, pracownikom akademickim i innym grupom interesu.

Dyskutując o przestępstwach przeciwko środowisku, omawiamy bardzo różne zjawiska, które trudno jest połączyć w jedną uniwersalną definicję. Poszczególne powody takiej sytuacji można znaleźć w fakcie, że (Pečar, 1992; Hannigan, 1995; Žnidaršič-Kranjc, 1998; Kanduč, 1999; Situ i Emmons, 2000; Dvoršek, 2001; Pličanič, 2003; Selinšek, 2003; Dobovšek i Goršek, 2007; Meško, Dimitrijevič i Fields, 2011):

[13] Kryminologia opiera się na idei, która uznaje "przestępstwo" za proces głęboko społeczny (przestępstwo jest różnie definiowane w różnych krajach), a "przestępca" nie zostaje popełniony, dopóki nie zostanie zatrzymany, ścigany i skazany za przestępstwo (reforma prawa gwarantuje, że to, co jest przestępcze dzisiaj, może być legalne jutro, a wręcz przeciwnie).

[14] W Słowenii proces ten jest wyraźnie widoczny w rosnącej liczbie przepisów dotyczących ochrony środowiska, zwłaszcza w rosnącej liczbie artykułów i paragrafów w rozdziale 32 Kodeksu Karnego Republiki Słowenii (KZ-1, 2008, 2009, 2011), który dotyczy dziedziny ochrony środowiska.

1) Przestępczość przeciwko środowisku jest związana z rozwojem i postępem technicznym, dlatego też stale pojawiają się nowe formy przestępczości przeciwko środowisku;
2) Przestępczość ekologiczna jest bardzo zróżnicowana na całym świecie (jest ona nieodłącznie związana z każdą jednostką, krajem, systemem gospodarczym, środowiskowym i biologicznym itp;
3) Przestępczość ekologiczna jest zjawiskiem złożonym, dlatego jej ściganie jest zazwyczaj długotrwałe i skomplikowane;
4) przestępczość ekologiczna jest trudna do wykrycia (brak znaczącej widoczności sprawcy);
5) zbiorowość i anonimowość ofiar prowadzi do dość abstrakcyjnego i niejasnego postrzegania szkód;
6) Przestępcy zajmujący się przestępstwami przeciwko środowisku są często powiązani z resztą świata, co oznacza, że zagraniczne standardy prawne powinny być brane pod uwagę oprócz standardów krajowych;
7) Przestępstwa karne przeciwko środowisku charakteryzują się zazwyczaj częstotliwością, nieodparciem, słabym pomiarem i apatią społeczną, co dodatkowo komplikuje ich wykrywanie i karanie;
8) Niektóre przestępstwa przeciwko środowisku są często popełniane w trakcie wykonywania zawodu lub działalności gospodarczej oraz nadużycia zaufania (uzyskiwanie korzyści finansowych - przestępstwo ekologiczne typu white-collar);
9) Granice pomiędzy aktami prawnymi i nielegalnymi są często niejasne w dziedzinie ekologii (obchodzenie zagrożeń środowiskowych dla porządku prawnego danego kraju);
10) sprawiedliwość ekologiczna zajmuje się różnymi kwestiami w różnych krajach (np. rasizmem ekologicznym, zorganizowanymi grupami przestępczymi zaangażowanymi w kradzieże zasobów naturalnych itp.
11) Międzynarodowe prawo ochrony środowiska jest niedoskonałym systemem ochrony środowiska, ponieważ czasami jest zbyt szerokie i niejasne lub zależy od krajowych interesów w innym miejscu.

Na podstawie powyższych przyczyn łatwiej jest zrozumieć występujące różnice w opisie i definicji przestępstwa przeciwko środowisku. Rozumienie przestępczości przeciwko środowisku różni się w poszczególnych społeczeństwach, w związku z czym rozwinęły się różne definicje środowiska, szkód w środowisku i przestępstw przeciwko środowisku. Przestępczość przeciwko środowisku, podobnie jak inne rodzaje przestępstw, nie jest terminem wyłącznie prawnym. Inne nauki i dyscypliny również zajmują się jej badaniami, co nadaje przestępczości ekologicznej multidyscyplinarny charakter. Poza tym, jeśli chce się dyskutować o "przestępstwach przeciwko środowisku", należy uznać pewien rodzaj specyfiki czynu lub jego pominięcia, które czyni go wyraźnie istotnym z punktu widzenia ochrony środowiska (White, 2009: 25). W związku z tym istnieje wiele nieporozumień co do rodzajów zjawisk, które są określane jako szkody w środowisku, a w szczególności włączone do ram prawnych jako *"przestępstwo" samo w sobie*. Obecnie przestępczość ekologiczna jest nauczana w wielu dyscyplinach naukowych. Pečar (1981: 40) zauważa, że przestępczość ekologiczna jest interwencją w ochronę środowiska, która obejmuje każde trwałe lub tymczasowe działanie lub zaniechanie, które ma negatywny wpływ na środowisko, zdrowie ludzi oraz na eksploatację i wykorzystanie dóbr naturalnych[15]. Kilka lat później Pečar (1988: 286) podkreślił, że przestępczość ekologiczna wynika z egoizmu, który jest zdeterminowany potrzebą zysku wraz z ludzką adopcją i kontrolą przyrody. Zanieczyszczenie przyrody i środowiska określił jako dewaluację środowiska, tzw. ecocide - celowe niszczenie żywego środowiska.

Przestępczość przeciwko środowisku często charakteryzuje się bardzo szerokimi pojęciami, które czasami mogą być zupełnie inne (Clifford i Edwards, 1998: 7), zwłaszcza jeśli pojęcia te nie są poparte przykładami lub nie zawierają konkretnych definicji. Co więcej, społeczność międzynarodowa w coraz większym stopniu uznaje prawo do podstawowej integralności środowiskowej za podstawową kwestię samostanowienia i samostanowienia (Al-Damkhi i in., 2009: 118), co niewątpliwie wpływa na proponowane definicje przestępstw przeciwko środowisku i skłania do refleksji nad nimi. To ostatnie zostało wykazane w analizie i porównaniu istniejących definicji, jak pokazano poniżej.

Dini (2007) definiuje przestępstwo przeciwko środowisku jako czyn obejmujący już nielegalną produkcję i/lub dystrybucję towarów i usług (np. nielegalny handel dzikimi zwierzętami, handel substancjami zubożającymi warstwę ozonową, nielegalny transport i handel odpadami niebezpiecznymi lub

---

[15] Na przykład: budowa, zmiana, praca, porzucanie i usuwanie budynków i urządzeń oraz zużycie materiałów, półproduktów, produktów i energii; utylizacja odpadów, eliminacja odpadów i tworzenie energii; emisje do wody, powietrza lub gleby, usuwanie odpadów i inne rodzaje oddziaływania na środowisko; transport i postępowanie z substancjami niebezpiecznymi; niszczenie lub niszczenie aktywów naturalnych; zmniejszanie różnorodności biologicznej; inne działania, które stanowią zagrożenie i niebezpieczeństwo dla środowiska (Pečar, 1981: 40).

radioaktywnymi, nielegalne połowy i kłusownictwo, pozyskiwanie drewna itp.) Według Clifforda (1998) przestępstwo przeciwko środowisku jest czynem, który jest popełniany z zamiarem uszkodzenia lub spowodowania szkód w systemach ekologicznych i biologicznych w celu zapewnienia korzyści gospodarczych lub osobistych. Podobnie jak Clifford (1998), który wywodzi się z perspektywy prawnej, Situ i Emmons (2000) twierdzą, że przestępstwa przeciwko środowisku naturalnemu są w rzeczywistości "tworzeniem" prawodawstwa w zakresie ochrony środowiska, ponieważ zachowanie, jakkolwiek groźne lub agresywne, które nie narusza przepisów, nie jest czynem przestępczym. W ten sposób prawo określa, co zostanie zdefiniowane jako przestępstwo przeciwko środowisku. Z drugiej strony, takie stanowisko kwestionuje wiarygodność legislacyjnej gałęzi władzy i państwa jako najbardziej odpowiedzialnych za regulowanie tej dziedziny wiedzy. Ponadto Situ i Emmons (2000: 3-4) definiują przestępstwo przeciwko środowisku jako niedozwolone działanie lub zaniechanie, które jest niezgodne z prawem, a zatem podlega ściganiu karnemu i sankcjom, ponieważ szkodzi lub zagraża bezpieczeństwu fizycznemu lub zdrowiu ludzi, a także samemu środowisku. Podobnie, Gibbons (1994) definiuje przestępstwo przeciwko środowisku jako umyślne lub dobrze przemyślane przestępstwo, które powoduje faktyczne i materialne szkody w wodzie, środowisku, powietrzu, glebie lub krajobrazie.

Z drugiej strony, wielu autorów (Kanduč, 1994; Croall, 1992; Reid, 2004; Dobovšek, 1997; Sutherland, 1949, w Sutherland i Cressey, 1974; Poveda, 1994) klasyfikuje przestępczość ekologiczną jako przestępczość białych kołnierzyków[16] lub przestępczość gospodarczą[17] (Situ i Emmons, 2000; Siegel, 2001; Dobovšek, 2008).

Wyżej wymienione definicje umieszczają definicję "Sutherlanda" (1949 r.) w nowym kontekście, ponieważ uwzględniają one jednostkę, która jest nie tylko ofiarą, ale i przestępcą. Można stwierdzić, że ciągłe zmiany i tworzenie nowych rodzajów przestępstw przeciwko środowisku nadal przyczynia się do zmiany i doskonalenia definicji, a różnice między prawnymi i socjologicznymi definicjami przestępstw przeciwko środowisku są nadal dość oczywiste. Co

[16] Przestępstwo "białych kołnierzyków" jest definiowane jako łamanie prawa przez jednostkę lub grupę w czasie pracy w inny sposób szanowany i zgodny z prawem sposób w polityce zatrudnienia i działalności gospodarczej społeczeństwa (Coleman, 1989).

[17] Przestępstwo gospodarcze jest umyślnym działaniem lub zaniechaniem działania, które narusza prawo karne, popełnionym przez osobę fizyczną lub grupę w organizacji korporacyjnej na własną korzyść (Reid, 2004: 250).

więcej, specyfika przestępczości ekologicznej polega na tym, że ma ona dwie prawdziwe ofiary - ludzi i środowisko[18]. Ofiarność środowiskowa" jest bardzo podobna do przestępczości gospodarczej i innych przestępstw gospodarczych, które powodują liczne ofiary i ogólnie znaczne szkody. Jednak kiedy takie szkody są rozdzielane między tysiące ofiar, nie stanowią już one szczególnego poświęcenia dla każdej osoby (Pečar, 1981: 42). Wszystko to sprawia, że problem definiowania pojęć "przestępczość ekologiczna" i "zielona kryminologia" staje się jeszcze bardziej złożony. Kwestia uzgodnionej definicji wynika z różnic w rozumieniu pojęcia przestępstwa przeciwko środowisku. Takie różnice są przenoszone i utrwalane w dziedzinie przestępczości, która definiuje prawną ochronę środowiska i stwarza możliwości dla niepełnych procedur w ramach systemów wymiaru sprawiedliwości w sprawach karnych.

Problemy z określeniem terminu "przestępstwo przeciwko środowisku" (i innych powiązanych terminów) najczęściej wynikają z licznych i różnorodnych podejść teoretycznych do osiągnięcia wspólnej definicji. W procesie definiowania terminu "przestępstwo przeciwko środowisku" istnieją różne przyczyny nieporozumień; ze względu na różne interesy poszczególnych krajów, przyczyny te sięgają od różnic teoretycznych i abstrakcyjnych do koncepcji politycznych. We współczesnej socjologii, której klasyfikacja obejmuje również kryminologię, na pierwszym planie znajdują się klasyczne i nowoczesne podejścia do definiowania terminologii. Dzięki dyskryminacji pewnych zjawisk przeciwko środowisku, kryminologia narodziła się nowa dziedzina wiedzy specjalistycznej. Ta dziedzina różni się od wcześniejszych prac badawczych, ponieważ zajmuje się nowym odchyleniem, które w szczególny sposób zagraża specjalnie zabezpieczonym towarom, a także przedstawia inny związek przyczynowy (Pečar, 1981: 41). Dyskusje kryminologiczne na temat przestępczości ekologicznej odnoszą się do następującego pytania: W jaki sposób ta przestępczość jest wykazywana w rzeczywistości, jak się ją mierzy, wyjaśnia, zapobiega, reguluje, sankcjonuje itp. W przeszłości dyskusje na temat przestępczości ekologicznej były w dużej mierze dyskusjami na temat "przestępczości elitarnej" z udziałem potężnych jednostek, organizacji gospodarczych i innych (Kanduč, 1997: 13), w której przestępczość ekologiczna jako taka obejmuje bardzo różne rodzaje

[18] Situ i Emmons (2000) ostrzegają, że taka wiktymizacja niekiedy dużych grup ludzi lub nawet mieszkańców całych regionów jest ukryta i cicha, a czasami może pozostać nieodkryta przez dziesięciolecia. Środowisko, które jest "ofiarą", zazwyczaj obejmuje własność publiczną (parki, rzeki, jeziora) lub zasoby, na które nie ma zapotrzebowania prywatnego (powietrze, wody gruntowe, gleba).

szkodliwych działań motywowanych chęcią zwiększenia bogactwa materialnego. Dzisiaj takie dyskusje wracają do pojedynczych osób. Szkodliwe działania, które są przeprowadzane na szkodę środowiska przez pojedynczą osobę, mogą być nieistotne, ale gdy zsumuje się dwa miliony takich indywidualnych działań, zjawisko nabiera zupełnie nowego znaczenia.

Socjologiczna definicja przestępstwa przeciwko środowisku rozszerza zakres tego pojęcia poza definicję prawa karnego. Termin "przestępczość" i tym samym (częściowo) termin "przestępczość (środowiskowa)" rozciąga się na ogół na zachowania niespołeczne (zachowanie, które jest sprzeczne z obowiązującymi normami zachowania, ale niekoniecznie jest karalne) (Žnidaršič-Kranjc, 1998: 201). Z socjologicznego punktu widzenia każde zachowanie dewiacyjne, które nie jest zgodne z normami ochrony środowiska regulującymi zachowanie podmiotów w danym środowisku naturalnym, może zostać zakwalifikowane jako przestępstwo ekologiczne.

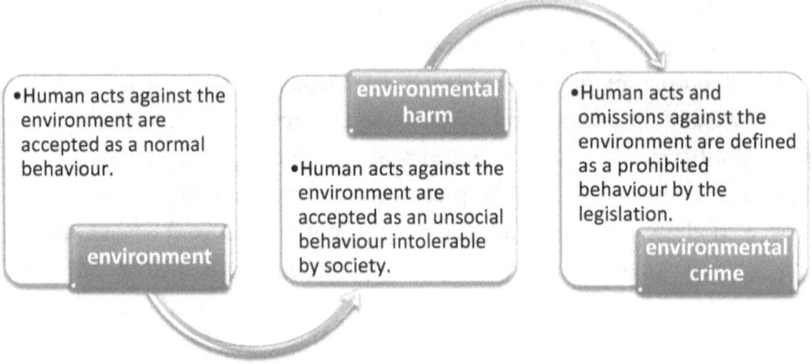

Rysunek 2: Od środowiska naturalnego do przestępczości ekologicznej - zmiany w procesie zachowań człowieka wobec środowiska (przegląd historyczny)

Granice między szkodami wyrządzonymi środowisku naturalnemu a przestępstwami przeciwko środowisku są określone przez krajowe (bardzo rzadko międzynarodowe) przepisy dotyczące ochrony środowiska, przyjęte przez rządy (lub innymi słowy przez społeczeństwo, ponieważ rządy są na ogół wybierane przez obywateli). Proces ten został schematycznie przedstawiony na rysunku 2 powyżej. Program reprezentuje proces zmian w zachowaniach ludzi wobec środowiska naturalnego, który w niektórych krajach nadal trwa; tj. czyny, które od dziesięcioleci są zakazane przez prawo karne, są nadal "normalne" w niektórych krajach, podczas gdy w innych pozostają zachowaniami nieuregulowanymi (np. emisje gazów, przepisy dotyczące usuwania odpadów, ścieki przemysłowe uwalniane w rzekach, przepisy dotyczące pozyskiwania drewna itp.)

Broniąc socjologicznej definicji przestępstwa, White (2009: 1) podkreśla, że dla wielu osób i ekspertów termin "przestępstwo przeciwko środowisku" najlepiej jest opisać nie w kategoriach "legalności", ale w kategoriach nowych koncepcji sprawiedliwości środowiskowej. W przypadku White'a szkoda dla środowiska może być rozumiana w kategoriach trzech szerokich podejść do rozumienia kwestii środowiskowych: kryminologii konwencjonalnej,[19] perspektyw ekologicznych[20] i kryminologii ekologicznej.[21] Według White'a (2008a), przestępczość ekologiczna jest szkodliwa dla środowiska naturalnego, która jest popełniana na całym świecie, chociaż jej intensywność i forma różnią się w zależności od konkretnych regionów i populacji.

Definicja przestępstwa przeciwko środowisku powinna być prosta, jasna i zrozumiała. Jest to jedyny sposób, aby taka definicja była szeroko akceptowana (tzn. jednolita) i miała zastosowanie do celów badań porównawczych. W tym względzie Clifford i Edwards (1998) ostrzegają, że niezwykle szeroka definicja nie jest przydatna do celów analizy, zwłaszcza badań porównawczych, ponieważ wszystko można w niej zawrzeć. Sugerują one, że jednym z celów definicji przestępstw przeciwko środowisku jest umożliwienie rozsądnych porównań, dlatego też definicja musi być wystarczająco szeroka, aby wykluczyć znaczące rozróżnienia. Im więcej naukowcy i eksperci będą wiedzieć o przestępstwach przeciwko środowisku, tym więcej badań będą prowadzić i tym lepsze będą proponowane przez nich koncepcje (tj. definicje) przestępstw przeciwko środowisku. Poza tym można uniknąć niepożądanych nieporozumień, podając przykłady omawianych zjawisk. Po przeanalizowaniu socjologicznej (kryminologicznej), filozoficznej i prawnej koncepcji przestępstwa przeciwko

---

[19] Kryminologia konwencjonalna odnosi się do prawnych pojęć szkody określonych w przepisach prawnych, zasadach i konwencjach międzynarodowych. Według White'a (2009: 2), kluczowe kwestie dotyczą legalności i podziału działalności na kategorie legalne i nielegalne.

[20] Perspektywa ekologiczna odnosi się do dobrego samopoczucia ekologicznego i holistycznego rozumienia wzajemnych powiązań między gatunkami i środowiskiem. Biały (2009: 2) podkreśla, że zrównoważony rozwój i oznaczanie praktyk społecznych jako destrukcyjnych z punktu widzenia równowagi ekologicznej ma kluczowe znaczenie.

[21] Według White'a (2009: 2), kryminologia zielona odnosi się do koncepcji sprawiedliwości opartej na pojęciach praw człowieka, praw środowiska i praw zwierząt oraz kwestii egalitarnych. W kontekście sprawiedliwości ekologicznej kluczowe znaczenie ma wyważenie różnych naruszeń lub szkód.

środowisku w USA i innych krajach, Clifford i Edwards (1998: 25) przedstawili swoją definicję przestępstwa przeciwko środowisku:

> *Przestępstwo przeciwko środowisku jest aktem naruszającym ustawę o ochronie środowiska, który ma zastosowanie do obszaru, na którym ten akt miał miejsce i który określił już sankcje karne dla celów egzekwowania prawa przez policję.*

Pomimo faktu, że zarówno definicja przestępstwa, wąska definicja prawna, jak i szersza definicja socjologiczna przestępstwa mają silny wpływ, klasyfikacja rodzajów przestępstw przeciwko środowisku, ich porównywanie i argumentacja są bardziej logiczne, jeśli opierają się na ramach prawnych. Oba te obszary są ze sobą ściśle powiązane, ponieważ wpływ socjologicznej definicji przestępstwa przeciwko środowisku stale znajduje odzwierciedlenie w stale zmieniającym się ustawodawstwie dotyczącym ochrony środowiska i rosnącej liczbie rodzajów przestępstw przeciwko środowisku określanych przez prawo karne (tj. czyny przestępcze) i inne przepisy (tj. przestępstwa). Jak już wspomniano, dziedzina przestępstw przeciwko środowisku jest "żywa" i stale się zmienia, a wzajemny wpływ obu definicji jest tylko jedną z kwestii. Na podstawie wszystkiego, co do tej pory zostało napisane, można podsumować następującą definicję naruszenia środowiska:

> *Przestępczość przeciwko środowisku naturalnemu obejmuje każde tymczasowe lub stałe działanie lub zaniechanie określone i zdefiniowane jako zboczone przez (między)krajowe ustawodawstwo, które powoduje jakąkolwiek formę szkody (sztuczną zmianę, pogorszenie, obciążenie, degenerację lub zniszczenie) jednego lub więcej z ośmiu elementów (powietrze, woda, miękka gleba, materiały mineralne, ludzie, gatunki zwierząt, rośliny i mikroorganizmy), które składają się na środowisko naturalne lub zakłócają jego naturalne zmiany. Sprawcą może być każdy lub każdy z nas (korporacje, firmy, grupy, osoby prywatne, państwo itp.). Ofiary są specyficzną cechą przestępstw ekologicznych, ponieważ oprócz środowiska lub bezpośrednio przez środowisko (biotyczne i abiotyczne elementy przyrody) takie przestępstwa szkodzą również ludziom.*

Podsumowując wszystkie przedstawione powyżej opisy i przykłady można powiedzieć, że środowisko naturalne jest zagrożone wieloma różnymi zagrożeniami, które w dużym stopniu są dziełem człowieka. Mając do czynienia z przestępstwami przeciwko środowisku, mamy do czynienia wyraźnie z przestępstwami przeciwko środowisku, a w konsekwencji przeciwko ludzkości, czyli podstawowym wartościom ludzkim i ludzkiemu życiu. Są one nie tylko bezpośrednio szkodliwe dla ludzi, ale także niszczą wszystko, co jest niezbędne do przetrwania ludzkości. W konsekwencji, lub w przeciwieństwie do ludzkiego antropocentryzmu[22], rozwinął się [23]ekocentryzm. Człowiek jest umieszczony w środowisku. Wraz z innymi istotami żywymi ludzie stanowią część wzajemnie powiązanego systemu, w którym zarówno przetrwanie, jak i jakość życia zależą i zależą od warunków materialnych i szczególnych relacji z innymi istotami żywymi (Pličanič, 2003). Tak więc, wraz z rozwojem koncepcji przestępstwa przeciwko środowisku, pojawiły się różne definicje. Przestępczość przeciwko środowisku, podobnie jak inne rodzaje przestępstw, nie jest pojęciem wyłącznie prawnym. Inne nauki i zawody również zajmują się badaniem przestępczości ekologicznej, co nadaje jej multidyscyplinarny charakter. Przestępczość ekologiczna jest przedmiotem badań w zakresie ekologii, kryminologii, socjologii, dochodzenia karnego, psychologii, wiktymologii, zapobiegania przestępczości, biologii, geografii i innych. Dlatego też na proponowane opisy i definicje mają wpływ różne aspekty. Jesteśmy świadomi, że proponowana definicja przestępstwa przeciwko środowisku jest tylko jedną z wielu, ale uważamy, że łączy ona w sobie ważne elementy kilku poprzednich definicji i dlatego stanowi konkretną aktualizację.

Różne dyscypliny naukowe i zawody starają się udzielić odpowiedzi na liczne pytania poprzez badanie przestępczości ekologicznej i prowadzenie dyskusji. W ramach swojej wiedzy starają się oni zdefiniować podstawowe pojęcia i logicznie je sklasyfikować. Chociaż nieumyślnie, może to łatwo prowadzić do różnych koncepcji tych samych elementów, co powoduje powielanie i dezorientację. Należy mieć na uwadze, że istnieje możliwość nakładania się lub powielania i starać się ich unikać w dodatkowych definicjach. Coraz częściej na pierwszy plan wysuwają się cechy zagrażające życiu lub konsekwencje przestępstw przeciwko środowisku. Poznanie i uświadomienie sobie potencjalnych konsekwencji w połączeniu z surowymi karami to tylko niektóre

[22] Antropocentryzm odnosi się do skoncentrowanego na człowieku poglądu na świat, który stawia człowieka w centrum świata i deklaruje go jako rzeczywistość i maksymalną wartość lub przekonanie, że człowiek jest panem natury i że zwierzęta, rośliny i świat nieożywiony mogą być zatem bezwzględnie eksploatowane i niszczone (White, 2009; Heckenberger, 2009; Plut, 2004).

[23] Ekocentryzm odnosi się do przekonania, zgodnie z którym człowiek jest częścią natury i dlatego jest zobowiązany do traktowania zwierząt, roślin i świata fizycznego z szacunkiem i obciążania go tylko umiarkowanie (Heckenberger, 2009; Plut, 2004).

z możliwych rozwiązań w zakresie zapobiegania przestępczości ekologicznej. Szkody wyrządzone środowisku naturalnemu pozostają jednym z głównych celów niniejszej książki, dlatego na kolejnych stronach przedstawiono rodzaje, przyczyny, pochodzenie i rozwój przestępczości ekologicznej.

2.2 *Fenomenologia i etiologia przestępstw przeciwko środowisku naturalnemu*

Na przestrzeni dziejów opracowano różne podejścia teoretyczne, które były wykorzystywane przez badaczy i naukowców do uzasadnienia swoich sugestii, wyjaśnień, teorii i definicji. Zagadnienie przestępczości ekologicznej pojawiło się po raz pierwszy na polu geografii i biologii, po czym socjologia stała się najbliższa opisowi i wyjaśnieniu przestępczości ekologicznej. Dopiero później, gdy socjologia oddzieliła się od kryminologii, naukowcy i badacze zaczęli częściej dyskutować o przestępczości ekologicznej. Ze względu na szeroki zakres i znaczenie takich dyskusji w Wielkiej Brytanii,[24] wkrótce pojawiła się nowa gałąź kryminologii naukowej, zwana zieloną kryminologią. Rozwój sprawiedliwości ekologicznej[25] poszedł własną drogą, co w dzisiejszych czasach przedstawiane jest jako słabość i wskazuje na konieczność dzielenia się wynikami i ustaleniami z innymi naukami (socjologią, ekologią, kryminologią, geografią itp.) w celu wypracowania wspólnych rozwiązań.

Badając konkretne zjawiska, musimy patrzeć i szukać w kilku różnych kierunkach. Badanie przestępczości ekologicznej musi rozpocząć się na początku, od określenia jej przyczyny i pochodzenia, a następnie kontynuować proces rozwoju tego zjawiska. Dlatego stosujemy etiologię i fenomenologię.[26]

---

[24] W latach dziewięćdziesiątych XX wieku Lynch (1990) po raz pierwszy wprowadził termin "zielona kryminologia" do dyskusji kryminologicznych dotyczących badań kryminologicznych nad przestępczością przeciwko środowisku, które zostały podjęte przez elity.

[25] *"Sprawiedliwość ekologiczna to podejście do konceptualizacji szkód w ramach zielonej kryminologii. Odnosi się do podziału środowisk pomiędzy ludnością pod względem dostępu do określonych zasobów naturalnych i ich wykorzystywania na określonych obszarach geograficznych oraz wpływu określonych praktyk społecznych i zagrożeń dla środowiska na określone populacje (np. określonych na podstawie klasy, zawodu, płci, wieku, pochodzenia etnicznego). W centrum analizy znajduje się człowiek, a w centrum uwagi znajduje się jego zdrowie i dobre samopoczucie oraz wpływ poszczególnych rodzajów produkcji i konsumpcji na nie"* (Heckenberg, 2009: 13).

[26] Meško (2010: 41) definiuje etiologię kryminalną jako badania ludzkiej natury, motywów, stanu umysłu, warunków i okoliczności społecznych, czynników ekonomicznych itp. Z drugiej strony, fenomenologia przestępcza zajmuje się formami zjawisk, strukturą, zmianami strukturalnymi i dynamiką przestępczości. W związku z tym bada ona pojawiające się rodzaje przestępczości i zachowań przestępczych. W końcu formułuje wypowiedzi na temat czynników osobistych i środowiskowych jako motywów przestępczości.

Różne podejścia do badania rzeczywistości są typowe dla nauk społecznych, ponieważ różni autorzy stosują różne kryteria (Mitar, 2000: 35). Przed podjęciem decyzji o indywidualnym podejściu należy najpierw określić kryterium lub kryteria, które będą stanowić podstawę klasyfikacji. W uporządkowanej analizie dostępnych zasobów i baz danych zdecydowaliśmy się na analizę danych przy użyciu tylko jednego z wybranych kryteriów. Dawno, dawno temu, kryminolodzy wykorzystywali oskarżenie bogatych i potężnych (tzw. przestępczość białych kołnierzyków) jako kryterium podziału przestępczości ekologicznej, ale z czasem zaczęli też koncentrować się na jednostce jako sprawcy przestępstw ekologicznych (pracownicy). Dzięki rozwojowi i postępowi pojawiły się znaczące nowe rodzaje przestępczości środowiskowej, a także nowe rodzaje przestępców, takie jak kościoły i społeczności lokalne, które zanieczyszczają światłem, hałasem i problemami związanymi z gospodarką odpadami.

Każda z teorii podaje różne kryteria klasyfikacji przestępstw przeciwko środowisku, ponieważ problem ich badań jest nadal na pierwszym planie. Mają one wspólny cel(e), ale nadal różnią się znacząco pod względem:

1) sprawców przestępstw przeciwko środowisku;
2) akt lub modus operandi;
3) ofiara lub ofiary;
4) konsekwencje, które z tego wynikają (krótko- lub długoterminowe, (nie)odwracalne);
5) prawa, organy i organizacje (obejmujące obszary, w których interweniują); lub
6) metody i decyzje różnych organizacji i instytucji (pozarządowych, krajowych, ponadnarodowych i globalnych) dotyczące przyjęcia lub nieprzyjęcia niezbędnych środków.

Ze względu na powyższe różnice, pożądane jest dostarczenie dokładnej analizy wybranych form przestępczości ekologicznej, która zapewniłaby bardziej dokładne i wiarygodne wyniki. Mimo że wywodzi się z perspektywy prawnej, White (2010b: 365) dzieli podejście do badania przestępczości ekologicznej na trzy główne grupy:

1) *analiza społeczno-prawna istniejącego prawodawstwa środowiskowego* w celu określenia konkretnych gałęzi prawa, roli organów ścigania oraz doświadczeń (pozytywnych i negatywnych) zdobytych w procesie stosowania prawa karnego wobec przestępców naruszających prawo

ochrony środowiska (White, 2008b; Del Frate i Norberry, 1993; Gunningham, Norberry i McKillop, 1995);

2) *analiza strategii regulacyjnych (reagujących przepisów)* stosowanych w celu poprawy efektywności środowiskowej (Ayers i Braitwaite, 1992; Braitwaithe, 1994; Gunningham i Grabosky, 1998); oraz
3) *analiza istniejącego prawodawstwa w zakresie ochrony środowiska podążając* za ideą fundamentalnej transformacji społecznej i popierając ideę szerszej definicji szkód w środowisku, stosowanej w dobrze znanej definicji prawnej (Snider, 2000; Boyd, Chunn i Menzies, 2002; Lynch i Stretsky, 2003).

Ponadto ogromne rozróżnienie w rozumieniu (i definiowaniu) szkód w środowisku i przestępstw przeciwko środowisku ogólnie spowodowanych przez (krajowe) ustawodawstwo doprowadziło kilku kryminologów (Lane, 1998; Halsey, 2004; Plumwood, 2002; Halsey i White, 1998; White, 2008a; 2009) do poszukiwania bardziej "właściwej" definicji przestępstwa (i szkody) przeciwko środowisku poza ramami prawnymi. Po drugiej stronie spektrum znajduje się filozoficzne podejście do badania i analizy szkód w środowisku, które obejmuje również przestępstwa przeciwko środowisku. Różne perspektywy filozoficzne pomagają w kształtowaniu definicji przestępstwa (White, 2008a: 10), gdzie przestępczość ekologiczna nie jest wyjątkiem. Jak podkreśla White (2008a; 2009), ekofilozofia[27] ma duży wpływ na kryminologiczne definicje przestępstw przeciwko środowisku. W filozofii ekologicznej ludzkość ma zobowiązania wobec natury (np. zwierzęta, rośliny, rzeki, oceany, góry i inne części świata biotycznego i abiotycznego). Smith i Smith (1998: 99) ostrzegają, że jest to powód, dla którego ludzie muszą być niezwykle ostrożni przed podjęciem jakiegokolwiek "projektu", który mógłby wpłynąć (zaszkodzić) na ekosystem(y). Wpływ ekofilozofii przedstawiono na rysunku 3 poniżej. Wychodząc z ekofilozoficznej perspektywy środowiska naturalnego, White (2007; 2008a: 10-12) opisuje trzy filozoficzne podejścia do relacji między naturą a ludźmi (tj. świat "społeczny" i "naturalny"):

1) *perspektywa antropocentryczna lub zorientowana na człowieka* (podkreśla biologiczną, mentalną i moralną wyższość człowieka nad naturą);

[27] Ekofilozofia to podejście filozoficzne, które kładzie nacisk na wartości ekocentryczne i etyczne zachowanie wobec świata przyrody. Celem ekofilozofii jest zbadanie różnorodności powiązań między naturą ludzką a ludźmi. Jego praktyka koncentruje się głęboko na wartościach, naturze świata i jaźni (Drengson, 1999: 110-111).

2) *biocentrycznej lub gatunkowej perspektywy* (uważa człowieka po prostu za inny gatunek zwierząt w środowisku naturalnym, który ma taką samą wartość moralną i obowiązki jak każdy inny gatunek); oraz
3) *perspektywę ekocentryczną lub społeczno-ekologiczną* (odmawia stawiania człowieka ponad lub poniżej reszty natury, ale podkreśla wyraźną odpowiedzialność człowieka za zapewnienie zrównoważonej produkcji, która nie przekracza granic ekosfery przyrody).

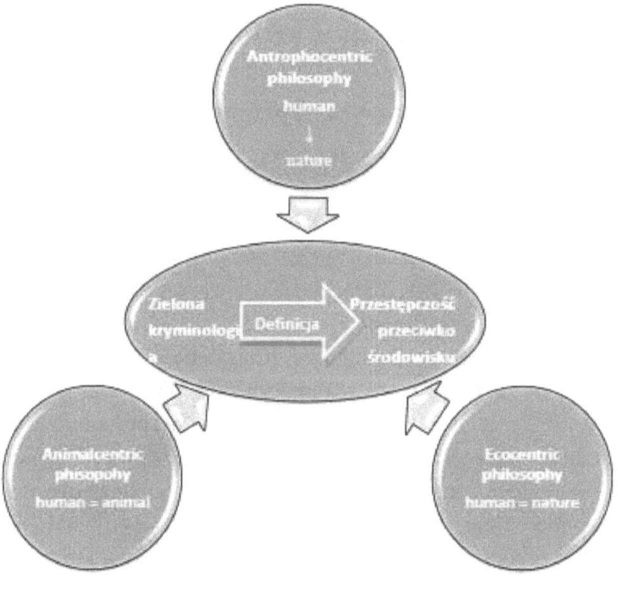

Rysunek 3: Wpływ ekofilozofii na kryminologiczną definicję przestępstwa przeciwko środowisku

Źródło: podsumowanie na podstawie danych White'a (2008a: 10-12).

W opinii White'a (2010b) podejście do badań nad przestępczością przeciwko środowisku nie jest wyłączne i może być stosowane jednocześnie. Ponieważ podejście interdyscyplinarne jest typowe dla reagowania na kwestie środowiskowe, White (2010b: 336) podkreśla, że aby zmienić ludzkie zachowania na przyjazne dla środowiska sposoby, konieczne będą różne strategie prawne, gospodarcze i społeczne (również polityczne, kulturowe, bezpieczeństwa i inne). Z drugiej strony podejście filozoficzne wprowadza równowagę w tej części badań nad przestępczością ekologiczną. W takim procesie badania i analizy przestępstw przeciwko środowisku tworzą się różne klasyfikacje. Ponieważ różne kraje mają różne ustawodawstwo (White, 2010b: 336), tworzą się unikalne podejścia do przestępstw przeciwko środowisku i różne klasyfikacje przestępstw przeciwko środowisku, jak wyjaśniono w następnym rozdziale. W badaniach nad przestępczością ekologiczną stosuje się analityczne podejście społeczno-prawne. Dlatego też w analizie danych i klasyfikacji rodzajów przestępstw przeciwko środowisku w fenomenologicznym schemacie obowiązującym w Słowenii stosuje się ekocentryczną, filozoficzną perspektywę relacji pomiędzy środowiskiem a człowiekiem.

2.2.1 Zjawiska, struktura i klasyfikacja przestępstw przeciwko środowisku

Na początku klasyfikacje przestępstw przeciwko środowisku i ich form były proste i nieskomplikowane. Pečar (1981: 36) opierał się na etiologii, dzieląc przestępczość ekologiczną na korporacyjne przestępstwa ekologiczne i przestępstwa ekologiczne popełniane przez osoby fizyczne. Sutherland (1949; w Sutherland i Cressey, 1974) i Siegel (2001) zaklasyfikowały przestępczość ekologiczną jako przestępczość ekologiczną w białych kołnierzykach i korporacyjną przestępczość ekologiczną. Carrabine i jego współpracownicy (2004b) podzielili przestępczość ekologiczną na dwie grupy: 1) *pierwotne przestępstwa ekologiczne (przestępstwa wynikające* bezpośrednio z niszczenia i degradacji środowiska naturalnego przez człowieka, np. zanieczyszczenie powietrza, wylesianie, przestępstwa przeciwko prawom gatunków i zwierząt, zanieczyszczenie wody itp. oraz 2) *wtórne lub symbiotyczne przestępstwa ekologiczne* (przestępstwa wynikające z łamania przepisów, które mają na celu regulowanie katastrof ekologicznych (np. przemoc państwa wobec grup opozycyjnych, która obejmuje niszczenie siedlisk przyrodniczych, odpady niebezpieczne i przestępczość zorganizowaną).

Bardziej szczegółowe i precyzyjne klasyfikacje przestępczości ekologicznej pojawiły się dopiero na przełomie XIX i XXI wieku. Rozwój jest w toku i pojawiły się "nowe" formy przestępczości ekologicznej. Situ i Emmons (2000: 45) oparły zatem swoją klasyfikację przestępstw przeciwko środowisku na podstawie analizy fundamentalnej, która określa, *kto* jest sprawcami przestępstw przeciwko środowisku. Autorzy rozróżniają cztery rodzaje przestępstw przeciwko środowisku:

1) *korporacyjne przestępstwa przeciwko środowisku* (zanieczyszczenia przemysłowe, usuwanie odpadów toksycznych, zagrożenia w miejscu pracy, zanieczyszczenie środowiska itp;
2) *zorganizowana przestępczość ekologiczna* (przestępczość zorganizowana i odpady niebezpieczne, zagrożenia dla gatunków zwierząt i roślin itp;
3) *przestępstwa przeciwko środowisku popełniane przez rząd* (próby jądrowe i atomowe, wojskowe usuwanie niebezpiecznych odpadów, operacje wojskowe itp.
4) *przestępstwa ekologiczne popełnione przez osobę fizyczną* (segregacja odpadów, nielegalne składowiska itp.).

Wychodząc z perspektywy geograficznej, Tranter (2004), podobnie jak Mihalič (1993) i Šinkovec (1986), odróżnia środowisko "zbudowane" (zamieszkanie i pobyt ludzi) od środowiska "naturalnego" (dzikość lub wszystko, co nie jest częścią środowiska ludzkiego). Podążając za ideą Trantersa (2004), White (2008a: 98-99) połączył postrzeganie przez opinię publiczną kwestii środowiskowych przez Crooka i Pakulskiego (1995) oraz Cursona i Clarka (2004) w trzy różne rodzaje szkód środowiskowych:

1) *kwestie brązowe*, które są zdefiniowane w kategoriach życia miejskiego i zanieczyszczenia (np. zanieczyszczenie powietrza, zanieczyszczenie wód burzowych w miastach, zanieczyszczenie plaż, stosowanie pestycydów, wycieki ropy naftowej, usuwanie odpadów niebezpiecznych itp;
2) *kwestie ekologiczne*, które są zdefiniowane w kategoriach obszarów dzikiej przyrody i kwestii ochrony (np. kwaśne deszcze, niszczenie siedlisk, utrata dzikich zwierząt, wycinka lasów, zubożenie warstwy ozonowej, toksyczne algi, gatunki inwazyjne rozprzestrzeniające się w wyniku transportu i kolonizacji człowieka, zanieczyszczenie wody itp.
3) *kwestie białe*, które są zdefiniowane w kategoriach laboratoriów naukowych i wpływu nowych, czystych technologii (np. organizmy modyfikowane genetycznie, napromieniowanie żywności, procesy in vitro, klonowanie gatunków, dyskryminacja genetyczna, choroby zakaźne związane ze środowiskiem, patologiczne środowisko wewnętrzne, badania na zwierzętach itp.

Na podstawie przeglądu poprzednich klasyfikacji przestępstw przeciwko środowisku możemy stwierdzić, że każda próba podejścia do kwestii środowiskowych z kryminologicznej perspektywy musi być świadoma złożoności badanego przedmiotu. W ostatniej dekadzie problem dotyczący definicji przestępstw przeciwko środowisku zmienił koncepcje "szkody", "przestępstwa" (White, 2008a: 89) i "ofiary". Ponadto White (2008a: 91) podkreśla, że ważne jest rozróżnienie między *konkretnymi przypadkami szkód*, które normalnie występują w środowisku naturalnym (np. pożar spowodowany uderzeniem pioruna; ekosystemy zniszczone przez trzęsienia ziemi i wybuchy wulkanów itp.), *szkód wynikających z niedoskonałego działania* (np. przypadkowe wycieki zanieczyszczeń) oraz *systematycznych szkód* powstałych w wyniku normalnie sankcjonowanych form działalności (np. wycinka lasów; wycieki zanieczyszczeń spowodowane umyślnie lub w wyniku zaniedbania człowieka itp.) Pierwsza forma krzywdy jest tylko szkodliwa, podczas gdy druga dwie formy są szkodliwe i przestępcze, zgodnie z definicją prawną, a zatem podlegają kontroli społecznej.

Każdy rodzaj przestępstwa przeciwko środowisku reprezentuje swój własny rodzaj sprawcy z jego indywidualnymi cechami, z których każda zawiera w sobie różne poziomy ryzyka dla środowiska i ludzi, a każda z nich jest określona przez połączenie różnych teorii kryminologicznych. Ponadto, musimy być świadomi, że wiele korporacji angażuje się w legalne i nielegalne działania, dokonując legalnych transakcji (Watson, 2005: 211). Na przykład, firma zajmująca się usuwaniem odpadów może być zaangażowana w legalne i nielegalne usuwanie odpadów, jeżeli to ostatnie przynosi większe zyski. W ostatnich latach przestępczość zorganizowana w dziedzinie ochrony środowiska staje się zatem coraz bardziej rozpowszechniona. Przedstawiciele firm i korporacji często współpracują ze zorganizowanymi grupami przestępczymi, które zajmują się "znikaniem" odpadów "korporacyjnych". Zamiast płacić duże sumy pieniędzy za legalne usuwanie i niszczenie odpadów niebezpiecznych, zorganizowane grupy przestępcze pobierają znacznie mniejsze opłaty za nielegalne usuwanie takich odpadów. Jedynym łącznikiem między nimi jest transakcja finansowa dotycząca wykonanej pracy, która często jest ukryta i rozdrobniona.

Przestępczość ekologiczna rozwija się i zmienia równolegle z rozwojem technologicznym i postępem ludzkości. Obecnie często czytamy o międzynarodowej przestępczości ekologicznej. Wyniki badań kryminologicznych (Situ i Emmons, 2000; Siegel, 2001; Faure i Visser, 2003; Elliott, 2009) pokazują, że organizacje przestępcze zajmujące się przestępczością ekologiczną nie są już zaskakujące dla społeczeństwa. Wydaje się również, że korporacyjne przestępstwa ekologiczne są nieuniknioną konsekwencją działalności gospodarczej. Kiedy organ, który jest uprawniony do ochrony środowiska, jest sprawcą przestępstw przeciwko środowisku, ludzie są szczególnie oburzeni (Situ i Emmons, 2000: 83). Może to wskazywać na bardzo istotny czynnik wykrywania i zgłaszania różnych rodzajów przestępstw przeciwko środowisku i nie powinno być lekceważone w przyszłych badaniach.

Coraz większa liczba artykułów, opracowań i publikacji pokazuje, że wzrasta liczba badań kryminologicznych dotyczących szkód w środowisku i przestępczości ekologicznej. Sprawcy przestępstw ekologicznych i przyczyny ich zachowania obudziły zainteresowanie kryminologów. Na Florydzie Ross (1999) przeprowadził badania, w których starała się wypracować wspólne rozumienie korporacyjnej przestępczości związanej z odpadami niebezpiecznymi. Skupiała się na indywidualnym sprawcy, organizacji lub firmie, a także na środowisku, w którym działa. Wyniki pokazały, że prawdopodobieństwo pojawienia się naruszeń w dziedzinie gospodarki odpadami niebezpiecznymi jest większe, gdy mamy do czynienia z większymi organizacjami i gdy poziom świadomości w odniesieniu do problemu gospodarki odpadami niebezpiecznymi w ramach wyższego szczebla zarządzania jest niski. Prawdopodobieństwo naruszenia przepisów wzrasta, gdy brak jest odpowiedniego przeszkolenia personelu w zakresie gospodarki odpadami niebezpiecznymi oraz gdy pracownicy postrzegają przepisy jako nieodpowiednie i niepełne, a ich wdrażanie jako nadmierne (Ross, 1999).

Podobnie McKendall (1990) przeprowadził dochodzenie w sprawie korporacyjnych przestępstw przeciwko środowisku i próbował dowiedzieć się, czy możliwe jest założenie lub przewidzenie częstotliwości występowania naruszeń na podstawie wewnętrznych czynników w firmie (np. złożoność i stopień centralizacji w odniesieniu do dwóch form naruszania środowiska oraz naruszania pracowników w kulturze firmy i etyki biznesu). Wyniki pokazały, że organizacje o bardziej złożonej strukturze i wyższym poziomie decentralizacji odnotowują większą liczbę naruszeń środowiska. Nie stwierdzono istotnych korelacji między kulturą etyczną w korporacjach a innymi zmiennymi, zwłaszcza rodzajami i liczbą naruszeń.[28]

[28] Stwierdzono istotne interakcje pomiędzy złożonością struktury korporacyjnej a kulturą korporacyjną, na podstawie których można w pewnym stopniu przewidzieć prawdopodobieństwo naruszenia przez firmę przepisów ochrony środowiska.

Simon (2000) skupił się na obszarze przestępczości "białych kołnierzyków", gdzie sprawdził próbki przestępstw ekologicznych wśród największych międzynarodowych korporacji w Stanach Zjednoczonych i na całym świecie za pomocą badania. Analiza wykazała, że przestępstwa przeciwko środowisku stanowią jedynie część całkowitej próby działalności przestępczej prowadzonej w ramach gospodarki politycznej zdominowanej przez duże przedsiębiorstwa i przedstawicieli zainteresowanych stron wyższego szczebla. Oprócz przestępczości korporacyjnej (najczęściej związanej z unieszkodliwianiem odpadów), przestępczość ekologiczna jest również powiązana z przestępczością zorganizowaną (wyrzucanie toksycznych odpadów i przenikanie do działalności związanej z przetwarzaniem odpadów) i korupcją (reprezentującą przemysł petrochemiczny, naftowy, samochodowy i elektryczny). Jest on również ściśle powiązany z przestępstwami popełnianymi przez rząd lub przypadkami, w których dany kraj występuje w roli sprawcy przestępstw przeciwko środowisku (nadużywanie stanowiska służbowego, składowanie odpadów toksycznych i radioaktywnych bez odpowiedniej sprawozdawczości i kontroli, przemysł wojskowy).

Na podstawie powyższych analiz można stwierdzić, że niezależnie od zastosowanego w badaniach i analizach różnych przestępstw przeciwko środowisku podejścia lub perspektywy albo ich kombinacji, teoria musi w końcu odpowiadać praktyce, w przeciwnym razie cel zastosowania nie zostanie osiągnięty.[29] Ciągła zmiana rodzajów przestępstw przeciwko środowisku znajduje również odzwierciedlenie w ich klasyfikacji i oznacza potrzebę ciągłego monitorowania, aktualizacji i przeglądu istniejących rodzajów przestępstw przeciwko środowisku w celu stworzenia nowych klasyfikacji. Środowisko stanowi wzajemnie powiązany system, dlatego też akty przestępczości ekologicznej są ze sobą powiązane. Pomimo faktu, że każdy rodzaj przestępstwa ekologicznego ma swoją specyfikę i jest definiowany za pomocą innej, unikalnej kombinacji teorii (kryminologicznych), a w konsekwencji dotyczy różnych ofiar, niemożliwe jest wyznaczenie dokładnych granic i uniknięcie wzajemnych interakcji i wpływów. Klasyfikacja przestępstw przeciwko środowisku w tzw. systemach umożliwia porównywanie rodzajów

[29] "Systemy klasyfikacji są niezbędne w procesie identyfikacji i reagowania na szkody w środowisku. Przestępstwa przeciwko przyrodzie mogą być rozumiane w kategoriach abstrakcyjnych lub filozoficznych, ale ostatecznie ważne jest, aby uzasadnić analizę i działanie w odniesieniu do rzeczywistych konkretnych zdarzeń, incydentów i tendencji. Polega to na zdefiniowaniu szkód w środowisku i zbadaniu różnych wymiarów, które się do nich odnoszą" (White, 2008a: 87).

przestępstw na poziomie lokalnym, krajowym lub międzynarodowym, a także zapewnia ich organizację i przejrzystość. Mogą one być również wykorzystywane do zwalczania przestępczości przeciwko środowisku, w szczególności w zakresie zapobiegania jej.

Różne próby opracowania schematycznej klasyfikacji przestępstw przeciwko środowisku naturalnym w dużej mierze przedstawiły podobne propozycje. W tym kontekście należy zauważyć, że różnice w postrzeganiu tego samego zjawiska lub różne szczegółowe rozbicie każdego z nich wywołują poczucie większej różnorodności i zwiększają poczucie wielości zjawisk przestępczości ekologicznej niż ma to miejsce w rzeczywistości. Tak jak ludzie odgrywają różne role w swoim życiu, tak samo jednostki mogą stać się sprawcami kilku różnych rodzajów przestępstw ekologicznych. Mówiąc jednak zupełnie szczerze, człowiek jako jednostka stoi za każdym działaniem związanym z przestępczością ekologiczną, ponieważ żadna korporacja nie jest w stanie sama popełniać przestępstw przeciwko środowisku (są to osoby prawne, którymi zarządzają i którymi zarządzają osoby fizyczne - ludzie).

W celu zapewnienia użytecznej i rozsądnej klasyfikacji różnych rodzajów przestępstw (środowiskowych) bardzo ważna jest systematyczna klasyfikacja oparta na wybranych kryteriach. Poniżej przedstawiono klasyfikację rodzajów przestępstw przeciwko środowisku, które zostały wykryte przez policję, Agencję Kontroli Środowiska i Prokuraturę w Słowenii. Stosując analityczne podejście społeczno-prawne do badań nad przestępczością przeciwko środowisku, w analizie danych i klasyfikacji rodzajów przestępstw przeciwko środowisku zastosowano ekocentryczną perspektywę filozoficzną dotyczącą relacji między środowiskiem a ludzkością. Przedstawiona klasyfikacja jest podzielona na podstawie następującego kryterium: *kto* popełnił przestępstwo, czyli kto jest *przestępcą*? Na podstawie przeglądu zasobów i baz danych stworzyliśmy przejrzystą prezentację podziału rodzajów przestępstw przeciwko środowisku w Słowenii, która jest częściowo podobna do opisanej wcześniej klasyfikacji Situ i Emmons (2000). W Słowenii dostępne informacje dotyczące rodzajów przestępstw przeciwko środowisku mogą, na podstawie powyższego kryterium, być modelowane w celu opracowania następującej klasyfikacji (Eman, Meško i Fields, 2009; Eman, 2011; Eman, Meško i Fields, 2013):

1) *przestępstwa ekologiczne popełnione przez osobę fizyczną.* Chociaż zwykle obejmują one działania na małą skalę, mogą być równie

szkodliwe, jeśli wynikają z braku wartości i tradycji społeczno-kulturowych, i odzwierciedlają osobowość jednostki. Imperatyw zysku, choć bardzo mały, nie może być całkowicie wykluczony. Do takich przestępstw należą: nielegalne składowanie odpadów w lasach, kierowanie ścieków z domowych szamb do rowów wiejskich, (świadome) niewłaściwe stosowanie pestycydów i nawozów, handel rzadkimi gatunkami roślin i zwierząt, ruch drogowy (i inne) oraz inne działania szkodliwe dla środowiska naturalnego, które są popełniane ze względu na komfort i prestiż człowieka;

2) *przestępstwa ekologiczne popełniane przez bogatych i silnych*, do których zaliczają się korporacyjne przestępstwa ekologiczne, przestępstwa ekologiczne typu white-collar, przestępstwa zawodowe i nielegalne zanieczyszczenia przemysłowe (nielegalne składowanie odpadów toksycznych, niewłaściwe przechowywanie odpadów toksycznych, zagrożenia w miejscu pracy w kopalniach i fabrykach (azbest, rtęć itp.), uwalnianie substancji toksycznych w fabrykach itp;)

3) *przestępstwa* przeciwko *środowisku popełniane przez poszczególne grupy, na które składają się czyny* szkodliwe dla środowiska powodowane przez każdą z nich wraz z jej działalnością i zarządem (stowarzyszenia i społeczności lokalne organizujące różne imprezy muzyczne i imprezy, które powodują hałas lub powodują niewłaściwe segregowanie i usuwanie odpadów; kościoły lub społeczności lokalne wykorzystujące oświetlenie budynków religijnych i kulturalnych; kluby sportowe, takie jak kluby motocyklowe, lotnicze i szybowcowe, powodujące hałas i zanieczyszczenie powietrza; małe przedsiębiorstwa lub zakłady produkcyjne, takie jak małe wysypiska śmieci samochodowych lub małe zakłady, które nieprawidłowo przechowują lub obchodzą się z takimi materiałami, lub niebezpieczne wycieki szkodliwych materiałów itp;)

4) *przestępstwa ekologiczne popełnione przez państwo lub organy władzy.* W Słowenii ten rodzaj przestępczości środowiskowej rzadko występuje w formie faktycznie widocznej (operacje wojskowe, itp.). Znacznie częściej ma to miejsce w formie pominięcia aktu, w którym państwo, jako właściciel lub nadzorca, "przeocza" naruszenia i świadomie zagraża swoim obywatelom (np. przekroczenie emisji substancji niebezpiecznych w ubogich obszarach lub dużych miastach, gdzie państwo ignoruje obecną sytuację).

Konieczne jest podkreślenie dwóch wymiarów lub form przestępczości ekologicznej, które można by rozróżnić według kryteriów przestrzeni i sposobów działania. Chodzi nam o międzynarodową i zorganizowaną przestępczość ekologiczną[30]. Oba rodzaje przestępstw są często objęte pojęciem międzynarodowej przestępczości przeciwko środowisku. Oba te zjawiska mogą również występować w połączeniu z różnymi rodzajami przestępstw ekologicznych wymienionych powyżej. Ze względu na swoją specyfikę, ten rodzaj przestępczości wymaga odrębnej dyskusji.

2.2.1.1 Transnarodowa przestępczość w zakresie ochrony środowiska w Słowenii

Przestępstwo przeciwko środowisku ma miejsce, gdy osoby fizyczne lub korporacje umyślnie naruszają prawa i przepisy dotyczące ochrony środowiska w celu osiągnięcia zysku i uzyskania władzy. Jeśli działania te prowadzą do transgranicznych lub globalnych wpływów na środowisko, można je scharakteryzować jako międzynarodową lub międzynarodową przestępczość ekologiczną (Brack, 2002: 143). W ostatnim dziesięcioleciu zakres międzynarodowych przestępstw przeciwko środowisku rozszerzył się, ale przestępstwa przeciwko środowisku pozostają jednym z wielu obszarów działalności przestępczości zorganizowanej. Watson (2005: 207) zauważa, że duża część przestępczości ekologicznej jest w dużym stopniu zorganizowana i że stanowi ona wysoce dochodową działalność przestępczości zorganizowanej. Ponieważ sprawcy przestępstw ekologicznych mogą generować znaczne zyski przy minimalnym ryzyku, obszar ten jest zdecydowanie atrakcyjny dla zorganizowanych grup przestępczych (tj. możliwości "biznesowych"). We Włoszech Massari (2004) odnosi się do udziału zorganizowanych grup przestępczych w przestępczości ekologicznej, zwłaszcza w handlu odpadami, używając terminu *ecomafia*. Zorganizowane grupy przestępcze zwracają szczególną uwagę na szczególną działalność przestępczą w zakresie przestępczości ekologicznej, która obejmuje nielegalne usuwanie odpadów, nielegalną reklamę oraz przestępstwa związane z rzadkimi lub dzikimi gatunkami zwierząt i roślin. Situ i Emmons (2000: 69) opisują typowe organizacje przestępcze, takie jak korporacje, które przeniknęły do wielu branż

[30] W ostatnich latach przestępczość zorganizowana w dziedzinie ochrony środowiska staje się coraz powszechniej obecna, ponieważ zmieniły się przepisy dotyczące ochrony środowiska i przestępczość zorganizowana dostosowała się do tych zmian. Przestępczość zorganizowana w dziedzinie ochrony środowiska ma miejsce wtedy, gdy zorganizowane grupy przestępcze przenikną do sfery gospodarczej lub gdy przestępczość zorganizowana jest "połączona" z korporacyjną przestępczością w dziedzinie ochrony środowiska wyłącznie w celu generowania zysków dla obu stron (Bačić, 1999).

wrażliwych ekologicznie, a obecnie dokonują znacznej części przestępstw ekologicznych. Kwestia unieszkodliwiania odpadów niebezpiecznych kontrolowanych przez przestępczość zorganizowaną jest szczególnie widoczna na całym świecie. Handel odpadami jest obecnie jednym z najbardziej dochodowych "przedsiębiorstw".[31]

Jeśli chodzi o przestępstwa przeciwko środowisku, zorganizowane grupy przestępcze zwracają szczególną uwagę na konkretne działania przestępcze (Brack i Hayman, 2002; Elliott, 2009; Schmidt, 2004; Watson, 2005; Situ i Emmons, 2000; Muratbegović i Guso, 2011; Liddick, 2011; Odar, Dobovšek i Eman, 2012; Meško i Klenovšek, 2013).

1) nielegalny handel gatunkami zwierząt i roślin;
2) nielegalny handel substancjami zubożającymi warstwę ozonową, niebezpiecznymi substancjami chemicznymi i szkodliwymi pestycydami;
3) nielegalny transport i handel różnymi rodzajami odpadów toksycznych, radioaktywnych i innych niebezpiecznych;
4) nielegalnych, niekontrolowanych i nieraportowanych połowów;
5) nielegalne pozyskiwanie drewna i handel nim (przy pozyskiwaniu, transporcie, kupnie lub sprzedaży z naruszeniem przepisów krajowych);
6) piractwo biologiczne i transport kontrolowanych materiałów biologicznie lub genetycznie zmodyfikowanych;
7) nielegalnego usuwania ropy naftowej i innych odpadów do mórz i oceanów; oraz
8) nielegalna eksploatacja surowców mineralnych i przemyt paliw w celu uniknięcia płacenia podatków i kontroli emisji dwutlenku węgla.

Tak zwana "migracja brudnych gałęzi przemysłu" z kraju pochodzenia do kraju przeznaczenia stanowi szczególny i coraz bardziej powszechny rodzaj przestępczości ekologicznej, która dotyczy dużych korporacji i samych krajów. Ze względu na fakt, że standardy ochrony środowiska w niektórych krajach

[31] Doskonałym przykładem takich operacji (i władzy) jest problem usuwania odpadów w Neapolu, kontrolowany przez Camorrę, włoską organizację mafijną, oraz nielegalne usuwanie niebezpiecznych odpadów w Kampanii, kontrolowane przez "Ndranghetę, inną włoską organizację mafijną". W 1980 r. przestępczość zorganizowana była głęboko zaangażowana w działalność związaną z unieszkodliwianiem odpadów w Nowym Jorku i innych miejscach w USA. "Jej zyski sięgają milionów euro, a wyrządzone szkody w środowisku osiągają poziom katastrofy ekologicznej (widać to nie tylko w całkowicie zniszczonych siedliskach naturalnych, ale także w fakcie, że kilkadziesiąt osób cierpi na różne choroby, zwłaszcza różne formy raka, spowodowane przez odpady niebezpieczne)". (Eman i Meško, 2012: 91). Szeroka kampania przeprowadzona przez właściwe organy z powodzeniem zidentyfikowała i ukarała ponad 500 członków starych włoskich rodzin mafijnych (Carter, 1999: 5). Zaledwie dziesięć lat później mafia "z powodzeniem" przeniosła się i zastosowała ten *modus operandi* na ziemię europejską.

wzrosły i stały się bardziej rygorystyczne, przenoszą one swoje przedsiębiorstwa do krajów rozwijających się (w tym do krajów w okresie przejściowym), gdzie nadal trwają prace nad ustawodawstwem dotyczącym ochrony środowiska.[32]

Elliott (2009), jako ekspert w dziedzinie przestępczości zorganizowanej związanej ze środowiskiem, zwraca uwagę, że przestępczość ekologiczna szybko się rozwinęła i stała się ponadnarodowa, gdy zorganizowane grupy przestępcze skorzystały z liberalizacji gospodarczej i globalizacji gospodarki światowej. Doprowadziło to do zwiększenia częstotliwości i wielkości ładunków i przesyłek, ograniczenia kontroli granicznych i łatwiejszego przekazywania środków finansowych poprzez globalne systemy finansowe i bankowe, co stworzyło więcej możliwości dla tak zwanego "prania brudnych pieniędzy i przekazywania zysków do legalnych przedsiębiorstw". Podobnie jak wszystkie inne "przedsiębiorstwa" przestępczości zorganizowanej, sieci przestępcze rozszerzyły się na struktury zarządzania dużych korporacji i przedsiębiorstw, a także na liderów politycznych w zakresie przestępczości zorganizowanej związanej ze środowiskiem naturalnym. Eman i Meško (2012: 92) podkreślają, że w odniesieniu do "przedsiębiorstw przestępczych" szczególnie istotny jest problem usuwania odpadów niebezpiecznych kontrolowanych przez zorganizowane grupy przestępcze. Jest to potwierdzony fakt, że handel odpadami jest obecnie jednym z najbardziej dochodowych "przedsiębiorstw" (Elliot, 2009; Kangaspunta i Marshall, 2009; Eman i Dobovšek, 2012; Meško i Klenovšek, 2013).

Zakres przestępstw przeciwko środowisku w Słowenii jest ograniczony w porównaniu z innymi przestępstwami.[33] Odsetek przestępczości zorganizowanej w łącznej liczbie około 155 przestępstw przeciwko środowisku naturalnemu rocznie jest stosunkowo niski, niemniej jednak Słowenia nie stanowi wyjątku w zakresie przestępczości zorganizowanej. Wykryto różne rodzaje zorganizowanej przestępczości ekologicznej. Wyniki analizy danych statystycznych pokazują, że słoweńskie agencje najczęściej mają do czynienia z następującymi rodzajami

[32] Często dochodzi do przenoszenia przemysłu ciężkiego do krajów trzeciego świata z rozwiniętych krajów zachodnich i wschodnich, a Europa nie jest tu wyjątkiem (np. Europa Wschodnia, Bałkany).
[33] Chociaż policja w Republice Słowenii wykrywa średnio tylko 155 przestępstw przeciwko środowisku rocznie, co nie jest liczbą zbyt wysoką (w rzeczywistości jest to bardzo mała liczba w porównaniu z przestępczością tradycyjną (np. kradzieże i rozboje), gdzie średnia liczba wynosi około 58 500 przestępstw rocznie (Policija, 2000; 2001; 2002; 2003; 2004; 2005; 2006; 2007; 2008; 2009; 2010; 2011)), ta grupa przestępstw nadal zasługuje na taki sam stopień poświęcenia i takie same kompetencje techniczne śledczych.

zorganizowanej przestępczości środowiskowej:

1) nielegalny handel gatunkami zwierząt i roślin;
2) nielegalny handel substancjami zubożającymi warstwę ozonową, niebezpiecznymi substancjami chemicznymi i szkodliwymi pestycydami;
3) składowanie, nielegalny transport i handel różnymi rodzajami odpadów niebezpiecznych lub toksycznych, radioaktywnych i innych;[34]
4) nielegalnej wycinki i handlu drewnem;
5) nielegalnego usuwania oleju i innych odpadów do morza; oraz
6) nielegalnej eksploatacji zasobów mineralnych, gdzie większość wykopalisk prowadzona jest bez odpowiednich zezwoleń i z wykorzystaniem górnictwa odkrywkowego.

Nieskazitelnie dziewicze obszary przyrodnicze, bogate zasoby wodne i tereny leśne są nadal unikalne dla Słowenii. Położenie geograficzne na skrzyżowaniu dróg między Europą Zachodnią i Wschodnią oraz granicą północ-południe stanowi o jego szczególnej jakości. Ze względu na swoją pozycję, Słowenia jest znana głównie jako kraj tranzytowy dla zorganizowanych grup przestępczych, które jedynie przechowują na swoim terytorium swój "cenny ładunek". Nielegalne przesyłki są najczęściej przewożone bezpośrednio przez terytorium kraju. Transnarodowa przestępczość ekologiczna nie jest wyjątkiem; szczególnie niebezpieczny jest nielegalny transport odpadów z Europy Zachodniej. Ilość takiego "ładunku", który kończy się nam w słoweńskich lasach i jaskiniach, jest kwestią, która przyciąga uwagę ekspertów w dziedzinie kryminologii i sądownictwa karnego (Eman i Meško, 2012: 85).

Watson (2005) uważa, że przestępstwa przeciwko środowisku naturalnemu pozostaną dochodowym biznesem tak długo, jak długo koszty finansowe ochrony środowiska (dla przestępców) będą przewyższać korzyści. Handel odpadami jest rodzajem przestępczości międzynarodowej; wymaga zatem współpracy międzynarodowej i planowej reakcji na poziomie globalnym, takiej jak przekazywanie informacji, wymiana doświadczeń i danych wywiadowczych. Meško i Klenovšek (2011) dodają, że okazała się ona skuteczną metodą

---

[34] "W przypadku handlu odpadami i oszustw mamy do czynienia z połączeniem transnarodowej przestępczości ekologicznej i przestępczości "białych kołnierzyków", które korzystają z możliwości oferowanych przez zorganizowane grupy przestępcze w zakresie usuwania odpadów po znacznie korzystniejszej cenie w porównaniu z legalnym usuwaniem odpadów przyjaznych dla środowiska. Odpady są zazwyczaj transportowane z firmy i nielegalnie usuwane w pierwszej kolejności. " (Eman i Meško, 2012: 86).

wykrywania handlu odpadami i zajmowania nielegalnych przemieszczeń odpadów. Ponadto ważne jest 1) ustanowienie powiązań między wszystkimi trzema poziomami, tj. poziomem niepaństwowym, krajowym i ponadnarodowym, oraz wzmocnienie nadzoru (inspekcji) (Eman i Meško, 2012: 91) poprzez zwiększenie uprawnień i ułatwienie pracy śledczych (np. edukacji, szkoleń i niezbędnego sprzętu; 2) zmniejszyć koszty przetwarzania odpadów zgodnie z normami środowiskowymi, tak aby przedsiębiorstwa nie musiały szukać tańszych rozwiązań oferowanych przez zorganizowane grupy przestępcze; 3) ustanowić specjalne zespoły dochodzeniowo-śledcze i/lub prokuratorskie w celu odstraszania i ścigania międzynarodowych przestępstw przeciwko środowisku na poziomie krajowym; 4) zwiększyć kary za wszelkie rodzaje zachowań dewiacyjnych przeciwko środowisku; oraz 5) wprowadzić obowiązek naprawiania szkód wyrządzonych w środowisku w połączeniu z pracą społeczną w dziedzinie ochrony środowiska dla wszystkich sprawców przestępstw przeciwko środowisku.

W celu lepszego i bardziej zrozumiałego przedstawienia omawianych rodzajów i związanych z nimi kwestii przestępstw przeciwko środowisku, klasyfikacja rodzajów przestępstw przeciwko środowisku wykrytych w Słowenii została przedstawiona jako schemat fenomenologiczny na rysunku 4. Taki schemat fenomenologiczny obejmuje klasyfikację rodzajów przestępstw przeciwko środowisku wykrytych w Słowenii, opracowaną na podstawie analizy źródeł pisemnych i przeglądu dostępnych baz danych. Jedynie dalsze, bardziej szczegółowe badania i analizy każdej z grup rodzajów przestępstw przeciwko środowisku pozwolą na uzyskanie jaśniejszego obrazu zjawiska przestępczości przeciwko środowisku w Słowenii. Klasyfikacja ta stanowi podstawę lub punkt wyjścia do głębszego i szerszego spojrzenia na istnienie, fakty i badania w dziedzinie przestępczości ekologicznej w Słowenii.

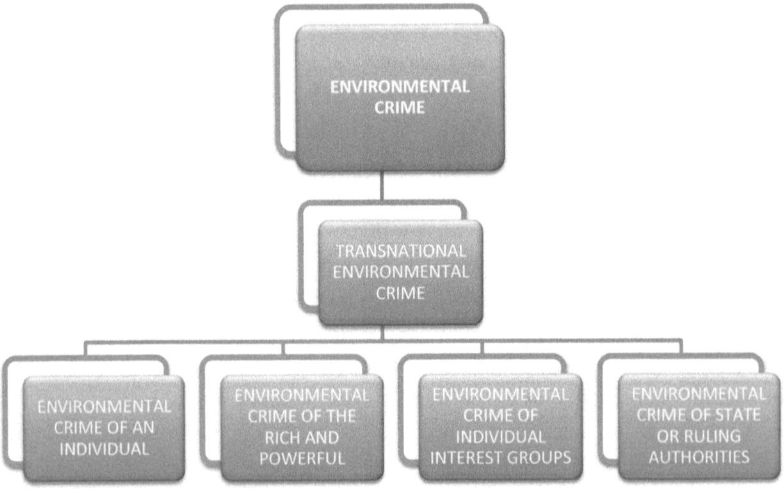

Rysunek 4: Schemat rodzajów przestępstw przeciwko środowisku wykrytych w Słowenii

Zastosowanie jednego kryterium w systemie okazało się pozytywne i umożliwiło jasny przegląd klasyfikacji rodzajów przestępstw przeciwko środowisku. Ponadto, w trakcie całej analizy było oczywiste, że czasami konieczne jest połączenie dwóch lub więcej kryteriów (np. ponadnarodowa przestępczość zorganizowana w dziedzinie ochrony środowiska). Ponadto tylko jasne i rozczłonkowane podstawowe pojęcia i definicje mogą stanowić solidną podstawę dla proponowanych rozwiązań i prób poprawy obecnej sytuacji w dziedzinie ochrony środowiska. Badając i zajmując się zjawiskami przestępczości przeciwko środowisku, należy mieć świadomość ciągłych zmian i postępu społeczeństwa i jego technologii, co wpłynie na dziedzinę ochrony środowiska i stworzy nowe rodzaje przestępczości przeciwko środowisku. Ponieważ nie można w pełni przewidzieć, co wydarzy się w przyszłości, trzeba będzie się z nimi zmierzyć natychmiast, gdy się pojawią. Dlatego też należy kontynuować i rozwijać badania w dziedzinie przestępczości ekologicznej. Zastosowanie badań opisowych i analitycznych różnych rodzajów przestępstw przeciwko środowisku oraz wybranych kombinacji różnych poszczególnych jednostek i poziomów może prowadzić do bardziej dogłębnego zrozumienia i wiedzy. Dogłębna analiza oparta na wykorzystaniu poszczególnych teorii kryminologicznych, jak pokazano w następnym rozdziale, jest jednym ze sposobów badania zjawiska przestępczości ekologicznej. Zastosowanie teorii kryminologicznych umożliwia badanie specyficznych cech typów przestępstw przeciwko środowisku, badanie motywów i okoliczności, natury ludzkiej, czynników społecznych, ekonomicznych i innych, które wpływają (tj. przyczyniają się) do możliwości występowania przestępczości przeciwko środowisku. Klasyfikacje są opracowywane na podstawie takich analiz prowadzonych w połączeniu z metodą indukcji, która służy również jako podstawa do szacowania i przewidywania przyczyn i źródeł przestępczości ekologicznej.

2.3 Przestępczość przeciwko środowisku w świetle teorii kryminologicznych

Różne podejścia teoretyczne, które rozwijały się na przestrzeni dziejów, stanowią podstawę, na której naukowcy i badacze opracowują swoje propozycje, wyjaśnienia, teorie i definicje. Z historycznego punktu widzenia problem zanieczyszczenia środowiska pojawił się najpierw w dziedzinie geografii i biologii, a następnie w dziedzinie ekologii. Jeśli chodzi o nauki społeczne, po raz pierwszy w obszarze socjologii omówiono kwestie środowiskowe, dlatego teorie systemowe są najbliższe i najbardziej rozpowszechnione.

Z historycznego punktu widzenia determinizm geograficzny ^{XVIII} i ^{XIX} wieku był pierwszą dyscypliną, która wyjaśniała rozwój społeczeństwa ludzkiego jako produktu sił natury (Barry, 1999). Po teorii geograficznej zmian społecznych Buck'a (1936; w Hannigan, 1995) nastąpiła teoria modernizacji Huntington'ów (1968). Starał się udowodnić różne związki pomiędzy klimatem i zdrowiem, a także pomiędzy energią i procesami psychicznymi. Natura weszła do dyskursu socjologicznego poprzez darwinowską (1809-1882) koncepcję ewolucji, selekcji naturalnej i przetrwania, co doprowadziło do rozwoju wyjaśnień biologiczno-ekologicznych, antropologii i determinizmu biologicznego. Ci ostatni przypisywali podstawową rolę w rozwoju indywidualnym i społecznym kulturze zaniedbywania środowiska fizycznego i czynników biologicznych (Benton, 1991). Prawie sto lat później, w latach 70., socjologia ekologiczna pojawiła się jako gałąź socjologii, podczas gdy tak zwane "ruchy ekologiczne" powstały w Europie i rozprzestrzeniły się w Holandii i Wielkiej Brytanii na inne części starego kontynentu (Hannigan, 1995). Kryminologia rozwijała się jednocześnie i włączyła nowe teorie i definicje do obszaru przestępczości ekologicznej. Co więcej, socjologia, jako "matka" odpowiednio starszej siostry młodych nauk, oferowała podstawowe (socjologiczne) teorie[35]. Były one przekształcane, uzupełniane i poszerzane wraz z rozwojem każdej indywidualnej teorii. Kwestia przestępczości ekologicznej została ujęta w ich wyjaśnieniach przez poszczególne teorie (kryminologiczne). Teorie socjo-biologiczne jako pierwsze obejmowały teorie ekologiczne, teorie naturalizmu i zielone teorie socjologiczne. Następnie pojawiła się teoria radykalnej lub krytycznej kryminologii, która wywodzi się z rewolucyjnych idei Marksa i Engelsa. Byli oni silnymi przeciwnikami zanieczyszczenia środowiska i tym samym ostrzegali o niepowstrzymanym wzroście przestępczości ekologicznej. W 1940 roku Phelan (1940; w Emery i Watsonie, 2004) wprowadził teorię wyboru (Emery i Watson, 2004), która została następnie rozszerzona przez Becka (1999) w jego teorii społeczeństwa ryzyka. Wreszcie należy wspomnieć o teorii zysku ekonomicznego Beckera (1968; w Emery i Watson, 2004), która wykorzystuje modele matematyczne do wyjaśnienia współczesnych problemów ekologicznych. Kolejne rozdziały szczegółowo prezentują wyżej wymienione teorie, przy czym główny punkt ciężkości dyskusji dotyczy pozycjonowania teorii przestępczości przeciwko środowisku, ponieważ wiele z wyżej wymienionych teorii odnosi się również do innych zagadnień związanych z przestępczością przeciwko środowisku.

2.3.1 Teorie społeczno-biologiczne i przestępczość ekologiczna

W latach 60-tych XX wieku społeczeństwo doświadczyło modernizacji, która miała znaczący wpływ na środowisko naturalne. Clifton Wharton (1926; w Lash et al., 1996), ekonomista rolnictwa, ostrzegał o szczególnych cechach rolnictwa, zwłaszcza rolnictwa, oraz jego związku z klimatem, ziemią i innymi oddziaływaniami. Podkreślał znaczenie "środowiska naturalnego" (Lash i in., 1996). Później dominowała socjologia marksistowska, która postrzegała środowisko jako odejście od potrzeby walki klasowej. Nawet gdy powaga

[35] Teorie socjologiczne mają dwa wymiary: opisowy i nakazowy. Z opisowego punktu widzenia, teoria opisuje społeczeństwo i oferuje pewne wyjaśnienia dla zjawisk społecznych, zdarzeń, problemów i zmian w społeczeństwie. Oprócz opisu tego, czym jest społeczeństwo, wymiar normatywny wyjaśnia również, czym może być społeczeństwo (Barry, 1999: 10). Relacja między społeczeństwem a środowiskiem obejmuje kilka różnych relacji: fizyczną, społeczną, ekonomiczną, polityczną, moralną, kulturową, epistemologiczną, filozoficzną i dynamiczną interakcję między społeczeństwem a środowiskiem (Kirn, 1985). Te wielorakie relacje wyraźnie pokazują, że żadna dyscyplina ani podejście nie jest w stanie uchwycić całej złożoności relacji pomiędzy środowiskiem a społeczeństwem (tj. człowiek kontra środowisko).

niszczenia środowiska została potwierdzona, krytyka lewicowa koncentrowała się na relacjach między klasami społecznymi, władzą i kryzysami społecznymi, ignorując jednocześnie czynniki, które były ściślej związane ze środowiskiem (Hannigan, 1995: 10). Marksizm stopniowo zaczął dominować w teorii socjologicznej, co doprowadziło do dalszego wykluczenia tematów ekologicznych i kwestii socjologicznych.

Dopiero w latach 70. XX wieku amerykańscy socjologowie skupili się bardziej na środowisku i założyli krajowe stowarzyszenie socjologiczne, które poświęciło więcej uwagi socjologii środowiskowej. Liczne eseje na temat środowiska naturalnego i socjologii środowiskowej rozprzestrzeniły się na Kanadę, Europę i inne kraje. Siła polityczna utworzona w Europie pod wpływem "zielonych". Wiele wczesnych prac na tematy związane z ekologią dotyczyło ruchów ekologicznych i wsparcia dla ochrony środowiska. Głównym źródłem była Wielka Brytania, a następnie Holandia, Szwecja, Francja i Niemcy. Nowe paradygmaty ekologiczne wprowadziły ekocentryczne podejście do środowiska. W latach 90. socjologia środowiska stała się tylko jedną ze specjalizacji socjologicznych w Europie i na świecie (Hannigan, 1995: 10-12). Został on wyprzedzony przez inne dyscypliny naukowe, choć często z nim współpracują, podsumowują go lub ulepszają jego podstawowe odkrycia.

Powtarzającym się, ciągłym problemem badań socjologicznych w obszarze ekologii i zagadnień środowiskowych było zdefiniowanie, *jaki* jest główny przedmiot badań. Nowa ekologia człowieka skoncentrowała się na interakcji pomiędzy środowiskiem fizycznym a organizacją i zachowaniem społeczeństwa.[36] Hannigan (1995: 13) stwierdził, że główną przyczyną takiej sytuacji jest skupienie się na przyczynach niszczenia środowiska oraz na występowaniu świadomości i ruchu ekologicznego. Ruchy ekologiczne koncentrowały się bardziej na natychmiastowych reakcjach i łagodzeniu skutków zanieczyszczenia środowiska niż na dyskusjach o teorii i podejściu teoretycznym. W ramach próby wyjaśnienia przyczyn powszechnego niszczenia środowiska naturalnego na planecie przedstawiono dwa podstawowe podejścia: tzw. *wyjaśnienie środowiskowe w ramach* modelu konkurencji między

[36] Buttel (1987; w Hannigan, 1995: 13) określił pięć kluczowych obszarów badań socjologii środowiskowej: 1) nowa ekologia człowieka; 2) zachowania, wartości i postępowanie przyjazne środowisku; 3) ruch ekologiczny; 4) ocena ryzyka technologicznego i ryzyka; oraz 5) ekonomia polityczna środowiska i polityka środowiskowa. Tylko kilka z tych obszarów było naprawdę szeroko rozpowszechnionych i opartych na odpowiednich podstawach teoretycznych.

funkcjami środowiskowymi[37] Cattona i Dunlapa oraz *wyjaśnienie polityczno-gospodarcze w* ramach koncepcji dialektyki społeczno-ekologicznej i bieżni produkcji Alana Schnaiberga (2002).[38] Oba podejścia uznają struktury społeczne i zmiany społeczne za wzajemnie powiązane ze środowiskiem biofizycznym i podkreślają pilną potrzebę jego zachowania.

W ramach socjologii środowiskowej, Schnaiberg (2002) przedstawił bardzo wpływowe wyjaśnienie relacji pomiędzy kapitalizmem, państwem i środowiskiem. Opierając się na marksistowskiej ekonomii politycznej i socjologii neobeberskiej, opisał naturę jako źródło sprzecznych relacji między ekspansją gospodarczą a dezintegracją środowiska (Hannigan, 1995: 19; Schnaiberg, 2002). Dla Schnaiberga (2002) gospodarka polityczna problemów środowiska i polityka są zorganizowane w ramach struktury nowoczesnego

---

[37] Środowiskowe wyjaśnienie zniszczenia środowiska pochodzi z dziedziny ekologii człowieka. Ekologia człowieka była głównym źródłem, z którego Park (1952: 83; w Lash et al., 1996) przeniósł swoje idee na populację ludzką. Rozwój człowieka i zanieczyszczenia przemysłowe zniszczyły równowagę biotyczną i zerwały łańcuch przetrwania i podziału zadań. Hannigan (1995: 14-15) ostrzega, że społeczeństwo ludzkie i ekologia człowieka różnią się od ekologii roślinnej i zwierzęcej. Społeczeństwo ludzkie jest sprzeczne z resztą natury zorganizowanej na dwóch poziomach: biotycznym i kulturowym. Ten pogląd na związek pomiędzy naturą a społeczeństwem podkreśla wyjątkowe cechy rodzaju ludzkiego (pomysłowość, kreatywność, możliwości techniczne itp.), a nie jego wspólne cechy z innymi gatunkami. Preferuje ona wpływ czynników społecznych i kulturowych od determinantów biofizycznych i ekologicznych. Umniejsza również związki z naturą i zależność od niej oraz podkreśla zdolność człowieka do dominacji i kontroli nad nią (Lash i in., 1996; Schnaiberg i Gould, 1989). Co więcej, ta perspektywa relacji między człowiekiem a środowiskiem może być porównana do antropocentrycznej perspektywy White'a (2008). Oba podkreślają biologiczną, mentalną i moralną wyższość człowieka nad naturą.

[38] Poprzednie wyjaśnienia polityczno-gospodarcze bardzo wyraźnie wskazywały na to, kogo winią za zniszczenie środowiska: nowoczesny kapitalizm przemysłowy i jego poszukiwanie bogactwa, władzy i zysku. Prowadzi to do wniosku, że kwestie ekologiczne to zasadniczo kwestie klas społecznych, w których korporacje i państwo są zjednoczone w opozycji do zwykłych obywateli (Hannigan, 1995: 18). Podążając za związkiem pomiędzy wyjaśnieniem ekologicznym a ekologią człowieka zaproponowanym przez szkołę w Chicago, można zauważyć, że czerpie on inspirację z pism Marksa i Engelsa z [XIX] wieku. Tylko oni w niewielkim stopniu zajmowali się degradacją środowiska. Ich analizy struktury społecznej i zmian społecznych stały się punktem wyjścia dla różnych współczesnych teorii dotyczących środowiska i innych zagadnień (Kirn, 1985: 10-11). Marksowi i Engelsowi przeszkadzała antropocentryczna orientacja człowieka i przejęcie dominacji nad naturą, zwłaszcza ze względu na postęp technologiczny w kapitalizmie i jego ciągłe wyczerpywanie się natury jedynie dla zysku. Do pewnego stopnia Marks popierał humanizację natury, ponieważ był przeciwny ekstremalnym ingerencjom na szkodę natury (Hannigan, 1995: 19). Socjologowie indywidualni (Schnaiberg i Gould, 1989; Lash i in., 1996; Barry, 1999, Beck, 1992; Carrabine i in., 2004a; Hannigan, 1995) ostrzegali, że humanizacja natury może prowadzić do sytuacji ekstremalnych, takich jak zniszczenie lub eksterminacja gatunków niebezpiecznych dla ludzkości. Środowiskowe wyjaśnienie relacji między ludzkością a środowiskiem oraz polityczno-ekonomiczne wyjaśnienie można porównać do dwóch innych perspektyw zaproponowanych przez Białego (2008a), tj. perspektywy biocentrycznej i ekocentrycznej. Podkreślają one wyraźną odpowiedzialność człowieka za zapewnienie zrównoważonej produkcji i nieprzekraczania granic ekosfery natury, ponieważ człowiek jest tylko jednym z równych elementów natury.

społeczeństwa przemysłowego, które nazywa *bieżnią produkcji*. Oznacza to stałą potrzebę generowania zysków przez system gospodarczy poprzez tworzenie popytu konsumentów na nowe produkty. Oznacza to, że ekosystem rozszerzy się do punktu, w którym przekroczy swoje fizyczne granice wzrostu lub pojemności ładunkowej. Reklama jest jednym z istotnych narzędzi tego systemu (Hannigan, 1995: 19-20). Od czasu do czasu[39] państwo zdaje sobie sprawę z konieczności ograniczonej ingerencji w środowisko, aby zapobiec całkowitemu wyczerpaniu zasobów naturalnych i podkreślić swoją legitymizację wobec społeczeństwa. Egzekwując politykę ekologiczną i środowiskową, państwo wyraża swoją troskę i zaangażowanie w ochronę przyrody. Z drugiej strony, wspiera (często cicho i potajemnie) i współpracuje z odtwórcami, którzy są ambitni i podatni na wykorzystanie sił produkcji i akumulacji kapitalistycznej. W ten sposób państwo ponownie potwierdza swoje zaangażowanie w strategie wspierania rozwoju gospodarczego (Hannigan, 1995: 20-21). Schnaiberg (2002) ostrzega o wystąpieniu zjawiska przenoszenia produkcji przemysłowej do krajów trzeciego świata. Dzieje się tak nie tylko dlatego, że cena, w tym koszty produkcji, jest niższa od ceny produkcji krajowej, ale także dlatego, że spełnia wymagania dotyczące czystego środowiska w kraju pochodzenia. Z drugiej strony, zjawisko to odzwierciedla zupełnie inny obraz. Otwarcie rynków w krajach trzeciego świata ma na początku wiele pozytywnych skutków i korzyści dla lokalnych mieszkańców, jednak przynosi ono również w tych obszarach programy, które wymagają kosztownej budowy dróg, elektrowni wodnych, mostów i innej infrastruktury. Są one opłacane przez właścicieli korporacji (kraje rozwinięte), często ignorujących indywidualne kryteria bezpieczeństwa. Takie działania powodują ogromne szkody ekologiczne w postaci powodzi, niszczenia lasów deszczowych, zanieczyszczeń, itp.

---

[39] Schnaiberg (2002) opisał "bieżnię produkcyjną" jako "złożony mechanizm samonapędzający", w którym politycy reagują na straty środowiskowe spowodowane przez kapitalistyczny intensywny wzrost gospodarczy, podejmując decyzje polityczne sprzyjające dalszej ekspansji gospodarczej. Autor dostrzega dialektyczne napięcie w rozwiniętych społeczeństwach przemysłowych, wynikające z konfliktu między samonapędzającą się bieżnią produkcji a potrzebą ochrony i zabezpieczenia środowiska. Definiuje on ten konflikt jako konflikt pomiędzy użyteczną użytecznością (np. wartością zachowania unikalnych obecnie gatunków roślin i zwierząt) a wymienną użytecznością (np. przemysłowym wykorzystaniem zasobów naturalnych). Kiedy ochrona środowiska pojawia się jako ważny temat w agendzie politycznej poszczególnych rządów, państwo musi coraz bardziej równoważyć swoją podwójną rolę jako promotora akumulacji kapitału i wzrostu gospodarczego oraz rolę regulatora i obrońcy środowiska (Schnaiberg i Gould, 1989: 68-70).

Polityczno-ekonomiczne wytłumaczenie ma przewagę w umiejscowieniu obecnych problemów środowiskowych w rozbieżności systemów politycznych i ekonomicznych skonstruowanych przez człowieka jako zespół konfliktu funkcji wspieranych przez ekologię człowieka. To przybliża go do głównego nurtu socjologii. Wszystkie teorie i modele, w tym model Schnaiberga, wywodzą się z teorii marksistowskiej. Krytykowano również podejście polityczno-gospodarcze, ponieważ podsumowuje ono monolityczne postrzeganie państwa jako przestępcy środowiskowego. Hannigan (1995: 23) podkreśla, że polityka i urzędnicy publiczni powinni być postrzegani jako przedstawiciele różnych stanowisk politycznych, których wypowiedzi i działania nie zawsze są zgodne.

Teoria Schnaiberga (2002) dotycząca "produkcji na bieżni" jest jedną z rzadkich teorii, która wykorzystuje antropocentryczne podejście do szkód w środowisku i logicznie wyjaśnia przyczyny przestępczości ekologicznej jako coś nieuchronnego. W ten sposób teorie socjologiczno-biologiczne zajmują się podwójną rolą państwa, tj. propagowaniem aktów i działań na rzecz sprawiedliwości środowiskowej i ochrony środowiska oraz naruszaniem prawa ochrony środowiska.

2.3.2 Kryminologia krytyczna i przestępstwa przeciwko środowisku naturalnemu

Kanduč (1992: 103) opisuje kryminologię radykalną lub krytyczną jako "kryminologię życia codziennego", która zajmuje się zjawiskami zagrażającymi podstawowym dobrom człowieka (zdrowie, życie, swobodne korzystanie z czasu itp.) oraz prawami wywodzącymi się z motta rewolucji francuskiej, tj. *libérté, égalité, fraternité*. W rozwoju kryminologii radykalnej można dostrzec różne skutki teoretyczne, od kryminologii konfliktowej - krytycznej - radykalnej - marksistowskiej do kryminologii psychologicznej (Kanduč, 1994: 103). Kryminologia krytyczna wywodzi się z radykalnej tradycji myśli socjologicznej. Uważa on człowieka (jego wzrost, siłę i rozwój) za miarę wszystkiego, ponieważ Marks jako pierwszy dostrzegł radykalną reakcję jako coś, co jest wykorzystywane do uchwycenia problemu przez jego korzenie, a korzenie ludzkości są reprezentowane przez samego człowieka. Kryminologia krytyczna ma dwa główne wymiary: 1) określenie "problemu" z punktu widzenia człowieka; oraz 2) zbadanie problemu w kontekście społecznym człowieka (Kanduč, 1994: 114). Główny kryminalno-polityczny problem kryminologii krytycznej leży u władzy, która jest rozproszona nierównomiernie i różnie. Jest to również powód, dla którego wiele szkodliwych zdarzeń (przemoc strukturalna, przestępstwa gospodarcze, polityczne, środowiskowe itp.) nie jest dyskryminowanych i ściganych, ale często postrzeganych jako "normalne" (van Swaaningen, 1997; Kanduč, 1992: 103).

Krytyczna kryminologia stawia na pierwszym planie dyskusji podstawowe dobra ludzkie (życie, zdrowie, warunki egzystencji), które są w dużej mierze zależne od normalnego lub faktycznie zdrowego środowiska życia. Istota kryminologii radykalnej lub krytycznej deklaruje, że ludzie mają prawo do tych dóbr i że należą one do ludzi. Radykalna kryminologia staje się krytyczna, gdy te prawa są naruszane lub wkraczają w życie. Często zdarza się to przy tak zwanym występowaniu zróżnicowanej władzy w środowisku przestępczym (przestępczość "białych kołnierzyków", przestępstwa popełniane przez osoby sprawujące władzę, przemoc strukturalna, przestępstwa bez ofiar i przestępczość zorganizowana) (Kanduč, 1992: 110). Przestępstwa przeciwko środowisku można podzielić na kilka z wyżej wymienionych rodzajów przestępstw. Początkowo przestępczość wywodziła się z wyjątkowej siły zamożnych biznesmenów w społeczeństwie, ale następnie rozszerzała się i zmieniała, co jest przedmiotem przyszłych podziałów i dyskusji o radykalnie krytycznej kryminologii. Po raz kolejny możliwe jest wykrycie korelacji z antropocentrycznym spojrzeniem White'a (2008a) na relacje między człowiekiem a naturą. Jest to jednak niewielka różnica, ponieważ bogaci i potężni są w tym przypadku prawdziwymi sprawcami przestępstw ekologicznych, działającymi ponad przyrodą i klasą średnią. Kiedyś pracownicy fabryk byli częścią natury (podejście ekocentryczne i biocentryczne), teraz jednak nie mogą już być jej częścią z powodu długiej, ciężkiej pracy na rzecz przetrwania.

2.3.3 Teoria racjonalnego wyboru, teoria zysku i przestępczość ekologiczna (model racjonalnego zanieczyszczającego)

Przestępczość ekologiczna ma miejsce wtedy, gdy naruszane są normy środowiskowe i gdy brak jest przepisów dotyczących ochrony środowiska. Pojawia się ona również wtedy, gdy istnieje rozbieżność między normami prawnymi a ich wdrażaniem w praktyce. Pomimo znacznego wzrostu i poszerzenia prawodawstwa w zakresie ochrony środowiska w ciągu ostatnich kilku dziesięcioleci, większość organizacji, które popełniają przestępstwa przeciwko środowisku, nie jest ścigana ani karana. Nawet kiedy są karane, ich kary są zazwyczaj nieistotne i drwiące. Dlatego też organizacje stosują racjonalne podejście gospodarcze, naruszają przepisy i nadal zanieczyszczają środowisko. Dla nich przewidziane i wdrożone kary stanowią niewielki wydatek niż produkcja przyjazna dla środowiska. Ich menedżerowie podejmują zatem racjonalne decyzje i stają się *racjonalnymi trucicielami,* ponieważ ważą "koszty i korzyści" wynikające z czynu przestępczego oraz nałożoną grzywnę.

Racjonalna teoria wyboru opiera się na hedonistycznym założeniu, że jednostka jest kierowana (przynajmniej subiektywnie racjonalna) poprzez wybór komfortu i unikanie bólu. Cornish i Clark (1986: 1-2) określają jednostkę jako przedmiot ograniczonego racjonalnego wyboru. Zgodnie z teorią racjonalnego wyboru, sprawca działa w sposób mniej lub bardziej uważny (ostrożny). Teoria ta przypomina ekonomiczne wyjaśnienia zachowań przestępczych, przy czym najbardziej wpływowe we współczesnej kryminologii są ekonomiczne wyjaśnienia szkoły kryminalnej w Chicago[40]. Ten ostatni definiuje sprawcę jako "homo economicus" (ekonomiczny lub ekonomiczny), który stara się zmaksymalizować komfort (racjonalna maksymalizacja użyteczności), a tym samym jest podatny na bodźce (zachęty i czynniki zniechęcające), które zachęcają go lub zniechęcają do działalności przestępczej. Ekonomiści nie widzą żadnych patologicznych problemów związanych z przestępczością i definiują zachowanie przestępcze jako formę działalności gospodarczej, którą jednostka prowadzi z tych samych powodów, co powody, na podstawie których osoby niebędące przestępcami prowadzą legalną działalność gospodarczą[41] (Kanduč, 1999: 225-228; Hayward i Morrison, 2005: 75-76).

Ponieważ organizacje stosują racjonalne podejście ekonomiczne, naruszają przepisy dotyczące ochrony środowiska i nadal zanieczyszczają środowisko, ponieważ zalecane i egzekwowane kary stanowią niższy koszt niż produkcja

---

[40] Pierwszy wydział socjologii w Stanach Zjednoczonych powstał na Uniwersytecie w Chicago w 1892 roku, gdzie naukowcy skupili się na łączeniu wyników badań nad statystyką kryminalną. Wyrażenie *Chicago School* oznacza zbiór różnych teorii społeczno-psychologicznych i socjologii miejskiej. Jego głównym punktem wyjścia było to, że ludzie są zwierzętami społecznymi i że życie ludzkie jest konsekwencją środowiska społecznego. Wartości kulturowe i wskaźniki zachowań ludzkich są wyłącznie wynikiem czynników środowiska społecznego (Meško, 2010; Kanduč, 1999; Pečar, 1981).

[41] Gary Becker (1968; w: Emery i Watson, 2004) pisał o istocie ekonomicznego rozumienia zachowań przestępczych, stwierdzając, że dana osoba popełnia czyn przestępczy, jeśli przewidywane korzyści przewyższają korzyści, które otrzymałaby, gdyby wykorzystała swój czas i inne środki na inne działania. Jednostki zamieniają się w przestępców, ponieważ mają inną ocenę kosztów i korzyści, a nie dlatego, że ich podstawowa motywacja jest inna niż motywacja innych (Jeffery, 1993: 335; w Kanduču, 1999: 228).

przyjazna dla środowiska. Cohen (1992), Posner (1998) i Spence (2001) odwołują się do takiego racjonalizmu w zachowaniach przestępczych, używając terminu "*racjonalny model zanieczyszczający*", podkreślając, że najprostszym rozwiązaniem jest podniesienie przewidzianych kar i ich dokładne wdrożenie. Model racjonalnego zanieczyszczającego wywodzi się z teorii ekonomii. Racjonalni truciciele środowiska (sprawcy przestępstw ekologicznych) kierują się tą samą logiką ekonomiczną, co zbójnik Phelana (1940; w Emery i Watsonie, 2004) [42]opisany w jego teorii racjonalnego wyboru. Potencjalni przestępcy ważą krańcowe (graniczne z marginalnymi) korzyści z wykonywanej działalności powodującej szkody w środowisku naturalnym w stosunku do kosztów krańcowych (do których zalicza się przewidziane kary pieniężne lub kary więzienia). Organizacje (przedsiębiorstwa, korporacje itp.) również mogą być racjonalnymi trucicielami, jeżeli przestrzegają zasady marginalnej i chcą zmaksymalizować zyski lub (w jakikolwiek inny sposób) osiągnąć równowagę między zyskami krańcowymi a kosztami krańcowymi. Środowisko naturalne będzie zadbane tylko wtedy, gdy zanieczyszczenie będzie stanowiło koszt dla organizacji (koszt równa się grzywna), który jest wyższy niż potencjalne zyski (korzyści z zanieczyszczenia) (Emery i Watson, 2004).

Racjonalna teoria wyboru, która odnosi się do tzw. racjonalnego zanieczyszczającego, dostarczyła jedynie częściowego wyjaśnienia zachowań organizacyjnych i nie okazała się odpowiednią podstawą dla propozycji zmian prawnych. Wyniki badań wykazały, że aby lepiej zrozumieć teorię racjonalnego zachowania, należy wziąć pod uwagę aspekt związany z siłą objaśniającą legitymacji, ponieważ chęć rozważenia społecznych norm prawnych i pozytywny wizerunek firmy są bardzo cenionymi wartościami. W odniesieniu do teorii racjonalnego wyboru i "obliczeń" racjonalnego modelu matematycznego dotyczącego zanieczyszczeń można podsumować, że najbardziej efektywnym i zarazem najtańszym rozwiązaniem jest zwiększenie kar w przepisach dotyczących ochrony środowiska i zapewnienie ich spójnego wdrażania. Racjonalnie wybrany model zanieczyszczający środowisko może być wykorzystany do wyjaśnienia różnych rodzajów przestępstw przeciwko środowisku (np. przestępstwa przeciwko środowisku popełnione przez jednostkę, przestępstwa przeciwko środowisku popełnione przez określone grupy interesów oraz przestępstwa przeciwko środowisku popełnione przez

[42] Phelan (1940; w Emery i Watsonie 2004) oparł swoją teorię na przykładzie złodzieja, który, jak każdy inny podmiot gospodarczy, "waży" korzyści i koszty czynu (przestępczego), który planuje popełnić.

bogatych i silnych). Jak podkreślono powyżej, musimy mieć świadomość, że jest to tylko częściowe wyjaśnienie i możliwa przepowiednia, ponieważ na każdy indywidualny przypadek mają wpływ różne czynniki, a zatem musi on być badany i analizowany osobno.

Podobnie jak w przypadku podejścia ekonomicznego, Becker (1968; w Emery i Watson, 2004) zastosował model prawdopodobieństwa, choć mówił o "optymalnych grzywnach". Cohen (1992) podsumował teorię zysku Beckera i stworzył nieco uproszczony model. Model ten wywodzi się z założenia, że kary pieniężne "powinny być" równe sieci kosztów społecznych spowodowanych przestępstwem, podzielonej przez prawdopodobieństwo wykrycia. Emery i Watson (2004: 745) porównali teorię Beckera (1968) i model matematyczny Cohena (1992) do analiz marginalnych związanych z informacją i neoklasyczną lub Marshalla[43] (Marshall, 1966). Potwierdziły one analityczne wyjaśnienie zachowań stosowanych przez teorie ekonomiczne, ale ostrzegły, że ich praktyczne zastosowanie może być ograniczone. Niektóre organizacje nie zanieczyszczają, chociaż prawdopodobieństwo odkrycia jest małe. Podobnie jak teoria racjonalnego wyboru, teoria zysku opiera się na założeniu, że przedsiębiorstwa (ich liderzy) zawsze starają się maksymalizować zyski (zwłaszcza poprzez wyrównywanie kosztów krańcowych z zyskami krańcowymi). Szczegółowe analizy wykazały, że inne koszty i czynniki uniemożliwiają maksymalizację zysków organizacji. Oczywiste jest, że w tych okolicznościach racjonalność jest ograniczona (Emery i Watson, 2004: 746); dlatego należy przeprowadzić dogłębną analizę wybranego przypadku. Domniemanie maksymalizacji zysku firmy ogranicza możliwość zastosowania wyżej wymienionego modelu, niemniej jednak daje kilka dobrych pomysłów i użytecznych punktów wyjścia w kontekście decyzji politycznych i zmian przepisów prawnych w związku z rozwiązywaniem problemów przestępczości ekologicznej. Teoria zysku wywodzi się z antropocentrycznego filozoficznego podejścia do środowiska i jest najlepszą opcją do wyjaśnienia korporacyjnych przestępstw przeciwko środowisku i/lub przestępstw przeciwko środowisku

[43] Poprzez swoją teorię równowagi i badanie sił decydujących o podaży i popycie, Marshall (1996) ustanowił podstawy współczesnych teorii mieszczańskich, czyli mikroekonomii relacji rynkowych. Według Marshalla (1996), marginalna użyteczność jest siłą działającą na popyt na niektóre towary. Narzędzie to jest dołączane przez nabywców do ostatniej jednostki pożądanego towaru. Narzędzie istnieje w korelacji z potrzebą lub pragnieniem. Potrzeby nie mogą być mierzone bezpośrednio, lecz jedynie pośrednio poprzez zjawiska zewnętrzne, z którymi są one wyrażane. W tych przypadkach, które są ważne dla ekonomii, stawkę można znaleźć w cenie, którą ktoś jest gotów zapłacić komuś innemu, aby zaspokoić jego potrzeby. Taka cena nazywana jest ceną popytu (Marshall, 1966: 78).

popełnianych w białych kołnierzykach (tj. przestępstw przeciwko środowisku popełnianych przez bogatych i silnych).

2.3.4 Teoria ryzyka społecznego i przestępczości ekologicznej

Socjologowie, tacy jak Beck (2001), Giddens (1997) i Bauman (2005), teoretyzowali o nowoczesności, a w konsekwencji o społeczeństwie, które wynika z nowoczesności. Oprócz ustalenia pewnych pozytywnych skutków modernizacji, zajmowali się oni również anomaliami, które są produktem modernizacji. Ulrick Beck (2001) podkreślił, że współczesne społeczeństwo jest *społeczeństwem ryzykownym*, w którym utrapienie jest zhierarchizowane, a smog jest demokratyczny. Złożoność społeczeństw poszerza i pogłębia możliwości społeczne, ale i zagrożenia (Beck, 2001). Ryzyka nie są wynalazkiem nowej epoki, są charakterystyczne dla wszystkich społeczeństw, nawet tych przednowoczesnych. W swojej pracy Beck (2001) odnosi się do społeczeństwa ryzyka. W przeszłości ryzyko było głównie indywidualne, ale jednostka nie ma już możliwości wycofania się lub zdystansowania od ryzyka współczesnego społeczeństwa, ponieważ niebezpieczeństwo nie zna granic. Tendencja do globalizacji społeczeństwa, przyczyniła się do rozwoju zglobalizowanego ryzyka, ponieważ społeczeństwa są zorganizowane tak, aby reagować na zagrożenia. Giddens (1997) uważa, że społeczeństwo ponosi zbyt wiele obciążeń i jest zbyt zatroskane o przyszłość (i bezpieczeństwo), co rodzi pojęcie niebezpieczeństwa.

Rozwijając teorię społeczeństwa opartego na ryzyku, Beck (2001: 27-29) przypisuje różnym cechom ryzyka, które są wytwarzane przez społeczeństwa na najwyższych poziomach rozwoju. Szkody w środowisku naturalnym, a co za tym idzie, zagrożone (ryzykowne) społeczeństwo znajduje się na szczycie skali współczesnych zagrożeń:

1) Ryzyko całkowicie eliminuje bezpośrednie zdolności percepcyjne ludzkości (np. radioaktywność lub szkodliwe substancje w powietrzu, wodzie i żywności). Mogą one zostać wykryte lub pozostać niewykryte tylko przez naukowców korzystających z określonych instrumentów. Ich konsekwencje w większości przypadków nie pojawiają się natychmiast, a przyszłość pokaże, jak bardzo są one potężne.
2) Współczesne zagrożenia obejmują *efekt bumerangu*, a w końcu także zagrożenie dla tych, którzy je tworzą, inicjują lub przeprowadzają. Przenoszenie przemysłu ciężkiego do krajów trzeciego świata nie uchroni

w dłuższej perspektywie czasowej krajów rozwiniętych przed jego skutkami, ponieważ otrzymają one z powrotem produkty, które zostały wyprodukowane w krajach trzeciego świata.

3) Nowoczesne ryzyko stanowi *duży biznes* dla gospodarki. Ryzyka, które są tworzone przez same nowoczesne społeczeństwa, stanowią jednocześnie magazyn nieskończonych potencjałów dla tych samych społeczeństw. Ryzyka stanowią nigdy nie zaspokajane potrzeby i są idealne do ekonomicznego wykorzystania (nigdy nie żyjemy tak zdrowo, aby osiągnąć ideały zdrowotne; musimy zawsze robić lub kupować więcej, aby zbliżyć się do takich - zawsze nieuchwytnych - ideałów).
4) Ryzyka są przypisywane człowiekowi postmodernistycznemu; *prawie zawsze są przypisywane społeczeństwu*, ponieważ po prostu nie możemy ich uniknąć.
5) Zagrożenia mają znaczny potencjał polityczny, ponieważ ich konsekwencje mają wpływ nie tylko na naturę i ludzkość, ale także na powstawanie załamań rynku, redukcję kapitału, otwarcie nowych rynków, producentów sądowych, utratę reputacji itp. Znaczące zmiany w relacjach między siłami społecznymi mogą również nastąpić w[44] związku z potencjalnymi katastrofami.

Na przestrzeni dziejów ludzkość stale zmieniała swoje środowisko życia przy pomocy różnych technologii. W przeciwieństwie do klęsk żywiołowych, które według Becka (2001) są produktami sił innych niż ludzkie lub nadprzyrodzonych, zanieczyszczenie środowiska, zniszczenie środowiska i dewastacja środowiska są powodowane przez ludzkość. Nauki przyrodnicze potwierdzają i udowadniają związki między klęskami żywiołowymi, które mają miejsce w wyniku zniszczenia naturalnej równowagi, a niszczeniem środowiska naturalnego. Giddens (1997) stwierdza, że współczesne zagrożenia są wynikiem działalności człowieka i nazywa je zagrożeniami produkcyjnymi. Łączy je z katastrofami ludzkimi, takimi jak wypadki w Czarnobylu, Kanale Miłości, Ajka, Fukushimie i innych miejscach, które wstrząsnęły zaufaniem społecznym nowoczesnych projektów i wzbudziły wątpliwości co do dobrych intencji przemysłu, rządu i poszczególnych ekspertów.

---

[44] Jako przykład pozytywnego sankcjonowania można wymienić obiecane dotacje dla organizacji, które decydują się na efektywne wykorzystanie energii i wykorzystanie odnawialnych źródeł energii.

Zarówno Beck (2001), jak i Giddens (1997) podkreślają znaczenie wiedzy jako anonimu do bogactwa, ponieważ bogaci ludzie mają różne zasoby, które pozwalają im odwrócić ryzyko, którego biedni nie posiadają. Posunęli się jeszcze dalej w swojej dyskusji i podkreślili, że wiedza nie jest ważna, jeśli osoba nie jest świadoma lub nie jest zaznajomiona z istnieniem ryzyka. Ich wnioski mogą być również związane z kwestiami przestępczości środowiskowej i obecnym zagrożeniem społecznym z nią związanym. W przypadku zapobiegania takim zagrożeniom lub ich przezwyciężania, wiedza i dostęp do informacji są szczególnie ważne, ale często zależą one również od statusu ekonomicznego. Chociaż teoria społeczeństwa ryzyka, wywodząca się z perspektywy socjologicznej (tj. wyjaśniająca relacje w społeczeństwie i relacje między społeczeństwem a środowiskiem), jest jedyną teorią spośród wybranych teorii kryminologicznych, która może być wykorzystana do wyjaśnienia wszystkich czterech podstawowych grup przestępczości ekologicznej przedstawionych na Rysunku 3. W kontekście zglobalizowanego społeczeństwa, teoria społeczeństwa ryzyka obejmuje również transnarodową przestępczość ekologiczną.

Człowiek żyje w społeczeństwie ryzyka i decyduje, co robić i ile ryzykować, aby osiągnąć swoje cele na co dzień. Status ekonomiczny bez wątpienia determinuje różne predyspozycje jednostki, ponieważ ma znaczenie, komu i w jakiej części świata jednostka się rodzi. Mieszkańcy dzielnicy miejskiej Love Canal w USA na pewno nie osiedliliby się w tej okolicy, gdyby wiedzieli, że będą mieszkać nad zakopanymi odpadami niebezpiecznymi. W tym przypadku jedno z podstawowych praw człowieka, tj. bycie informowanym, znalazło się na pierwszym planie dyskusji, a do debaty włączono również rolę mediów. Niestety, prawo do informacji jest często naruszane poprzez ukrywanie takich przestępstw ekologicznych i ich konsekwencji, jeżeli reporterzy śledczy lub inne agencje nie są w stanie szybciej i skuteczniej wykrywać przestępców. Pragnienie zysku i wygody wyrażane przez sprawców i ich wspólników jest związane z przedstawioną poniżej teorią zysku Beckera (1968) i często przeważa ze szkodą dla społeczeństwa i jednostek.

2.3.5 Teoria legalności i przestępczość ekologiczna

W połączeniu z racjonalnym modelem zanieczyszczającym, niektórzy badacze (Cohen, 1992; Spence, 2001; Emery i Watson, 2004) przedstawili kilka alternatyw, które mogą być wykorzystane lub włączone do wyjaśnienia jednolitości środowiska: teoria różnic kulturowych,[45] teoria gospodarki politycznej,[46] teoria rutynowej działalności [47]i teoria legitymizacji.[48] W kontekście zanieczyszczenia środowiska i warunków władzy wyjaśniającej najbardziej przydatna jest teoria legitymizacji. Opiera się na dyskusjach Webera (1954; w Emery i Watson, 2004: 747) na temat rozwoju. Podejście to stanowi ważne wyjaśnienie, dlaczego organizacje chcą pozostać w ramach legislacyjnych działań. Teoria zakłada, że organizacje istnieją w zgodzie z aprobatą społeczeństwa i zgodnie z "umową społeczną". Jeśli organizacja naruszy umowę społeczną, zagrożone jest jej przetrwanie i jest "karana" przez społeczeństwo (jak to miało miejsce w przypadku Lafarge Cement w Trbovlje w Słowenii). Jeśli organizacja chce działać i istnieć, potrzebuje zgody społeczeństwa. Organizacja stoi więc przed czterema potencjalnymi możliwościami (Emery i Watson, 2004: 748):

1) organizacja zachowuje *status quo* - działa zgodnie z przepisami i stara się zmienić społeczne rozumienie organizacji poprzez edukację i informowanie społeczeństwa;
2) Organizacja nie może zmienić społecznego rozumienia organizacji, może jednak próbować zmienić sposób, w jaki opisywane są jej działania i zharmonizować je ze społecznym rozumieniem;
3) organizacja stara się zmienić oczekiwania społeczeństwa wobec organizacji poprzez edukację i informowanie społeczeństwa; oraz
4) organizacja zmienia swoje działania i harmonizuje je z oczekiwaniami społeczeństwa.

Organizacje rozwijają podzielone rozumienie rzeczywistości (Scott, 1999). Są one pod wpływem środowiska zewnętrznego w postaci ustaw, rozporządzeń i ochrony sądowej, a przede wszystkim opinii publicznej zaangażowanych

---

[45] Teoria różnic kulturowych koncentruje się na mikroelementach życia ludzi i społeczności, próbując wyjaśnić różnice między poszczególnymi grupami społecznymi i kulturami (Erickson, 1986).

[46] Teoria ekonomii politycznej próbuje wyjaśnić wpływy i korelacje między instytucjami politycznymi a systemem gospodarczym. Ogólne tematy obejmują wpływ wyborów na wybór polityki gospodarczej, monopol i ochronę rynku, polityczne cykle koniunkturalne i korupcję instytucjonalną oraz konflikty redystrybucyjne w polityce fiskalnej, w tym politykę opóźnionych reform w krajach rozwijających się (Alesina i Perotti, 1994).

[47] Teoria działań rutynowych wywodzi się z teorii racjonalnego wyboru, zgodnie z którą przestępstwo jest zachowaniem normalnym i zależy od możliwości popełnienia przestępstwa; tzn. jeżeli pojawia się okazja, a cel nie jest wystarczająco chroniony, i jeżeli nagroda jest warta popełnienia przestępstwa, przestępcy popełnią przestępstwo (koszty i korzyści) (Cohen i Felson, 1979).

[48] Teoria legitymizacji podkreśla, że organizacje mogą nadal istnieć tylko wtedy, gdy społeczeństwo, w którym działają, postrzega je jako działające w granicach akceptowalnego przez społeczeństwo systemu wartości (Dowling i Pfeffer, 1975).

zagrożonych grup społecznych. Wszystko to wpływa na ich rozumienie rzeczywistości.[49] Istnieje wiele przykładów z całego świata, w tym ze Słowenii, kiedy opinia publiczna lub reakcja grupy społecznej (np. inicjatywy obywatelskie i organizacje pozarządowe) wpływały na sposób, w jaki poszczególne organizacje radziły sobie z nieprawidłowościami związanymi z zanieczyszczeniem środowiska lub nawet zapobiegały rozpoczęciu działalności (np. Lafarge Cement, Kemiplas, Tenetiše, Mežiška dolina, Salonit Anhovo itp.).

W celu podsumowania ogólnego przeglądu teorii, który starał się dostarczyć wyjaśnienia dotyczące przestępstw przeciwko środowisku, można ustalić, że wszystkie teorie i modele, w tym "bieznia produkcji" Schaniberga (2002), pochodzą z teorii marksistowskiej. Teoria ryzyka społecznego może być w pewnym stopniu powiązana z nią również poprzez rozwój i postęp przemysłowy. Poprzez swój model konkurencyjności pomiędzy trzema podstawowymi funkcjami środowiska, teoria wyjaśnień ekonomicznych bardzo wyraźnie przedstawia rosnący problem ukrywania nieprawidłowości i rosnący brak "wolnego", nienaruszonego środowiska. Wyjaśnienie polityczno-ekonomiczne ma tę zaletę, że lokalizuje aktualne problemy środowiskowe w rozbieżności pomiędzy systemami politycznymi i ekonomicznymi skonstruowanymi przez człowieka. Takie podejście było również krytykowane, ponieważ podsumowano je jako monolityczny pogląd na państwo jako zanieczyszczającego środowisko; uważamy, że taka krytyka jest często nieuzasadniona. Teorie radykalnej lub krytycznej kryminologii stawiają na pierwszym planie dyskusji podstawowe dobra ludzkie, które w dużej mierze zależą od "czystego" środowiska życia. Są to dobra, do których człowiek ma prawo i które należą do niego. Dlatego właśnie radykalna kryminologia staje się krytyczna, gdy takie prawa są naruszane. Chociaż model racjonalnego zanieczyszczającego tylko częściowo wyjaśnia zachowania organizacyjne i nieadekwatne założenia legislacji, ma on również pewną wartość dla zrozumienia działań zanieczyszczających i tworzenia się aktów przestępczości przeciwko środowisku. Przestępczość ekologiczna pojawia się, gdy naruszane

[49] Savage, Bagnall i Longhurst (2001: 26) ujawniły kilka podstawowych powodów, dla których organizacje starają się działać zgodnie z prawem: 1) jest to ważne lub niezbędne dla ich długotrwałego przetrwania; 2) legitymizacja nie wynika z sukcesu ekonomicznego lub legitymizacji, choć jest ściśle związana z obiema tymi sferami; 3) legitymizacja wiąże się z identyfikacją organizacji w społeczeństwie (kontrola społeczna) i zależy również od wsparcia społecznego i politycznego; oraz 4) legitymizacja to przyznany status, zawsze kontrolowany poza organizacją (jest bardziej rozpoznawalny, gdy jest nieobecny) (Emery i Watson, 2004).

są[50] standardy - społeczne i ustawowe (Emery i Watson, 2004). Poszczególne teorie i modele kryminologiczne starają się zapewnić ramy i odpowiednie kary (które zdecydowanie należy zwiększyć) za takie przestępstwa. Teorie zysku opierają się na założeniu, że firmy zawsze starają się maksymalizować swoje zyski. Jednakże ich udowodnione ograniczenie ogranicza ich zastosowanie. Oferują one jednak indywidualne punkty wyjścia w kontekście decyzji politycznych i zmian przepisów prawnych związanych z rozstrzyganiem kwestii przestępczości ekologicznej. W obecnych warunkach najbardziej przydatna jest teoria Becka (2001) dotycząca ryzyka społecznego, ponieważ zakłada ona, że jednostka podejmuje ryzyko każdego dnia, od dnia narodzin do dnia śmierci.

Omawiany przegląd teorii kryminologicznych z zakresu przestępczości przeciwko środowisku został przedstawiony na Rys. 5, gdzie wszystkie przeglądane teorie są powiązane z poszczególnymi rodzajami przestępczości przeciwko środowisku, pogrupowane i schematycznie przedstawione na Rys. 4 na stronie 3.

[50] Ponieważ prawo ochrony środowiska jest stosunkowo nowe i wciąż się rozwija, jest ono czasami skomplikowane i skomplikowane.

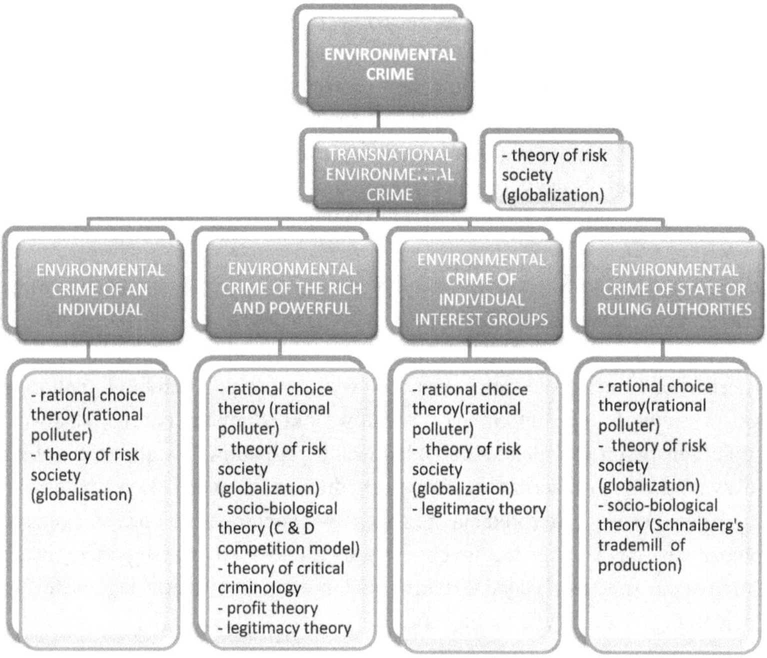

Rysunek 5: Teorie kryminologiczne w programie dotyczącym przestępstw przeciwko środowisku

Rysunek 5 wyraźnie pokazuje, że większość teorii kryminologicznych zajmuje się przestępstwami przeciwko środowisku popełnianymi przez bogatych i silnych, które są również najczęściej popełniane, najbardziej nieprzyjazne dla środowiska, zagrażające i niszczące, przynajmniej w oczach ogółu społeczeństwa. Kwestia ta charakteryzuje się powiązaniami z przestępczością zorganizowaną i współpracą poza terenem przedsiębiorstwa z przestępczością zorganizowaną w zakresie ochrony środowiska (np. międzynarodowy handel odpadami, nielegalne usuwanie odpadów, międzynarodowy handel chronionymi gatunkami zwierząt i roślin).

Jak podkreślano w całej analizie teorii kryminologicznych, debaty nad zagadnieniami ochrony środowiska w obszarze teorii socjologicznych, politycznych, ekonomicznych i biologicznych odzwierciedlają brak pewności (np. istnienie sprzeczności między rozwojem i postępem społecznym a kwestiami ochrony środowiska).

Dyskusje społeczne i polityczne na temat problemów środowiska naturalnego przypisują tym problemom znaczną wagę normatywną. We wszystkich obszarach badań nad zagadnieniem przestępczości przeciwko środowisku, zwłaszcza w ramach różnych teorii, widoczna jest rosnąca potrzeba tworzenia powiązań i wzajemnej współpracy między różnymi dziedzinami nauki i wiedzy specjalistycznej. Należy również uwzględnić i uwzględnić limity i parametry środowiskowe zbiorowej działalności człowieka.

Jak już wywnioskowano z perspektywy antropocentrycznej (skoncentrowanej na człowieku), analiza rodzajów przestępstw przeciwko środowisku pokazuje, że dla człowieka środowisko w większości przypadków stanowi sposób na generowanie zysków (np. poprzez wykorzystanie zasobów naturalnych, kłusownictwo) lub uniknięcie kosztów określonych przez państwo lub społeczeństwo (np. nielegalne składowanie odpadów, uwalnianie substancji toksycznych). Potwierdza to również dominacja teorii kryminologicznych zajmujących się interpretacją przestępstw popełnianych przez bogatych i potężnych, czyli korporacyjnych i biało-członelnych przestępców przeciwko środowisku (np. teoria zysku, teoria socjobiologiczna, teoria legalności, teoria racjonalnego zanieczyszczania, teoria krytycznej kryminologii).

Na podstawie etiologii przestępczości przeciwko środowisku można stwierdzić, że podstawową i główną przyczyną popełniania przestępstw przeciwko środowisku jest ludzka natura, która jest związana z dawnym antropocentrycznym nastawieniem do środowiska. Początek popełniania przestępstw ekologicznych leży w samej naturze, ponieważ środowisko naturalne jest źródłem przetrwania i możliwością generowania zysków (lub unikania kosztów). Ponadto do głównych motywów przestępstw przeciwko środowisku zalicza się zysk i rozwój człowieka. Przestępczość ekologiczna występuje pod wpływem warunków i okoliczności społecznych (tj. środowisko jako źródło przetrwania) oraz czynników ekonomicznych (tj. środowisko jako źródło zysku) we współczesnym zglobalizowanym społeczeństwie o rozwiniętym systemie przemysłowym i zorientowanym na gospodarkę rynkową.

Jednak niezharmonizowane rozumienie tego samego pojęcia nadal stanowi poważny problem. Różni autorzy używają różnych terminów dla tego samego rodzaju odchyleń od środowiska. Ze względu na brak zharmonizowanych terminów i wspólnej, uznanej na szczeblu międzynarodowym definicji, problemy pojawiają się na wszystkich innych poziomach leczenia, karania i zapobiegania takim przestępstwom. Zanim przejdziemy do integralnej dyskusji na temat przestępczości przeciwko środowisku, należy przedstawić krótki zarys przestępczości przeciwko środowisku jako rodzaju zagrożenia dla bezpieczeństwa. Temat ten wydaje się ważny, zwłaszcza w odniesieniu do zapewnienia bezpieczeństwa, i dlatego zasługuje na naszą uwagę.

Przestępstwa przeciwko środowisku naturalnemu są nie tylko niebezpieczne dla środowiska i ludzi, ale stanowią również ważniejszy aspekt zagrożeń dla bezpieczeństwa narodowego. Zagrożenia te są jedynie konsekwencją nieodpowiedzialnych zachowań ludzkich i nielegalnych interwencji w środowisku. Obecnie więcej uwagi poświęca się związkom pomiędzy środowiskiem a bezpieczeństwem. Z krajowego punktu widzenia, jeśli chodzi o relacje pomiędzy środowiskiem a bezpieczeństwem (Sotlar, Tičar i Tominc, 2011), kluczowe znaczenie ma pytanie o bezpośrednie i/lub pośrednie oddziaływanie środowiska na bezpieczeństwo narodowe (tzn. zagrożenia środowiskowe mogą spowodować zniszczenie środowiskowego wymiaru bezpieczeństwa narodowego). Grošelj (2007) podkreśla możliwość bezpośredniego i pośredniego wpływu środowiska na bezpieczeństwo narodowe (np. szkody w środowisku bezpośrednio wpływają na bezpieczeństwo narodowe lub życie obywateli, ich własność i dobrobyt, a tym samym pośrednio zagrażają ważnym wartościom narodowym). Dyskusje na temat (bezpośredniego lub pośredniego) wpływu przestępczości ekologicznej na bezpieczeństwo narodowe uwzględniały następujące przesłanki:

1) Prezelj's (2010) podział na naturalne,[51] celowe[52] (np. przestępczość) i niezamierzone[53] zagrożenia dla bezpieczeństwa;
2) Romms" (1993) klasyfikacja środowiska, energii i zasobów naturalnych do grupy niemilitarnych zagrożeń dla bezpieczeństwa narodowego;
3) Grošelj's (2007) umieścił środowiskowe zagrożenia dla bezpieczeństwa wśród głównych aspektów zagrożeń dla bezpieczeństwa narodowego;
4) Ostrzeżenie Homera-Dixona (1994) o zagrożeniach i możliwych konsekwencjach niedostatku środowiska naturalnego;

[51] Zagrożenia naturalne wynikają z powodzi, trzęsień ziemi, osunięć ziemi, wybuchów wulkanów i innych klęsk żywiołowych (Prezelj, 2010: 149).
[52] Zagrożenia zamierzone lub celowe obejmują przestępczość, terroryzm, sabotaż, złośliwe działania i inne ataki, ataki informacyjne i wojnę (Prezelj, 2010: 149).
[53] Niezamierzone zagrożenia obejmują przypadki wystąpienia błędów w trakcie użytkowania technologii, awarii systemu i wypadków (Prezelj, 2010: 149).

5) przedstawiona w niniejszej pracy definicja przestępstwa przeciwko środowisku;
6) Lista Homer-Dixon'a (2004) zawierająca sześć kluczowych wyzwań w zakresie bezpieczeństwa środowiskowego[54]; oraz
7) podstawowy model struktury środowiska naturalnego składający się z ośmiu elementów.

Możemy stwierdzić, że przestępstwa przeciwko środowisku naturalnemu mogą mieć i mają wpływ na bezpieczeństwo narodowe. Przestępczość przeciwko środowisku ma pośredni wpływ na bezpieczeństwo narodowe, gdy powoduje ona szkody w środowisku, jego zniszczenie i dewastację (tj. bezpośredni wpływ na środowisko)[55]. Innymi słowy (Eman, Meško i Fields, 2013: 28):

> *"Przestępczość ekologiczna zagraża bezpieczeństwu indywidualnemu, narodowemu i międzynarodowemu, ponieważ akty bezprawnego i nadmiernego wyczerpania i degradacji zasobów naturalnych doprowadziły do stanu ich niedoboru".*

Jak przedstawiono na początku tego rozdziału, rodzaje i zjawiska przestępczości środowiskowej mogą być bardzo różne, dlatego też rodzaje zagrożeń dla bezpieczeństwa środowiskowego są również zróżnicowane - nie tylko pod względem częstotliwości ich występowania, ale również pod względem intensywności i zagrożenia (Eman, Meško i Fields, 2013)[56]. Z tego powodu

---

[54] Homer-Dixon (1994: 6; 2004: 266) klasyfikuje następujące wyzwania w zakresie bezpieczeństwa: 1) skutki emisji gazów cieplarnianych i związane z tym zmiany klimatu; 2) kurczenie się warstwy ozonowej; 3) degradacja i utrata gruntów rolnych; 4) degradacja i niszczenie obszarów leśnych, 5) pochłanianie i brak wody pitnej; oraz 6) przełowienie.

[55] Kraj i jego bezpieczeństwo zależą między innymi od środowiska (obywatele potrzebują środowiska, aby zaspokoić swoje podstawowe potrzeby, np. powietrze, woda, żywność) oraz niektórych elementów środowiska, takich jak "źródła naturalne i energetyczne". Te elementy bezpieczeństwa narodowego są nierozłącznie związane ze środowiskiem naturalnym i od niego zależne. Dlatego też krajowy system bezpieczeństwa jest również odpowiedzialny za ochronę środowiska i zachowanie zasobów naturalnych. Przestępczość ekologiczna szkodzi środowisku naturalnemu i powoduje jego degradację i zniszczenie. Kluczowe elementy przyrodnicze dla egzystencji obywateli oraz istnienia i funkcjonowania państwa są niszczone (np. zanieczyszczone, wymarłe gatunki naturalne i roślin, uszkodzone, zniszczone) lub tylko częściowo niszczone. Nie ma już pożytecznych i wystarczających źródeł naturalnych i energetycznych ani środowisk niezbędnych do przetrwania obywateli. Można zatem twierdzić, że przestępczość ekologiczna wraz z jej aktami szkodliwości i niszczenia środowiska naturalnego stanowi zagrożenie dla bezpieczeństwa narodowego.

[56] "Poszczególne rodzaje przestępstw ekologicznych w ogóle nie są niebezpieczne dla ludzi (np. nielegalne usuwanie odpadów komunalnych w lasach; spalanie papieru; usuwanie odpadów budowlanych na drogach leśnych lub polowych itp.), chociaż inne mogą zagrażać życiu (np. usuwanie

różnią się także indywidualne sposoby radzenia sobie z problemami związanymi z zagrożeniami dla bezpieczeństwa środowiska i radzenia sobie z nimi. Obejmują one również badania nad omawianym obszarem przestępczości ekologicznej. Sensowne byłoby, aby wszystkie ważne decyzje na szczeblu krajowym opierały się na wstępnych analizach sytuacji i indywidualnych ćwiczeniach, jednak niestety często tak nie jest. Na przykład Republika Słowenii potwierdziła (przy stosunkowo niskiej liczbie badań) zagrożenia środowiskowe dla swojego (krajowego) bezpieczeństwa.[57] Główny problem przestępczości ekologicznej polega na tym, że zazwyczaj nie wpływa ona bezpośrednio na bezpieczeństwo jednostek, społeczeństwa i kraju. Pośrednio działania lub konsekwencje przestępstw przeciwko środowisku naruszają równowagę w środowisku, a tym samym zagrażają bezpieczeństwu na danym obszarze w kraju lub poza nim. Na podstawie przedstawionych dotychczas dyskusji można stwierdzić, że przestępczość ekologiczna jest coraz ważniejszym i niebezpieczniejszym zagrożeniem dla bezpieczeństwa, które należy do grupy zagrożeń ekologicznych dla bezpieczeństwa narodowego. Jako taki nie powinien być traktowany tylko jako rodzaj przestępstwa, ale także jako potencjalne zagrożenie dla bezpieczeństwa.

2.4 Przestępczość przeciwko środowisku w badaniach porównawczych w dziedzinie kryminologii i sądownictwa karnego

Szybki rozwój społeczny, technologiczny, polityczny i środowiskowy świata, w którym żyjemy, jest prawie niezrozumiały. Zmiany te spowodowały wzrost zapotrzebowania na towary i usługi, które nie mogą już być dostarczane przez zwykłą gospodarkę i usługi biznesowe, dlatego też musi wkroczyć gospodarka przestępcza. Nowa mobilność zwiększyła handel, turystykę i rozwój współpracy naukowej i kulturalnej. Granice zamieniają się w zanikające wspomnienia i stają się nieistotne. Wszystko zmienia się w tempie, o jakim nikt nie marzył w przeszłości. Niestety, cały ten postęp spowodował jednocześnie przestępczość na niespotykaną dotąd skalę (Fields i Moore, 2005). Rezultaty tego procesu -

beczek z substancjami toksycznymi w pobliżu wód gruntowych, stosowanie substancji zubożających warstwę ozonową, niebezpiecznych chemikaliów i pestycydów, nielegalne wyręby lasów, piractwo biologiczne itp. (Eman, Meško i Fields, 2013: 28).

[57] Przegląd internetowego systemu bibliograficznego i usługowego Słoweńskiej Spółdzielni oraz bazy danych archiwum danych nauk społecznych ujawnił istnienie zaledwie dziesięciu badań przeprowadzonych i zakończonych na całym ograniczonym obszarze Republiki Słowenii (częściowo obejmujących obszary zagrożeń dla bezpieczeństwa (krajowego) środowiska, takie jak badania opinii publicznej w Słowenii).

skutki zniszczenia w środowisku naturalnym - są niezrozumiałe, czasem nawet niewyobrażalne (tzn. dążenie do zysku nie ma żadnych ograniczeń). Przestępczość przeciwko środowisku stanowi jeden z takich (między)narodowych problemów, który rośnie i rozprzestrzenia się bardzo szybko. Te problemy związane z przestępczością są bardzo złożone w porównaniu z tymi, z którymi kryminolodzy mieli do czynienia, nawet w zakresie badań porównawczych (Fields, Arrigo i Webb, 2005).

Kryminologia porównawcza odnosi się do systematycznego i teoretycznie świadomego porównywania przestępczości (przestępczości i tendencji w przestępczości) w dwóch lub więcej krajach (Howard, Newman i Pridemore, 2010). W opinii Reichela (2008: 3) jednym z celów badań porównawczych jest poszerzenie wiedzy uczonych o innych ludziach i obcych kulturach. W ten sposób badacze są w stanie lepiej zrozumieć społeczeństwo, w którym żyją, i znaleźć sposoby na jego poprawę. Dlatego też badania porównawcze są bardzo ważne dla kryminologii; dają one duże możliwości zwiększenia siły wyjaśniającej teorii kryminologicznych. Porównawcze badania sądownictwa karnego mogą zmniejszyć ogromne różnice w poziomie przestępczości w różnych krajach.[58] Chociaż niektórzy autorzy z dziedziny kryminologii porównawczej (Shelley, 1981; Rokaw, Mercy i Smith, 1990; Hans-Gunther, Shelley i Kaoth, 1992) zakładają, że celem kryminologii porównawczej jest po prostu sprawdzenie, czy twierdzenia o związku przyczynowym między przestępczością utrzymują się w bogatej fakturze zróżnicowania kulturowego, Beirne i Nelken (1997) podkreślają, że zakres kryminologii porównawczej jest znacznie szerszy. Obejmuje ona badania nad przestępczością międzynarodową, problemy związane z eksportem modeli kontroli przestępczości do innych krajów oraz sposób, w jaki ich kultury wpływają na poglądy kryminologów w poszukiwaniu wyjaśnień dotyczących przestępczości. Badania porównawcze przestępczości i wymiaru sprawiedliwości w sprawach karnych wpływają również na porządek publiczny (Bennett i Lynch, 1990: 153) w celu podjęcia właściwej decyzji o problemach związanych z przestępczością w społeczeństwie. Podobną tendencję obserwuje się w dziedzinie ochrony

[58] Kulturowe założenia szeroko rozumianych wyjaśnień przestępstw, takich jak teoria anomii, teoria racjonalnego wyboru, teoria systemu światowego, teoria modernizacji, teoria dezorganizacji społecznej, teoria racjonalnego zanieczyszczania itp. mają tendencję do wynurzania się na powierzchnię, jeśli ktoś zapyta, na ile można je zastosować. Co więcej, prace porównawcze stanowią niezbędne antidotum na etnocentryzm (Beirne i Nelken, 1997).

środowiska, gdzie nauka jest bardzo często nadużywana w[59] celu wpływania na opinię publiczną.

Kryminologia porównawcza jest nękana przez przerwę między teorią a badaniami (Neuman i Berger, 1998: 300-301). Różne poziomy wyjaśnień teoretycznych muszą być badane z danymi, które jednocześnie wykorzystują zmienne na poziomie kontekstowym i indywidualnym. Ilościowe badania ponadnarodowe muszą być uzupełnione dogłębnymi badaniami historycznymi w celu zebrania odpowiednich danych do oceny alternatywnych perspektyw i zbadania konkretnych procesów zachodzących w obrębie narodów. W badaniach porównawczych kryminolodzy badają przestępczość jako zjawisko społeczne i starają się zidentyfikować podobieństwa i różnice we wzorcach przestępczości (Barak-Glantz i Johnson, 1983) pomiędzy różnymi narodami (grupami, kulturami, regionami, itp.). Celem badań porównawczych w zakresie przestępczości i wymiaru sprawiedliwości w sprawach karnych jest uzyskanie wiedzy na temat wpływu skutków kulturowych, politycznych, gospodarczych i innych na przestępczość i przestępczość[60] (np. różnice w podejściu do przestępczości, reakcji organów ścigania na naruszenia prawa, reakcji społeczeństwa na naruszenia i sprawców itp.) Aby osiągnąć opisany cel i przeprowadzić planowane porównanie, przed przedstawieniem wyjaśnień dotyczących zachowania należy ustalić zróżnicowanie wskaźników przestępczości (Reichel, 2008: 30), natomiast przekazywanie danych i porównanie wiedzy musi odbywać się ostrożnie.[61]

Każda poważna analiza porównawcza przestępstw musi konfrontować się z wiarygodnością informacji o wskaźnikach przestępczości i wiktymizacji (Beirne, 1983 r.), co stanowi duże wyzwanie w dziedzinie przestępczości

[59] Monckton (2009), Alkalaj (2010) i inni naukowcy, zwłaszcza klimatolodzy, wskazują na liczne "błędy" w prezentacji globalnego ocieplenia i zmian klimatu, przedstawionej przez Międzyrządowy Zespół do spraw Zmian Klimatu i jego przedstawicieli, zwłaszcza Ala Gore'a.

[60] Fields, Arrigo i Webb (2005: 3) podkreślają, że w sensie porównawczym badania nad przestępczością i przestępczością stanowią wyzwanie dla tych, którzy uczą i prowadzą badania w tej dziedzinie. Głównym założeniem wyżej wymienionych autorów jest to, że systemy przestępcze i sądownictwa karnego nie mogą być badane w oderwaniu od innych "systemów", takich jak kulturowe, polityczne, gospodarcze i inne, ani też nie mogą być badane przy użyciu typowych ludzkich podejść redukcjonistycznych (Fields i in., 2005: 3).

[61] Istotne są kwestie związane z tendencjami w zakresie przestępczości i polityki kryminalnej pomiędzy krajami i kulturami oraz porównaniami pomiędzy krajami. W związku z tym ważne jest, aby wiedzieć, kto jest nośnikiem takich zmian i porównań, a ponadto kto jest odpowiedzialny za przekazywanie wiedzy, idei i koncepcji, jak również za ich zrozumienie i realizację w społeczeństwie (Meško, 2008: 31).

ekologicznej. Żadne społeczeństwo nie może w pełni włączyć systemu innej kultury do swojego własnego systemu, bez żadnych modyfikacji uwzględniających różnice kulturowe, i oczekiwać, że będzie on funkcjonował z powodzeniem (Reichel, 2008: 5). Podobnie jak w przypadku wszystkich analiz międzykulturowych, kryminologia porównawcza napotyka na trudności dotyczące tego, co, jak i w jakim celu należy porównywać, jak to robić i w jakim celu. Zagrożenia kryminologii porównawczej są znikome, ponieważ ta forma badań kryminologicznych napotyka na dodatkowe przeszkody i problemy. Definicja przestępstwa jest konwencjonalna i zależy od różnic między systemami wymiaru sprawiedliwości w sprawach karnych. Techniczne i koncepcyjne przeszkody w porównywaniu wskaźników przestępczości i wyjaśnianiu przyczyn zachowań przestępczych w sposób porównawczy są poważne. Ciągle pojawiają się nowe pytania, w tym niektóre z poniższych: Czy znaczenie zachowania przestępczego jest stałe w różnych systemach prawnych i kulturach? Jak daleko możemy zaryzykować wyjaśnienia dotyczące przestępstw przeciwko środowisku, które unikają odniesienia do znaczenia? Jak dużą wiarygodność powinniśmy przywiązywać do danych dotyczących przestępczości pochodzących z różnych społeczeństw, które są gromadzone przez policję lub poprzez badania wiktymizacyjne? Chociaż wiele zagadnień teoretycznych, metodologicznych i filozoficznych od samego początku istnienia kryminologii porównawczej było przedmiotem dogłębnej analizy, ta dziedzina badań szybko się rozwija (Howard, Newman i Pridemore, 2010: 142). Świadczą o tym opublikowane wyniki przeprowadzonych badań porównawczych.

W 1987 roku Michalowski i Kramer (1987) przeprowadzili porównawcze badania sądownictwa karnego w zakresie przestępczości ekologicznej. Już w latach osiemdziesiątych XX wieku zauważyli oni znaczącą ekspansję korporacji transnarodowych w trzecim świecie. W kilku krajach rozwijających się kontrola prawna nad naruszeniami korporacji wobec środowiska nie rosła proporcjonalnie. Korporacje te angażowały się prawnie w różnego rodzaju szkodliwe działania, które zostałyby uznane za naruszenie prawa karnego lub cywilnego w ich krajach macierzystych (Michalowski i Kramer, 1987: 35). Autorzy zastosowali w swojej analizie podejście opisowe o charakterze politycznym. Według Michalowskiego i Kramera (1987: 36), różnice pomiędzy prawami państw pochodzenia i państw przyjmujących oraz zdolność korporacji transnarodowych do wpływania na klimat prawny w państwach przyjmujących sprawiają, że prawa wyprowadzane na poziomie państw narodowych stanowią niezadowalającą podstawę do określenia zakresu badań kryminologicznych dotyczących transnarodowej przestępczości korporacyjnej (środowiskowej).[62] Podobne przypadki "ekspansji" można zaobserwować w Europie, tj. w Europie Wschodniej (Republika Czeska, Bułgaria, Rumunia, Ukraina itd.) oraz na Bałkanach (Bośnia i Hercegowina, Czarnogóra, Albania, Kosowo itd.). Niektóre zachodnioeuropejskie i inne zagraniczne korporacje przeniosły większość swojej produkcji do tych krajów rozwijających się w celu zagwarantowania rozsądnych kosztów produkcji, chociaż drugi (ukryty) powód takiej decyzji był i jest związany z mniej restrykcyjnymi przepisami dotyczącymi ochrony środowiska.[63]

Kryminologia porównawcza ma tendencję do rozumienia zachowań przestępczych i dewiacyjnych. Jeśli badania kryminologiczne przejawiają się globalnie, to porównawcze badania kryminologiczne dostarczą użytecznych informacji na temat kontroli obserwowanej aktywności antyspołecznej.[64] Fakt, że badania kryminologiczne przecinają się z dziedziną sądownictwa karnego jest

---

[62] Michalowski i Kramer (1987) argumentują, że badanie transgresji korporacyjnej przez korporacje transnarodowe może zgodnie z prawem obejmować naruszenia prawa, jak również naruszenia międzynarodowych kodeksów i inne szkodliwe działania. W poprzednim badaniu dotyczącym urazów pracowników przedsiębiorstw, środowiska fizycznego i konsumentów odkryto, że omawianie legalności działalności przedsiębiorstw w krajach rozwijających się jest problematyczne. Michalowski i Kramer (1987: 36) badali każdy z tych obszarów. Zwrócili oni szczególną uwagę na działania szkodliwe, które powstają w przestrzeni pomiędzy systemami prawnymi. Innymi słowy, działania, które były zakazane w krajach pochodzenia, ale dopuszczalne w krajach przyjmujących, gdzie miały miejsce. Ich oceny wykazały, że wszystkie trzy podkreślone obszary były poważnie zagrożone przez działania korporacji transnarodowych: 1) warunków pracy; 2) zanieczyszczenia środowiska; oraz 3) bezpieczeństwa konsumentów.

[63] Przykłady przenoszenia przemysłu ciężkiego z rozwiniętych krajów zachodnich i wschodnich, w których Europa nie jest wyjątkiem, do krajów trzeciego świata, są nadal aktualne (znane są przykłady krajów bałkańskich, a także przypadek przejęcia przez Niemcy słoweńskiej fabryki Tosama). Podczas przejęcia maszyny fabryczne zostały sprzedane niemieckiemu właścicielowi, chociaż niektóre słoweńskie media wskazywały, że w rzeczywistości chodziło o wymianę dobrych słoweńskich maszyn na przestarzałe, podupadłe maszyny z firm z Niemiec).

[64] Michalowski i Kramer (1987) stwierdzili, że możliwe jest rozpoczęcie porównawczych badań kryminologicznych i badań nad międzynarodową przestępczością korporacyjną, która pojawia się w "pustej" przestrzeni pomiędzy krajowymi systemami prawnymi tylko poprzez wyjście poza poziom krajowy (tj. prawa). W tym celu konieczne są badania porównawcze wymiaru sprawiedliwości w sprawach karnych. W opinii Nelkensa (1997) znaczenie takich badań porównawczych rośnie: 1) dowody na istnienie poważnej przestępczości międzynarodowej i transgranicznej rosną na poziomie praktycznym i politycznym; 2) poważne zmiany w systemach politycznych i granicach (kraje w okresie transformacji) spowodowały wzrost przestępczości zorganizowanej, którą należy lepiej zrozumieć; 3) powód prowadzenia badań porównawczych może mieć tyle samo wspólnego z lepszym zrozumieniem własnego kraju, co zrozumienia każdego innego; oraz 4) kryminologia porównawcza może również przyczynić się do rozwoju teoretycznego samej kryminologii, nawet poza jej bezpośrednim znaczeniem praktycznym lub politycznym (przeformułowanie głównych problemów teorii kryminologicznej), a jednocześnie może wpływać na inne teorie nauk społecznych.

nieunikniony. Howard i jego współpracownicy (2010) dzielą metodologię stosowaną w porównawczych badaniach kryminologicznych na dwie grupy. Pierwsza grupa obejmuje badania porównawcze, w ramach których badane są szczególne kwestie związane z przestępczością (np. przestępstwa z użyciem przemocy, przestępstwa przeciwko mieniu, krajowe przestępstwa o skutkach międzynarodowych, takie jak ludobójstwo, przemoc w rodzinie, przestępczość międzynarodowa), w przypadku których przestępczość stanowi zmienną zależną. Druga grupa obejmuje ogólne rodzaje badań (np. badania metapoziomowe [badania wiktymizacji], badania równoległe [wskaźnik przestępczości/analiza systemu sądownictwa karnego; porównanie tematyczne; replikacja projektu eksperymentalnego] oraz studia przypadków), które są zwykle podejmowane przez kryminologów porównawczych. Podobnie Howard, Newman i Pridemore (2010: 144-146) określają kilka celów badań porównawczych w kryminologii:

1) rozszerzając teorie poza granice kulturowe i narodowe;
2) ocena funkcjonowania krajowych systemów wymiaru sprawiedliwości w sprawach karnych;
3) ocena polityki krajowego wymiaru sprawiedliwości w sprawach karnych; oraz
4) koordynowanie walki z przestępczością międzynarodową i rozsądną krytyką.

Reichel (2008) wskazuje trzy główne podejścia stosowane w badaniach porównawczych w dziedzinie kryminologii i wymiaru sprawiedliwości w sprawach karnych:

1) *podejście historyczne:* gromadzenie informacji i doświadczeń z historii dla celów porównawczych;[65]
2) *podejście polityczne* (Terrill, 1982): trzeba zrozumieć system polityczny danego kraju, aby móc zrozumieć jego system sądownictwa karnego. Filozofie polityczne, wraz z przepisami prawnymi, wyjaśniają, dlaczego pewne zachowanie jest traktowane jako zboczeniec; oraz
3) *podejście opisowe:* opis jest niezbędnym pierwszym krokiem do porównania systemów wymiaru sprawiedliwości w sprawach karnych. Zapewnia on przegląd systemu wymiaru sprawiedliwości danego kraju,

---

[65] *Zrozumienie i docenienie historii dostarcza uczniom wymiaru sprawiedliwości informacji o teraźniejszości i przyszłości. Jak wszystkie inne instytucje społeczne, wymiar sprawiedliwości w sprawach karnych zmienia się w czasie* (Reichel, 2008: 15).

dzięki czemu naukowcy mogą rozpocząć identyfikację podobieństw i różnic pomiędzy porównywanymi krajami lub narodami.

W podejściu opisowym wykorzystuje się dwie różne strategie prowadzenia porównawczych badań kryminologicznych i badań dotyczących wymiaru sprawiedliwości w sprawach karnych, po tym jak zbadano różnice między standardowymi elementami systemów wymiaru sprawiedliwości w sprawach karnych (Reichel, 2008): 1) *strategia dotycząca funkcji i procedur* (Lynch (1988) zauważa, że w badaniach ponadnarodowych korzystny jest funkcjonalny opis krajowych systemów wymiaru sprawiedliwości w sprawach karnych) oraz 2) *strategia dotycząca instytucji i podmiotów* (ujawnia obowiązki i podkreśla podobieństwa między porównywanymi krajami). Reichel (2008: 20-21) podkreśla, że gdy mamy do czynienia z różnorodnością, porównanie poprzez klasyfikację jest bardzo pomocne i możliwe do zastosowania. Dla celów tego podejścia porównawczego stosuje się dwa różne sposoby klasyfikacji, przedstawione w tabeli 1 poniżej (Reichel, 2008: 22-23):

1) *strategie syntetyczne lub sztuczne:* kategoryzacja grup sztucznych w celu uporządkowania zagmatwanego zbioru przedmiotów; klasyfikacja jest wynikiem wytwarzania przez naukowców grupy, która klasyfikuje przedmioty w oparciu o określone kryteria interesów naukowców;
2) *strategie autentyczne lub naturalne:* kategoryzacja grup przyrodniczych poprzez wykorzystanie dużej liczby cech do kategoryzacji obiektów na grupy; obiekty grupowe naukowców opierają się na cechach faktycznych wspólnych dla członków grupy.

Międzykulturowe badanie systemów wymiaru sprawiedliwości w sprawach karnych jest stosunkowo nowe, dlatego też nie zbadano jego różnych "przedmiotów" w zakresie niezbędnym do zapewnienia autentycznych systemów i naturalnych grup. Dlatego w takich badaniach porównawczych częściej stosuje się klasyfikacje syntetyczne (Reichel, 2008: 23).

Tabela 1: Podejścia porównawcze w dziedzinie kryminologii i wymiaru sprawiedliwości w sprawach karnych

Podejścia porównawcze w dziedzinie kryminologii i sądownictwa karnego	
Podejście opisowe	Podejście klasyfikacyjne

Funkcje i strategia proceduralna	*Strategia instytucji i podmiotów*	*Syntetyczna lub sztuczna strategia*	*Autentyczna lub naturalna strategia*
Skutkuje to funkcjonalnym opisem krajowych systemów wymiaru sprawiedliwości w sprawach karnych.	Skutkuje to opisem organizacyjnym i stanowiskowym systemów wymiaru sprawiedliwości w sprawach karnych.	Wyniki w sztucznych grupach.	Wyniki w grupach naturalnych.
Opiera się ona na opisie i porównaniu dwóch aspektów przedmiotu (funkcji i procedur systemów wymiaru sprawiedliwości w sprawach karnych).	Opiera się ona na wyjaśnieniu cel i podobieństw między porównywanymi krajami.	Opiera się ona tylko na jednym lub dwóch aspektach obiektu.	Jest on oparty na obszernych badaniach obiektu.
Wynikająca z tego klasyfikacja ma praktyczny cel, który podkreśla konkretne funkcje i procedury.	Wynikająca z tego klasyfikacja ma praktyczny cel, który podkreśla instytucje i podmioty dla łatwiejszego porównania.	Wynikająca z tego klasyfikacja ma praktyczny lub specjalny cel, który porządkuje różnorodność.	Wynikająca z tego klasyfikacja pozwala na pewien poziom przewidywania w odniesieniu do członków grupy.

Źródło: podsumowanie z Reichel (2008: 18-23).

Podczas przeprowadzania porównawczych badań kryminologicznych wykrywane są dwie zasadnicze kwestie (Reichel, 2008: 30): 1) kryminolodzy muszą zapewnić, że dane kryminologiczne z różnych krajów są zdefiniowane, zgłoszone i zarejestrowane w podobny sposób; oraz 2) kryminolodzy muszą zebrać dane kryminalne w sposób, który pozwoli im na wygodne porównanie wielu różnych krajów. Jednak badając przestępstwa przeciwko środowisku, musimy najpierw zająć się kwestią definicji przestępstwa przeciwko środowisku.

Jak opisano powyżej, ustawodawstwo krajowe różni się w poszczególnych krajach. Czasami różnice te są ogromne, na przykład między ustawodawstwem dotyczącym ochrony środowiska w Ameryce Północnej i Południowej (Stany Zjednoczone Ameryki a Boliwia, Chile, Ekwador, Gujana, Peru, Paragwaj), między rozwiniętymi państwami w USA i Europie a państwami afrykańskimi, a nawet między państwami Europy Zachodniej i Wschodniej (Hiszpania, Francja, Niemcy, Finlandia a Rumunia, Bułgaria, Mołdawia). Od lat osiemdziesiątych XX wieku ma miejsce masowe przenoszenie przemysłu ciężkiego z krajów rozwiniętych do krajów o mniej restrykcyjnej ochronie środowiska. Przypadki te, już opisane i przeanalizowane przez Michalowskiego i Kramera (1987), często związane są z korupcją urzędników i innymi naruszeniami (przestępczość zorganizowana, wymuszenia, zastraszanie, łamanie praw pracowniczych itp.) Dlatego kryminolodzy i inni badacze (White i Habibis, 2005; White 2007; White, 2008b; 2009; 2010; Lynch i Stretsky, 2007; Beirne i South, 1998; Carrabine, Lee, Plummer, South i Iganski, 2004b; Herbig i Joubert, 2006) starają się znaleźć wspólną definicję przestępstwa przeciwko środowisku, która nie opiera się (tylko) na przepisach prawnych i ma zastosowanie we wszystkich krajach. Ogólnie rzecz biorąc, a w szczególności dla celów omawianych badań porównawczych, definicja przestępstwa przeciwko środowisku powinna być prosta, jasna i zrozumiała. Taka definicja mogłaby być szeroko akceptowana (tzn. jednolita) i stosowana do celów badań porównawczych. Clifford i Edwards (1998: 26) podają użyteczną i mającą zastosowanie definicję przestępstwa przeciwko środowisku. Ich definicja może być podzielona na dwie części. Pierwsza część definiuje termin "zbrodnia ekologiczna" od strony filozoficznej: *"Przestępstwo przeciwko środowisku jest czynem popełnianym z zamiarem wyrządzenia szkody lub z możliwością wyrządzenia szkody systemom ekologicznym i/lub biologicznym oraz w celu zabezpieczenia korzyści gospodarczych lub osobistych". W* drugiej części definicji, która wynika z aspektu prawnego, stwierdza się, że (Clifford i Edwards, 1998: 26) *"przestępstwo przeciwko środowisku naturalnemu to każdy czyn, który narusza ustawę o ochronie środowiska".* Dzięki zastosowaniu takiej definicji przestępstwa przeciwko środowisku możliwe i osiągalne jest wdrożenie porównawczych badań kryminologicznych i kryminologicznych.

Dla celów badań porównawczych, definicja przestępstwa ekologicznego Clifforda i Edwardsa (1998) może być podzielona na jeszcze prostszą formę, która wynika z aspektu prawnego, ale nadal uwzględnia aspekty filozoficzne i sprawiedliwości środowiskowej. Prawny aspekt definicji przestępstwa przeciwko środowisku jest bliższy porównawczym badaniom kryminologicznym i kryminalnym niż badaniom filozoficznym, sprawiedliwości, socjologicznym czy innym. W prawnej definicji przestępstwa przeciwko środowisku, centralny punkt krajowego ustawodawstwa karnego musi być wymieniony na uniwersalną podstawę. Tutaj musimy odejść od nauk przyrodniczych, ponieważ opis środowiska naturalnego jest uniwersalny (środowisko składa się z ośmiu elementów). W związku z tym pożądana definicja naruszenia prawa ochrony środowiska brzmiałaby następująco:

Przestępstwo przeciwko środowisku jest (między)narodowym działaniem lub zaniechaniem człowieka określonym w przepisach, które skutkuje jakąkolwiek formą szkody dla jednego lub więcej z ośmiu elementów składających się na środowisko naturalne.

Środowisko naturalne jest chronione przez filar prawodawstwa dotyczącego ochrony środowiska, który wywodzi się z aktów prawnych, rozporządzeń, rezolucji i programów krajowych, konwencji, umów międzynarodowych, a czasem nawet konstytucji. Czyny i zaniechania popełniane przez ludzi są pojmowane jako szkoda dla środowiska naturalnego w globalnym społeczeństwie. Te konsekwencje ludzkich zachowań mogą być traktowane jako przestępstwa przeciwko środowisku tylko wtedy, gdy zostały określone jako takie przez prawo karne i/lub wszelkie inne krajowe, rzadko międzynarodowe akty prawne. Wywodząc się z opisanych powyżej podejść Reichela (2008) w zakresie kryminologii i wymiaru sprawiedliwości w sprawach karnych, jako przedmiot porównania można wykorzystać w badaniu środowisko, szkody w środowisku i przestępstwa przeciwko środowisku. Jeżeli przedmiotem porównania jest środowisko naturalne, najbardziej odpowiednią metodą jest autentyczna lub naturalna strategia opracowana na podstawie podejścia klasyfikacyjnego. Jeżeli przedmiotem porównania jest piramida legislacyjna w zakresie ochrony środowiska, bardziej dogodna jest syntetyczna lub sztuczna strategia, ponieważ hierarchia legislacyjna została sztucznie skonstruowana przez społeczeństwo. Strategie opisowe, funkcje, strategia procedur, instytucje i podmioty mają większe zastosowanie w procesie porównywania systemów sprawiedliwości środowiskowej. Przedstawiona definicja przestępstwa przeciwko środowisku[66], która podkreśla elementy składające się na środowisko naturalne, może być również przydatna dla celów badań porównawczych. Powodem, dla którego elementy środowiska nie mogą zostać zmienione, jest ich bezwzględny charakter oraz fakt, że nie są one określone w ustawodawstwie krajowym. Państwo może jedynie zdecydować, czy określona forma szkód w środowisku naturalnym będzie dyskryminowana, czy też nie.

Mówiąc o przestępczości ekologicznej, mówimy o bardzo różnych zjawiskach. Mając do czynienia z przestępczością przeciwko środowisku i prowadząc

[66] Przestępstwo przeciwko środowisku jest działaniem lub zaniechaniem określonym i zdefiniowanym jako zboczenie prawa, które powoduje jakąkolwiek formę szkody (sztuczną zmianę, pogorszenie, obciążenie, degenerację lub zniszczenie) jednego lub więcej z ośmiu elementów składających się na środowisko naturalne lub zakłócających jego naturalne zmiany.

(porównawcze) badania kryminologiczne lub dotyczące wymiaru sprawiedliwości w sprawach karnych, musimy być świadomi specyficznych cech przestępczości przeciwko środowisku, takich jak wzorzec zmian i pojawiania się nowych rodzajów przestępstw, problemy związane z ich definicją, związki z rozwojem i postępem technicznym, specyficzne grupy sprawców i ofiar przestępstw przeciwko środowisku oraz inne czynniki, omówione w kolejnych punktach. Te cechy charakterystyczne przestępczości środowiskowej są ważne i nie mogą być ignorowane podczas przeprowadzania porównawczych badań kryminologicznych. W przeciwnym razie wyniki mogą być nieprawidłowe i wprowadzające w błąd. Jednym z takich przykładów jest wykorzystanie wyników International Crime Victimisation Survey's (ICVS) w porównawczym badaniu kryminologicznym dotyczącym przestępczości ekologicznej. Ofiary szkód i innych konsekwencji spowodowanych przez przestępstwa ekologiczne są nadal w większości nieznane. Dlatego też wnioski oparte na niewielkiej liczbie sprawozdań ofiar mogą być mylące. Różne formy przestępczości ekologicznej powodują różne rodzaje szkód, które prowadzą do różnych ofiar, a nawet te, które mogą pozostać ukryte przez dziesięciolecia. Korzystanie z danych z badań ICVS powinno mieć miejsce tylko wtedy, gdy wiadomo o wyżej wymienionych brakach i gdy przestępstwo przeciwko środowisku jest jednym z tematów zawartych w kwestionariuszu.

Kryminologia ekologiczna jest nauką empiryczną, która może i wykorzystuje badania porównawcze do zrozumienia i wyjaśnienia przestępczości ekologicznej w sposób bardziej szczegółowy i dokładny. Porównawcze badania kryminologiczne i kryminologiczne dotyczące przestępstw przeciwko środowisku są rzadkością. Znaczenie i korzyści płynące z porównawczych badań kryminologicznych są bardzo ważne dla dalszego rozwoju przestępczości środowiskowej i kryminologii ekologicznej jako głównego nurtu nauk społecznych. Zakres porównawczej kryminologii ekologicznej i sądownictwa karnego jest szerszy niż poszukiwanie przyczyn przestępczości ekologicznej (Beirne i Nelken, 1997). Badania porównawcze przestępczości ekologicznej są ważne, ponieważ pozwalają (Howard i in., 2001: 189-190):

1) rozwój teoretyczny i testowanie teorii kryminologicznych i innych (społecznych) w dziedzinie przestępczości ekologicznej i zielonej kryminologii;
2) zaawansowane analizy porównawcze przestępstw przeciwko środowisku;
3) eksplozja danych o przestępstwach ekologicznych;

4) rozwój polityki w zakresie przestępczości (środowiskowej); oraz
5) globalizacja i badania porównawcze w zakresie przestępstw przeciwko środowisku i wymiaru sprawiedliwości w sprawach karnych.

Niemniej jednak ważne są porównania między krajami w formie porównawczych badań kryminologicznych (Meško, 2010: 31), zwłaszcza w dziedzinie przestępczości ekologicznej w jej obecnym kształcie. Oprócz porównywania zestawów danych dotyczących przestępczości kluczowe znaczenie może mieć również przekazywanie wiedzy, pomysłów i koncepcji oraz ich zrozumienie i wdrożenie w społeczeństwie. Głównym celem kryminologicznych badań porównawczych przestępstw przeciwko środowisku jest uzyskanie wiedzy na temat wpływu społecznych, kulturowych, politycznych, ekonomicznych, technologicznych, migracyjnych, edukacyjnych, przyrodniczych, wojskowych i innych na różnice w podejściu do przestępczości przeciwko środowisku, reakcji organów ścigania na naruszenia prawa ochrony środowiska oraz pokonanie przeszkód wynikających z braku odpowiedniej wiedzy w krajach, w których rozwija się kryminologia ekologiczna. Ponadto badania kryminologiczne porównawcze są ważne dla dalszego rozwoju kryminologii ekologicznej i gromadzenia dodatkowej wiedzy na temat przestępczości ekologicznej, szczególnie w słabo rozwiniętych obszarach krajowych charakteryzujących się brakiem wiedzy i doświadczenia. Zrozumienie zachowań dewiacyjnych wobec środowiska naturalnego w wybranym kraju oraz ocena funkcjonowania krajowych systemów wymiaru sprawiedliwości w sprawach karnych często stanowią pożądane cele takich badań. Głównym celem porównawczych badań kryminologicznych pozostaje przekazywanie wiedzy na temat przestępstw przeciwko środowisku. Porównawcze badania kryminologiczne w zakresie ekologii i wymiaru sprawiedliwości w sprawach karnych umożliwiają porównanie przestępstw przeciwko środowisku i związanych z nimi zjawisk między krajami. Pomagają one zielonym kryminologom zidentyfikować podobieństwa i różnice we wzorcach przestępczości ekologicznej, zrozumieć i wyjaśnić przyczyny i konsekwencje przestępstw ekologicznych. Dlatego też badania porównawcze powinny być częściej wykorzystywane do porównywania rodzajów przestępstw przeciwko środowisku, wyników badań kryminologii ekologicznej i reakcji wymiaru sprawiedliwości w zakresie ochrony środowiska pomiędzy dwoma lub więcej krajami.

W odpowiedzi na opisane powyżej kwestie środowiskowe, rola zielonej kryminologii jest szczególnie widoczna. Zielona kryminologia stanowi bardzo ważną więź między systemami sądownictwa kryminologicznego, ich częściami, innymi naukami i wszystkimi innymi zainteresowanymi stronami. Jego rola jest bardzo ważna, ponieważ łączy w sobie różną wiedzę naukową i doświadczenie w rozwiązywaniu problemów związanych z ochroną środowiska. W następnym rozdziale wyjaśniono ewolucję początków zielonej kryminologii w Słowenii i za granicą oraz opisano jej ustalenia.

3 Zielona kryminologia

Przestępczość ekologiczna jest problemem współczesnego społeczeństwa. Żadna inna dziedzina ochrony środowiska nie obejmuje tak szerokiego zakresu nauk przyrodniczych i społecznych, a także tak dużej liczby ekspertów. Globalne rozszerzanie się degradacji środowiska naturalnego powoli, ale uporczywie wkracza w każdą sferę ludzkiego życia. To właśnie te rozszerzenia skłoniły ludzkość do sięgnięcia po regulacje prawne i sankcje w celu ochrony środowiska i zapobieżenia jego dalszej, pozbawionej skrupułów, masowej eksploatacji i niszczeniu. Kryminologia jest jedną z pierwszych nauk społecznych, która zareagowała na rosnące problemy ekologiczne.

Janez Pečar, wybitny badacz kryminologii słoweńskiej, zwrócił uwagę na problem przestępczości ekologicznej[67] w 1981 roku i wskazał, że ludzkość stoi przed poważnymi problemami. Cenę za rozwój i postęp człowieka często płaci przyroda, dlatego też człowiek częściej sięga po ochronę przyrody, a zwłaszcza środowiska, w którym żyje. Wiele nauk przyczynia się do ochrony przyrody. Powoduje to pojawienie się pytań dotyczących roli kryminologii w tych wysiłkach. Jaka jest rola nauki, która zajmuje się zboczonymi zachowaniami ludzkimi? Pečar (1981) uważa, że kryminologia ma podwójną rolę w sprawach dotyczących odstępstw od środowiska: 1) wyjaśnia zjawiska, które zostały już uznane za przestępstwo i wywołały reakcję społeczeństwa; oraz 2) zajmuje się zjawiskami i wydarzeniami społecznymi, które stają się o wiele ważniejsze, niż uważa się je za zachowania naturalne i zakłócające. Kryminologia przygotowuje projekty i robi notatki dla społeczeństwa o potrzebie odpowiedniej reakcji. Przestępczość ekologiczna jest nową formą odchylenia, dlatego też stanowi nową dziedzinę działalności dla kryminologii.

W niniejszej pracy przestępstwo przeciwko środowisku naturalnemu rozumiane jest jako działanie lub zaniechanie określone w przepisach prawa, które powoduje jakąkolwiek formę szkody w środowisku naturalnym lub przerywa jego naturalne zmiany. Zielona kryminologia powstała na podstawie dyskusji o przestępstwach przeciwko środowisku. Innymi słowy, zielona kryminologia jest

[67] Sutherland (1949; w Sutherland i Cressey, 1974) poruszył problem przestępczości ekologicznej w swojej dyskusji na temat przestępczości "białych kołnierzyków", ale nie znaleziono w tym okresie żadnych zapisów dotyczących odrębnej dyskusji na temat przestępczości ekologicznej jako szczególnego rodzaju przestępstwa.

badaniem, które bada odchylenia w stosunku do środowiska i naruszenia przepisów dotyczących ochrony środowiska. Szczególnie interesują ją powody popełniania przestępstw ekologicznych, ich konsekwencje i reakcje społeczeństwa, przedstawione i omówione w niniejszym rozdziale. Na początku ten rozdział przedstawia historyczny rozwój zielonej kryminologii od jej pierwszych początków pod koniec lat 60. do dziś i podkreśla jej osiągnięcia. Po przeglądzie historycznym, omówiono pojęcie, znaczenie i temat zielonej kryminologii. Ze względu na jego znaczenie, problem jednolitej definicji zielonej kryminologii jest traktowany oddzielnie i w końcu proponuje się nową definicję. Dyskusja końcowa łączy w sobie ważne ustalenia dotyczące dotychczasowych działań kryminologicznych w zakresie przestępczości przeciwko środowisku oraz obecne wyzwania badawcze i analizy.

3.1 Rozwój zielonej kryminologii poprzez historię

Pojęcie kryminologii jest tak stare, jak kryminologia jako nauka (Kostantinović-Ilić, Ristanović i Kostić, 2009: 46). Oprócz ekologii i socjologii, kryminologia krytyczna jest jedną z pierwszych nauk ostrzegających opinię publiczną przed szkodami w środowisku (zaczęła się jako zanieczyszczenie środowiska) i istnieniem przestępczości ekologicznej. Po I wojnie światowej, a tym bardziej po II wojnie światowej aż po dzień dzisiejszy, ludzkość była świadkiem złożonego rozwoju i postępu, który wpłynął na zmiany w społeczeństwie, a także na zmiany w działaniach przestępczych. Środowisko jest niezwykle specyficzne i ważne dla ludzi i ich przetrwania. Ponadto, konsekwencje szkód środowiskowych, takich jak wyginięcie roślin i zwierząt, choroby ludzi, itp. mogą być drastyczne. Od samego początku sprzeciwu wobec dewastacji środowiska wyrażanego przez socjologów środowiskowych i radykalnych kryminologów, aż po dzień dzisiejszy, przestępczość ekologiczna stała się tematem codziennych dyskusji, a także tematem międzynarodowych konferencji i sympozjów, dyskusji i spotkań przywódców politycznych. Niemniej jednak jest to również przyczyna powstania specjalnej gałęzi kryminologii, tj. kryminologii zielonej.
Przestępstwa przeciwko środowisku są często określane jako "przestępstwa ekologiczne".[68] W dzisiejszym społeczeństwie bycie "zielonym" oznacza coś

[68] Tak zwane "przestępstwa ekologiczne" są często definiowane jako konstrukcje społeczne, na które mają wpływ środowiska społeczne i stosunki społeczne we współczesnym społeczeństwie, gdzie dwie grupy odgrywają ważną rolę: aktorzy korporacyjni i prawni działacze lub organizacje ekologiczne, gdzie należy brać pod uwagę nierówności płci, rasy i klasy (Lynch i Stretsky, 2003: 218).

więcej niż tylko wyznawanie wartości i nastawienie do ochrony środowiska, ponieważ jest to postawa polityczna, slogan sprzedaży na rynku ekonomicznym lub próba oznakowania produktów jako zdrowej, przyjaznej środowisku żywności (np. "naturalnej", "domowej roboty", "zdrowej i przyjaznej środowisku") itp. Czynniki te wprowadzają elementy ideologii politycznych i innych tendencji do dziedziny badań naukowych, co ma negatywny wpływ na pracę kryminologów i zmniejsza neutralność prac badawczych. Niemniej jednak zielona kryminologia powstała na podstawie dyskusji na temat badań kryminologicznych dotyczących przestępczości przeciwko środowisku oraz "zielonych" zagadnień związanych z przestępczością przeciwko środowisku, co przedstawiono poniżej.

3.1.1 Pochodzenie z lat 60.

Przestępczość przeciwko środowisku jest stosunkowo nową dziedziną badań w kryminologii. Clifford (1998: 10) wyznacza początek rozwoju zielonej kryminologii na okres około lat siedemdziesiątych. Opinie o początkach i początkujących przestępstwach przeciwko środowisku są bardzo zróżnicowane. Koser Wilson (1999: 155) podkreśla, że kryminolodzy wykazali zainteresowanie przestępczością środowiskową w czasie, gdy polityka środowiskowa obejmowała sankcje karne jako część systemu prawnokarnego. Innymi słowy, poza ruchami ekologicznymi, zainteresowanie kryminologią takimi przestępstwami przeciwko środowisku i jego mieszkańcom nie wzrosło przed opracowaniem prawa ochrony środowiska. Rozwój prawa ochrony środowiska w poszczególnych krajach ma różne podstawy historyczne, dlatego dość trudno jest uzyskać precyzyjną definicję rozwoju początkowego. W Stanach Zjednoczonych zjawisko to oraz rozwój prawa ochrony środowiska został zarejestrowany pod koniec II wojny światowej i kontynuowany w 1970 r. wraz z wielką ekspansją prawa ochrony środowiska. W Europie, zwłaszcza w Wielkiej Brytanii, prawo ochrony środowiska rozwijało się bardzo szybko, ponieważ ten historyczny przegląd sięga końca ^{XIX} i początku ^{XX} wieku, kiedy to w poszczególnych krajach europejskich i na całym świecie powstały pierwsze akty prawne dotyczące ochrony środowiska (Šturm, 1996: 176). Oprócz wewnętrznych regulacji prawnych dotyczących ochrony środowiska w poszczególnych krajach, pojawiła się potrzeba nawiązania współpracy z innymi krajami (umowy dwustronne, wielostronne i regionalne). Efektem tego była pierwsza światowa konferencja na temat[69] środowiska naturalnego, która odbyła się w 1972 r. w Sztokholmie. Kilka lat później, w latach 80-tych, kwestie ochrony środowiska przeszły do sfer politycznych, po czym nastąpiła zmiana ustawodawstwa, która nadal trwa.

Rozwój lub początki zielonej kryminologii nie pokrywają się w pełni z rozwojem prawodawstwa dotyczącego ochrony środowiska. Przegląd literatury ukazuje dwa różne kierunki rozwoju zielonej kryminologii. Kryminolodzy często formułują definicje przedmiotu swoich badań (tj. przestępstwa) na dwa sposoby (Halsey i White, 1998: 345): 1) podejście prawno-proceduralne określa parametry lub cechy przestępczości lub określa, które działania są niedozwolone (zabronione) przez prawo, co oznacza, że pochodzą one z prawnie zdefiniowanej pracy praktycznej; 2) podejście prawno-socjalne definiuje poszczególne przypadki jako przestępcze, gdy są one określone jako takie przez obowiązujące przepisy prawa karnego lub nawet gdy nie są one (działania moralnie zabronione). Innymi słowy, podejście ściśle prawne jest oddzielone od podejścia socjologiczno-prawnego. Określając pole działania kryminologów, należy wziąć pod uwagę oba podejścia. Jest to szczególnie ważne, gdy chodzi o badania nad zieloną kryminologią jako "młodą" gałęzią kryminologii, która nadal charakteryzuje się dużą ilością pytań bez odpowiedzi. Znalezienie porozumienia w sprawie definicji kryminologii ekologicznej i przestępczości ekologicznej jako przedmiotu badań jest nadal problematyczne. Dotychczas kwestie te [70]powodowały m.in. (nowa i słabo rozwinięta gałąź kryminologii,

---

[69] Przedstawiciele krajów uczestniczących przyjęli *deklarację w sprawie środowiska człowieka*. Oprócz wewnętrznej regulacji prawnej w zakresie ochrony środowiska, kraje te pragnęły również współpracować z innymi krajami na szczeblu dwustronnym, wielostronnym i regionalnym. Przyjmując deklarację sztokholmską, kraje uczestniczące uzgodniły podstawowe zasady regulujące ich reakcje w zakresie ochrony środowiska oraz określiły punkty wyjścia i podstawy dalszego rozwoju międzynarodowego prawa ochrony środowiska. Konferencja ta słynie z promowania zasady *sic utero tuo ut alinenum non laedes*, która oznacza, że kraje mają suwerenne prawo do wykorzystywania swoich zasobów naturalnych zgodnie z ich polityką ochrony środowiska i są odpowiedzialne za zapewnienie, że działania podejmowane w ramach ich kompetencji i kontroli nie powodują żadnych szkód w środowisku naturalnym innych krajów poza ich granicami (Kiss and Shelton, 1991).

[70] Od samego początku badań w dziedzinie przestępczości ekologicznej i kryminologii ekologicznej kryminolodzy stoją przed problemem zdefiniowania tej dziedziny. W tym kontekście Halsey i White (1998: 346) podkreślają znaczenie definicji dziedziny badań kryminologicznych rodzajów przestępstw przeciwko środowisku, ponieważ stanowi ona podstawę dla wszystkich dalszych prac badawczych. Ponadto dziedzina przestępstw przeciwko środowisku naturalnemu charakteryzuje się obecnością licznych "normalnych działań społecznych", które z punktu widzenia społeczeństwa lub poszczególnych grup społecznych są na początku złe moralnie, ale z czasem stają się prawnie zabronione. Niegdyś "normalne" działanie jest obecnie ściśle uregulowane prawnie, zdefiniowane i w większości przypadków zakazane (np. spalanie odpadów na podwórku, nawożenie i opryskiwanie pól

niejasne granice między socjologią a naukami przyrodniczymi, inwazja nowych idei i teorii) stosunkowo niewielkie zainteresowanie kryminologów przestępczością ekologiczną i jej powściągliwym, a czasem nawet ukrytym przed opinią publiczną, rozpatrywaniem tych problemów.

Artykuły, monografie i inne publikacje na temat zielonej kryminologii i zielonych przestępstw były bardzo rzadkie do około pięciu lat temu. Lynch, McGurin i Fenwick (2004) oraz Lynch i Stretsky (2007) byli bardzo krytyczni wobec braku badań (kryminologicznych) nad przestępczością ekologiczną. Opisali oni artykuły o badaniach nowych i słabo znanych rodzajów przestępczości jako praktycznie nieistniejące. Taką krytykę poparły również badania Zilneya, McGurrina i Zahrana (2006). Z drugiej strony, ostatnie dziesięciolecie przyniosło wielką zmianę zainteresowania kryminologów w dziedzinie kryminologii ekologicznej, a także niewiarygodny wzrost liczby badań i publikacji w dziedzinie zielonej kryminologii. Zilney i jego współpracownicy (2006) badali, jak często kryminologia jest wymieniana w publikacjach z dziedziny sprawiedliwości środowiskowej. Wybierając dziewięć słów kluczowych[71] we współpracy z ekspertami[72] w dziedzinie zielonej kryminologii, naukowcy dokonali przeglądu podstawowej bazy danych publikacji Social Sciences Citation Index, do której dodali również bazy danych Social Sciences Abstracts i Criminal Justice Abstracts. Przegląd obejmował ponad 1 725 czasopism i 50 dyscyplin społecznych w latach 1970-2003. Wyniki pokazują, że w okresie ponad 30 lat opublikowano tylko 10 publikacji naukowych z zakresu przestępczości ekologicznej, co jest zaskakująco niską liczbą, jak pokazano na rysunku 6 poniżej. Badanie ujawniło również brak reprezentacji kryminologii w zakresie zagadnień środowiskowych i przestępstw.

W ostatniej dekadzie, począwszy od ostatniego roku, który został uchwycony przez badania do dziś (2004-2014), byliśmy świadkami wielkiej zmiany zainteresowania kryminologów dziedziną przestępczości ekologicznej, a także niewiarygodnie dużej liczby publikacji na temat zielonej kryminologii.

---

itp. Poza tym jesteśmy również świadkami ciągłych zmian w przepisach dotyczących ochrony środowiska w zakresie przestępstw i zagrożeń dla środowiska.

[71] Rasizm ekologiczny, sprawiedliwość ekologiczna, niesprawiedliwość ekologiczna, równość ekologiczna, nierówności ekologiczne, kryminologia ekologiczna, przestępczość ekologiczna i przestępstwa ekologiczne.

[72] Michael L. Lynch i Paul B. Stretsky

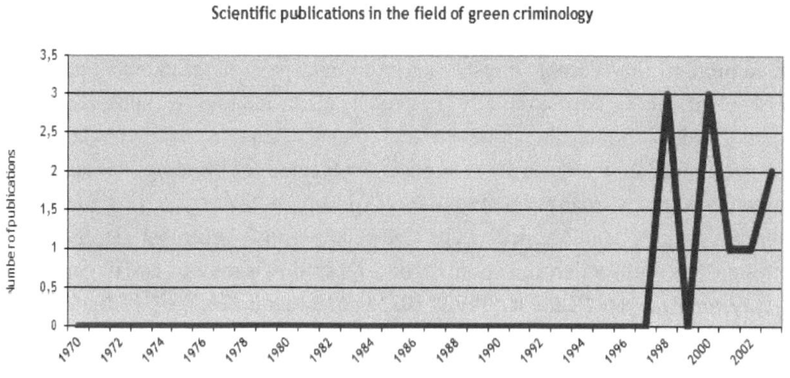

Rysunek 6: Liczba publikacji naukowych z zakresu kryminologii zielonej, na podstawie badań przeprowadzonych przez Zielneya i współpracowników (2006).

W celu ustalenia tempa wzrostu w porównaniu z badaniem przeprowadzonym przez Zielneya i współpracowników (2006), badanie powinno być powtórzone, kontynuowane, a nawet rozszerzone. Niezwykle ważny jest jednak fakt, że środowisko naturalne znalazło się w centrum debaty akademickiej.

3.1.2 Ekokrytyczna kryminologia

Spoglądając wstecz na historię, staje się jasne, że krytyczni kryminolodzy w latach 60. odnotowywali odchylenia od natury. Jako pierwsi zdefiniowali odchylenia od natury jako przestępstwa przeciwko środowisku. Kryminologia krytyczna wywodzi się z radykalnej tradycji myśli socjologicznej, która uznaje człowieka (jego wzrost, władzę i rozwój) za miarę wszystkiego. Według Marksa bycie radykalnym oznacza chwytanie rzeczy u jej źródła, czyli wewnątrz człowieka. Podstawowe korzyści dla człowieka, takie jak życie, zdrowie, warunki egzystencji (np. powietrze, woda, żyzna gleba) są na pierwszym miejscu, ponieważ w dużym stopniu zależą one od normalnego lub zdrowego środowiska życia. Z punktu widzenia kryminologii krytycznej jest oczywiste, że są to rzeczy, do których ludzie mają pewne prawo (tzn. te rzeczy należą do nich). Dlatego radykalna kryminologia staje się krytyczna, gdy te prawa są naruszane.

Pojawienie się wypaczeń przeciwko środowisku, które są częścią przestępczości białych kołnierzyków, spowodowało, że takie rodzaje przestępczości stały się przedmiotem krytycznej myśli kryminologicznej. Początkowo myśl ta wywodziła się z ogromnej siły bogatych biznesmenów w społeczeństwie, później jednak podlegała zmianom i ekspansji. Ponadto stanowi ona źródło dalszych podziałów i dyskusji w ramach krytycznej kryminologii. Władza jest zorganizowana w różny i nieregularny sposób, a także jest powodem, dla którego wiele "niebezpiecznych zjawisk" (np. przemoc strukturalna, przestępstwa gospodarcze, polityczne i środowiskowe) nadal nie jest dyskryminowanych (Kanduč, 1992: 103; van Swaaningen, 1997). Pozostaje to najważniejszym problemem politycznym w agendzie kryminologii krytycznej. Nawet dziś człowiek jest nadal w centrum kryminologii krytycznej.

Ze względu na swoją socjologiczną orientację kryminolodzy nie byli w stanie zrozumieć biologiczno-ekologicznego wymiaru badań nad przestępczością, dlatego skupili się na konflikcie w relacjach między człowiekiem a środowiskiem (Koser Willson, 1999: 155). Doprowadziło to do rozwoju gałęzi kryminologii krytycznej, którą Commoner (1990), Ehrlich i Ehrlich (1991), a także Lynch i Stretsky (2007) nazywają *kryminologią krytyczną dla środowiska*. Cel jej badań sięga od człowieka do środowiska naturalnego jako całości, gdzie ofiarą przestępstw przeciwko środowisku naturalnemu jest nie tylko człowiek, ale także środowisko naturalne. W przeciwieństwie do podejścia krytyczno-kryminologicznego, podejście eko-krytyczne obejmuje analizy natury innej niż ludzka, które świadczą o ekocentrycznym aspekcie środowiska. Przyroda jest obserwowana nie tylko z punktu widzenia człowieka jako źródło surowców i wysypisk śmieci, ale także z punktu widzenia nauk przyrodniczych, gdzie człowiek jest tylko częścią naturalnego ekosystemu. Lynch i Stretsky (2007) uważają, że kryminologia ekokrytyczna charakteryzuje się poszukiwaniem przyczyn problemów ekologicznych w politycznych i kulturowych punktach widzenia jednostki. Ponadto kryminologia ekologiczna (która później została włączona do kryminologii ekologicznej) obejmuje analizy zniszczenia lub zniszczenia natury, które dotykają rośliny, zwierzęta i ludzi.

Po Sutherlandzie (1949; w Sutherlandzie i Cressey, 1974) i Lynchu (1990), historia zielonej kryminologii pojawiła się również w dyskusjach Albańczyka i Pursleya (1993), a także Franka i Lyncha (1992), którzy definiują przestępczość ekologiczną jako część przestępczości korporacyjnej. Ich definicja jest związana z definicją przestępczości "białych kołnierzyków" (1949 r.) lub wywodzi się z niej, w której podkreśla on różne rodzaje odstępstw od środowiska. Koser Wilson (1999) podkreśla, że definicja przestępstwa "białych kołnierzyków" opiera się na tej perspektywie kryminologii krytycznej. W swojej pierwszej definicji kryminologii ekologicznej Lynch (1990) wiąże również przestępczość ekologiczną z konsekwencjami współczesnego kapitalizmu przemysłowego (korporacyjna przestępczość ekologiczna) i tym samym umieszcza ją w ramach kryminologii krytycznej. Rozwój tej dziedziny postępował w miarę upływu czasu.

3.1.3 Socjologia środowiska i perspektywy filozoficzne

Indywidualni kryminolodzy (Halesy i White, 1998; White, 2003; Lynch i Stretsky, 2003; 2007; Zilney i in., 2006; Clifford i Edwards, 1998; Carrabine i in., 2004b; South, 1998), którzy przekazują swoje poglądy na temat społeczeństwa socjologii środowiskowej, ruchów ekologicznych lub tendencji filozoficznych, stanowią inne źródła rozwoju zielonej kryminologii. W latach 70. XX wieku amerykańscy socjologowie skupili się na środowisku i założyli Amerykańskie Stowarzyszenie Socjologiczne, którego częścią była socjologia środowiskowa. Następnie pojawiły się liczne eseje na temat środowiska, a socjologia środowiskowa rozszerzyła się na Kanadę, a następnie na Europę i nie tylko. W Europie powstała nowa siła polityczna pod wpływem "zielonych". Wiele wczesnych prac na tematy ekologiczne dotyczyło ruchów ekologicznych i przemawiało na rzecz ochrony środowiska. Wiodącym krajem była Wielka Brytania, następnie Holandia, Szwecja, Francja i Niemcy. Nowe ekologiczne paradygmaty wprowadziły ekocentryczny sposób myślenia do środowiska. W latach 90. socjologia środowiskowa stała się jedną z głównych specjalizacji socjologicznych w Europie i innych krajach (Hannigan, 1995: 10-12). Niektóre inne nauki i dyscypliny naukowe rozwijały się znacznie szybciej, choć nadal wymieniają się pomysłami z socjologią środowiska, często kopiują jej pomysły lub ulepszają jej podstawowe rozumienie. Podobnie jak zielona kryminologia, socjologia środowiskowa również boryka się z problemami związanymi z określeniem, *jaki* jest główny cel badań i (socjologicznych) badań w dziedzinie ochrony środowiska. Hannigan (1995: 13) skupił się na przyczynach niszczenia środowiska i zjawisku świadomości ekologicznej oraz ruchach znakujących je jako jedną z głównych przyczyn tych problemów. Te ostatnie skupiały się raczej na natychmiastowych reakcjach i rozwiązaniach w zakresie skutków zanieczyszczenia środowiska niż na omawianiu teorii i ich sposobów postępowania. Granica, która powstała między poszczególnymi liniami myślowymi, jest ważna dla rozwoju zielonej kryminologii.

Dyskusje na temat tych teorii doprowadziły do poszukiwania różnych powiązań między człowiekiem a środowiskiem. Halsey i White (1998) dodali aspekty filozoficzne do socjologicznych poglądów na temat zagrożeń dla środowiska. Byli oni przekonani, że sposób, w jaki ludzie rozumieją świat, ma istotny wpływ na rozwój kryminologicznych badań nad przestępstwami przeciwko środowisku i zielonej kryminologii. Według Halseya i White'a, główne elementy trzech kierunków filozoficznych są ważne, ponieważ reprezentują one trzy kierunki w nauce: antropocentryzm, biocentryzm i ekocentryzm. Koncepcja człowieka we wspomnianych wyżej kierunkach filozoficznych jest, zdaniem Halseya i White'a (1998: 348), ważnym elementem rozwoju zielonej kryminologii. Zebrały one najważniejsze cechy omawianych kierunków, sklasyfikowały je i porównały, co pokazuje tabela 2 poniżej.

Tabela 2 wyraźnie pokazuje, że antropocentryczne rozumienie człowieka i środowiska naturalnego przyczyniło się do przyspieszonego rozwoju biocentrycznego, a zwłaszcza ekocentrycznego rozumienia środowiska naturalnego, w szczególności poprzez postrzeganie relacji między człowiekiem a środowiskiem naturalnym w kontekście walki z maksymalizacją własnych interesów i sukcesów gospodarczych.

Tabela 2: Perspektywy filozoficzne dotyczące środowiska i człowieka: perspektywa antropocentryczna, biocentryczna i ekocentryczna

	Filozofia antropocentryczna (koncentrujący się na ludziach)	**Filozofia biocentryczna (koncentrujący się na gatunkach)**	**Filozofia ekocentryczna (w centrum socjo-ekologicznym)**
Koncepcja środowiska naturalnego	Zastosowanie instrumentalne	Wartość wewnętrzna	Relacja dialektyczna
Pojęcie istoty ludzkiej	Biologicznie, mentalnie i moralnie nadrzędny wobec wszystkich innych podmiotów	Moralnie i etycznie równe wszystkim innym podmiotom	Społecznie i etycznie odpowiedzialny za integralność podmiotów innych niż człowiek
Ideologiczne podstawy działania	Interes własny	Zainteresowania biotyczne	Interes społeczno-środowiskowy
Główny cel świata społecznego	Maksymalizacja swobody gospodarczej w zakresie produkcji i konsumpcji towarów	Samorealizacja w oparciu o gaiańskie obawy biologiczne i ekologiczne	Zaspokajanie zbiorowych potrzeb ludzkich poprzez utrzymanie stabilności ekosystemowej

Struktura podejmowania decyzji	Wysoce scentralizowane organy władzy	Poleganie na wiedzy specjalistycznej	Demokracja uczestnicząca
Podstawowy wskaźnik dobrobytu człowieka	Sukces gospodarczy	Świadomość duchowa	Dobro socjo-ekologiczne
Ulubiona strategia środowiskowa	Zrównoważony rozwój Efektywne ekonomicznie wykorzystanie zasobów	Sprawiedliwe zarządzanie Masowa ochrona dzikiej przyrody	Bioregionalizm Równowaga ekologiczna
Rodzaj i rola prawa ochrony środowiska	Prawa zarządzane przez państwo oparte na zasadach liberalizmu i neoklasycznej gospodarki politycznej	Centralnie administrowane prawa poinformowane przez pojęcie moralnej równoważności wszystkich gatunków	Przepisy prawne zarządzane na szczeblu wspólnotowym oparte na problemach bioregionalnych i odnoszące się do szerszych warunków globalnych
Wyniki społeczno-środowiskowe	Pogłębiające się nierówności społeczne Rozległe problemy ekologiczne	Utrzymywanie nierówności społecznych Brak istotnych problemów ekologicznych	Sprawiedliwość społeczna Zrównoważony rozwój ekologiczny

Źródło: Halsey i White (1998: 348).

Halsey i White (1998: 367) podkreślili, że główne zagadnienie odnosi się do wymiarów, które mają ważną rolę w zrozumieniu relacji między człowiekiem a środowiskiem. Związek ten nie może być pominięty przy definiowaniu przestępstw przeciwko środowisku; ważne jest, aby rozwijać ekologiczne rozumienie spowodowanej przestępczości i jej kontroli. Innymi słowy, wszystkie trzy kierunki miały znaczący wpływ na rozwój zielonej kryminologii. Mamy do czynienia z tego rodzaju przestępczością ze względu na antropocentryczny stosunek człowieka do środowiska. Jednak biocentryczne i ekocentryczne relacje ze środowiskiem przyczyniają się do dalszego kształtowania i rozwoju zielonej kryminologii. Biały (2008a: 24) łączy te trzy punkty widzenia w swojej dyskusji o zagrożeniach dla środowiska: ekocentryczny, animalocentryczny i humanocentryczny. Jest oczywiste, że kierunki filozoficzne w nauce miały i nadal mają istotny wpływ na kształtowanie rozwoju zielonej kryminologii. W tym momencie najważniejszym punktem widzenia jest relacja między człowiekiem a środowiskiem, tzn. człowiek a środowisko.

Z czasem mieliśmy do czynienia z podziałem w socjologii środowiskowej, który spowodował powstanie dwóch różnych "frakcji". Poza dyskusjami teoretycznymi, pojawiło się wiele ruchów ekologicznych, których celem było natychmiastowe reagowanie i rozwiązywanie skutków przestępstw przeciwko środowisku. Chcieli również zapobiec dalszemu nielegalnemu i celowemu niszczeniu środowiska. Problemy środowiskowe są w rzeczywistości problemami społecznymi. Aspekt rozwiązywania tych problemów z socjologicznej perspektywy jest zupełnie inny niż w przypadku obrońców przyrody, tj. biologów, fizyków i innych. Jak podkreślili King i McCarthy (2005), wiele problemów środowiskowych pojawiło się (i nadal się pojawia) z powodu zmian w procesie decyzyjnym i strukturze społecznej człowieka. Naraża to na wzajemne wpływy natury i społeczeństwa, a także na społeczną odpowiedzialność za rozwiązanie tych problemów. Poza tym wzrosła świadomość społeczna i akademicka w zakresie istniejących problemów środowiskowych, a także nasze rozumienie ich złożoności. Widać to również w publikacjach licznych socjologów (środowiskowych). Zbadali oni szeroką dziedzinę - od rasizmu środowiskowego po tzw. Złożoność relacji między naturą a społeczeństwem była przedmiotem zainteresowania wielu socjologów środowiska; na przykład Allan Schnaiberg (1998) opracował koncepcję "bieżnia produkcji", Karol Marks i jego zwolennicy skupili się na krytyce kapitalizmu, często cytował Ulricha Becka (1999) wprowadził pojęcie "społeczeństwa ryzyka" itp. Biały (2003: 485-486) mówi o reakcjach na zagrożenie środowiska. Zostały one przeanalizowane i podzielone w oparciu o ich odmienną klasyfikację. Każda reakcja jest zgodna z obowiązującymi przepisami dotyczącymi ochrony środowiska i koncentruje się na stosowaniu sankcji karnych wobec sprawców przestępstw przeciwko środowisku. W niektórych odpowiedziach na pierwszy plan wysuwają się strategie regulacyjne zamiast sankcji karnych, których celem jest zachowanie i poprawa obecnej sytuacji w dziedzinie ochrony środowiska (Meško, Bančič, Eman i Fields, 2011). Tylko pierwsza grupa odpowiedzi mogła być związana z rozwojem zielonej kryminologii, chociaż obie grupy należą do pola biocentrycznej i ekocentrycznej koncepcji relacji między człowiekiem a środowiskiem Helsey'a i Białej (1998).

Jako źródło zielonej kryminologii, socjologia środowiskowa może być również powiązana z definicją socjologii prawa jako części kryminologii Sutherlanda (1949; w Sutherland i Cressey, 1974). W rezultacie istnieje ścisły związek między socjologią a kryminologią, który wyraża się zwłaszcza w badaniach nad problemami środowiskowymi. W niektórych obszarach bardzo trudne, jeśli nie niemożliwe, jest wyznaczenie wyraźnej granicy między socjologią środowiskową a kryminologią ekologiczną. Jest to widoczne w dyskusjach na temat zielonej kryminologii jako nowej gałęzi, ponieważ jej rozwój splótł się z dziedziną socjologii środowiskowej. Od początku lat siedemdziesiątych do dziewięćdziesiątych XX wieku podejście kryminologiczne rozwijało się równolegle z socjologicznym zainteresowaniem problemami środowiskowymi. Jest raczej niejasne, kiedy dokładnie to się stało, ale pewne jest, że wpływ kierunków filozoficznych w nauce oraz ogromna huśtawka uporczywych i buntowniczych ruchów i skojarzeń środowiskowych miały ogromny wpływ na skupione zainteresowanie klasycznej kryminologii problemami środowiskowymi oraz na szybszy rozwój zielonej kryminologii jako gałęzi nauki społecznej zajmującej się przestępczością.

Na podstawie powyższej analizy widać wyraźnie, że źródła pochodzą z dwóch kierunków rozwoju zielonej kryminologii. Pierwsze z nich wynika z krytycznej kryminologii o marksistowskim stosunku do środowiska. Z czasem pojawiła się kryminologia ekologiczna, która koncentruje się na politycznych i kulturowych aspektach życia (bogatych) jednostek. Obecnie kryminologia ekologiczna jest tylko częścią kryminologii ekologicznej. Drugi wywodzi się z socjologii lub socjologii środowiskowej, która rozwinęła się później. W ramach badań socjologicznych społeczeństwa i stosunku jednostek do środowiska naturalnego, w ramach socjologii prawa miały miejsce badania ustawodawstwa i działań w zakresie ochrony środowiska. Jej ekspansja zakończyła się zjawiskiem zielonej kryminologii jako dyscypliny indywidualnej. Można by podsumować, że wszystkie trzy przedstawione kierunki rozwoju, tj. 1) *radykalnie krytyczny*, 2) *socjologiczno-teoretyczny* i 3) *socjologiczno-filozoficzny*, który początkowo nazywany był środowiskowym, są dziś znane jako zielona kryminologia. Był to dopiero początek rozwoju nowej gałęzi kryminologii, która pozostawia wiele pytań bez odpowiedzi i stale staje przed pytaniem "dlaczego" związanym z rozwojem społecznym i postępem technologicznym. Trwa to również w dobie zglobalizowanego nowoczesnego społeczeństwa ^{XXI} wieku.

3.1.4 Kryminologia ekologiczna na początku ^{XXI} wieku

Problemy środowiskowe w dziedzinie kryminologii stanowią zupełnie nową perspektywę, dlatego też potrzebne są nowe narzędzia teoretyczne i praktyczne sugestie. Południe (1998) ostrzega, że odpowiednia kryminologia w ^{XXI} wieku musi być świadoma znaczenia środowiska naturalnego. Musi ona obejmować zakres intelektualny i zarezerwowaną część dziedziny, w której będzie mogła klasyfikować dziedziny praw środowiska, praw człowieka i praw zwierząt oraz ich zagrożeń. Z ekocentrycznego punktu widzenia człowiek, wraz z innymi gatunkami zwierząt i roślin, a także mikrobami i grzybami, jest częścią doskonałego naturalnego cyklu, bez którego nie można by przeżyć. Z socjologicznego punktu widzenia (tzn. z perspektywy socjo-ekologicznej) konieczne jest zatem równe traktowanie wszystkich istot żywych. Kryminologia potrzebuje więc nowych pomysłów i nowych kierunków.

Kryminolodzy tworzą swoje własne definicje przestępczości środowiskowej na dwa sposoby: 1) podejście *prawno-procesowe określa* parametry szkody zgodnie z procedurami, które są określone przez prawo; oraz 2) *podejście socjologiczno-prawne* określa szkodę zgodnie z praktyką przykładów szkód, które można zaklasyfikować w ramach obowiązującego prawa karnego. Ze względu na tak wyraźną dwoistość podejścia kryminologicznego, odpowiednie analizy szkód w środowisku wymagają, aby interes kryminologiczny wykraczał również poza główny nurt rozumienia i prawnej definicji działań (które są szkodliwe dla środowiska). Południe (1998) łączy badania kryminologiczne w dziedzinie przestępczości środowiskowej z teorią ryzyka społecznego Becksa (1992) i eksponuje znaczenie zmian lub dostosowań teorii kryminologicznych do aktualnego postępu i rozwoju, jak również do zakazanych działań przeciwko środowisku. W dziedzinie ochrony środowiska kryminologia ma do czynienia z interdyscyplinarnym badaniem i badaniem różnych dewiacyjnych zjawisk przeciwko środowisku. Południe (1998 r.) uważa, że w rozwoju tak zwanej "zielonej agendy" kryminologii ważne jest uznanie ograniczonego wykorzystania zasobów naturalnych i ich niezdolności do odnowy. Ponadto kryminologia musi podążać za globalnymi i społeczno-ekonomicznymi trendami, które mają duży wpływ na nauki społeczne. Dla Południa (1998 r.) jest to również część ryzyka społecznego, dlatego też kryminologia powinna w przyszłości dysponować szerokim zakresem intelektualnym i przestrzenią prawną, aby móc badać prawa środowiska, człowieka i zwierząt (Beirne, 1995 r.; Cazaux i Beirne, 2006 r.) jako nierozłączne i powiązane dziedziny wiedzy specjalistycznej. Co się stało z zieloną kryminologią w ^{XXI} wieku? Zielona kryminologia jeszcze intensywniej koncentruje się na formułowaniu podstawowej terminologii, a jednocześnie poszerza swój obszar badań. Potwierdza to dominację perspektywy socjologicznej w zakresie przestępczości ekologicznej. To ostatnie znajduje odzwierciedlenie w regulacji prawnej ochrony środowiska, ponieważ liczba aktów prawnych definiujących środowisko rośnie, a ich zakres rozszerza się.

Nadal trwa debata na temat stosowania odpowiedniej terminologii. Co więcej, kryminolodzy mają do czynienia z żywym i ciągle zmieniającym się zjawiskiem, które wpływa na zmiany w kryminologii jako takiej (White, 2008a: 3):

> *Związek między kwestiami środowiskowymi a kryminologią znajduje swój wyraz w kryminologii środowiskowej lub kryminologii ekologicznej, która sama w sobie powstała w wyniku postępów i obaw pochodzących spoza tej dziedziny jako takiej. W tym stosunkowo nowym obszarze badań i stypendiów chodzi o to, aby rozciągnąć granice głównego nurtu kryminologii w celu uwzględnienia kwestii o znaczeniu globalnym, a jednocześnie wykorzystać spostrzeżenia konwencjonalne do naświetlenia sposobów rozumienia i reagowania na szkody w środowisku.*

Po zmierzeniu się z problemem terminologii i rozróżnieniu pomiędzy terminami kryminologia środowiskowa i zielona kryminologia, White (2008a: 8) zdefiniował zieloną kryminologię[73] jako *"badanie szkód w środowisku, praw i regulacji środowiskowych przez kryminologów"*. Starał się rozszerzyć pole badawcze zielonej kryminologii poprzez wprowadzenie perspektyw filozoficznych, tj. antropocentrycznego, biocentrycznego i ekocentrycznego podejścia do szkód w środowisku. Biały (2008a: 14) zauważa, że kryminologia ekologiczna może być podzielona w odniesieniu do *tego, kto lub co jest ofiarą przestępczości ekologicznej*. Bliższe spojrzenie pokazuje, że zaproponowany przez White'a (2008a) podział zielonej kryminologii opiera się na trzech dominujących kierunkach teoretycznych: 1) *sprawiedliwość ekologiczna*;[74] 2) sprawiedliwość *ekologiczna*;[75] oraz 3) sprawiedliwość *gatunkowa*[76] (przedstawione przez Halseya i White'a (1998) w poprzednim rozdziale).

---

[73] Początkowo White (2008; 2009) używał obu terminów, tj. kryminologii środowiskowej i kryminologii ekologicznej, razem w tym samym czasie lub kolejno, jeden po drugim, aby uniknąć zamieszania i sprzeciwu.

[74] *Sprawiedliwość ekologiczna* to podział środowiska lub środowisk pomiędzy ludzi w warunkach podejścia i wykorzystania określonych zasobów naturalnych na pewnych obszarach geograficznych oraz wpływ na pewne zwyczaje społeczne i zagrożenia ekologiczne dla pewnych populacji (zagrożenia wynikające z rasy, zatrudnienia, płci, wieku itp.). Innymi słowy, w centrum analiz znajduje się człowiek, jego zdrowie i dobre samopoczucie, a także sposoby, w jakie te dwa aspekty są dotknięte przez pewne rodzaje produkcji i konsumpcji (White, 2008a: 15-16).

[75] *Sprawiedliwość ekologiczna* jest relacją pomiędzy człowiekiem w ogóle, a całą żywą naturą. Obejmuje to zainteresowanie zdrowiem biosfery, a w szczególności roślin i innych istot, które również żyją w biosferze. Główną troską sprawiedliwości ekologicznej jest jakość całego środowiska Ziemi i

W oparciu o kluczowe obszary problemowe dotyczące szkód w środowisku, takie jak 1) zmiany klimatyczne; 2) odpady i zanieczyszczenia; oraz 3) problem różnorodności biologicznej (White, 2008b), a także potrzebę rozszerzenia zakresu zagadnień związanych ze środowiskiem, zwłaszcza ze względu na wzrost różnych rodzajów międzynarodowej przestępczości zorganizowanej w dziedzinie ochrony środowiska, White (2009; 2010a: 6) rozpoczął dyskusję na temat *kryminologii ekoglobalnej* jako ram lub paradygmatu w ramach kryminologii. Według White'a (2010a: 6), *"kryminologia ekoglobalna odnosi się do podejścia kryminologicznego, które jest oparte na względach ekologicznych i na krytycznej analizie, która jest ogólnoświatowa w swojej skali i perspektywie"*. Program badań kryminologii ekoglobalnej opiera się na fakcie, że konieczne jest opracowanie nowych typologii szkód oraz zastosowanie multidyscyplinarnego podejścia do badania szkód w środowisku. Ekoglobalna kryminologia definiuje różne formy szkód w środowisku jako "przestępcze", chociaż nie można ich uznać za nielegalne w konwencjonalnych kategoriach (White, 2010b: 6). Biały (2010b: 7) opowiada się ponadto za potrzebą przesunięcia punktu ciężkości analitycznej i metodologicznej na kwestie globalne i międzynarodowe, podkreślając w ten sposób trzy podejścia do badań międzynarodowych: 1) *globalne*;[77] 2) *porównawcze*;[78] oraz 3) *historyczne*[79]. Globalne podejście skupia się na globalizacji współczesnego społeczeństwa jako na dalekosiężnym procesie, w ramach którego można prześledzić szkody w środowisku naturalnym na całym świecie. Podejście porównawcze skupia się na badaniu porównawczym przestępstw przeciwko środowisku w dwóch lub więcej krajach i regionach w stosunku do siebie nawzajem. Podejście historyczne opiera się na historycznej ocenie zmian i różnic społecznych (White, 2010b: 6-7). Ponadto White (2010a: 17) nalega, by analiza szkód w środowisku z perspektywy kryminologicznej obejmowała elementy "świadomości ekologicznej", tj.

---

prawa innych istot (zwłaszcza zwierząt) do życia wolnego w świecie bez tortur, nadużyć i niszczenia siedlisk (Smith i Smith, 1998: 223).

[76] *Sprawiedliwość gatunkowa* jest trzecią częścią kryminologii ekologicznej, z którą jednostki chcą włączyć poszanowanie praw zwierząt w szerszą perspektywę równości wszystkich żywych istot. Zjawiska związane z dyskryminacją zwierząt "nie-ludzkich" są szczególnie widoczne, ponieważ ludzie uważają je za gorsze od siebie. Tortury i znęcanie się nad zwierzętami w celu uzyskania korzyści dla ludzi są od dawna dobrze znaną historią (Beirne, 2007).

[77] Globalne podejście odnosi się do ponadnarodowych szkód, procesów i agencji (White, 2010b: 7).

[78] Podejście porównawcze odnosi się do różnic pomiędzy państwami narodowymi (White, 2010b: 7).

[79] Podejście historyczne odnosi się do epokowych różnic w sposobach produkcji i trendach globalnych (np. różnice społeczne i systemowe w czasie) (White, 2010b: 7).

świadomości dotyczącej sposobów, w jakie działania człowieka wpływają na zmiany w środowisku.

Jak wspomniano powyżej, omawiając socjologiczną perspektywę przestępczości ekologicznej, poszerza się zakres badań zielonej kryminologii, co wynika również z zupełnie nowych propozycji w dziedzinie kryminologii. Z historycznego punktu widzenia coraz częściej można być świadkiem nowych prób nazewnictwa kryminologii w literaturze naukowej, gdzie dziedzina ta obejmuje wszystkie problematyczne aspekty odchyleń od środowiska. Indywidualni kryminolodzy (Herbig i Joubert, 2006; Halsey, 2006; White, 2008a; Gibbs, Gore, McGarrell i Rivers III, 2009) mówią o zupełnie nowej gałęzi kryminologii, tj. kryminologii *konserwatorskiej*, w której obszar zainteresowania łączy się, przynajmniej częściowo, z obszarem kryminologii ekologicznej. Termin ten został po raz pierwszy użyty przez Herbiga i Jouberta (2006).[80] Kryminologia konserwatywna (tzw. kryminologia ochrony środowiska) jest nauką społeczną, która wykorzystuje zarówno interdyscyplinarne, jak i multidyscyplinarne podejście badawcze do zrozumienia przestępczości ekologicznej, a także zagrożeń i ryzyka z nią związanego. Oferuje on integrację kryminologii z dyscyplinami zajmującymi się zasobami naturalnymi, innymi naukami społecznymi zajmującymi się zagrożeniami środowiskowymi, a także naukami o ryzyku i decyzjach. Ponadto zachęca do zbadania wpływu politycznego, kulturowego, gospodarczego i społecznego na definicję przestępstwa przeciwko środowisku (Gibbs i in., 2009: 2). Koncentracja[81] kryminologii konserwatorskiej rozpoczyna się od oceny ryzyka

[80] Herbig i Joubert (2006) zaproponowali odrębną dziedzinę kryminologii w odniesieniu do przestępstw przeciwko środowisku, odrzucając użycie terminu "zielona kryminologia" (używanego w odniesieniu do interakcji pomiędzy zmotywowanymi jednostkami a otaczającym je środowiskiem społecznym, gospodarczym, prawnym i fizycznym) i zalecili termin *"kryminologia ochrony środowiska"*. W celu promowania identyfikacji parametrów kryminologii konserwatorskiej należy określić "przestępstwa konserwatorskie" w ramach istniejących i powszechnie stosowanych kategorii przestępczości, takich jak: przestępczość "białych kołnierzyków", przestępczość korporacyjna, przestępczość zorganizowana, przestępczość niewidzialna i przestępczość majątkowa (gospodarcza).

[81] Gibbs i jego współpracownicy (2009: 2) zgadzają się z Herbigiem i Joubertem (2006), że kryminologia konserwatorska identyfikuje główne tematy omawianego obszaru badań środowiska. W przeciwieństwie do wąskiego zakresu badań, który dotyczy tylko wąskiego specyficznego wymiaru środowiska naturalnego, kryminologia ochrony przyrody obejmuje dziką przyrodę, zanieczyszczenia, ludzi i inne wymiary, które często są uważane za wzajemnie się wykluczające. Termin "kryminologia" oznacza koncentrację na zagadnieniach związanych z przestępczością i przestrzeganiem przepisów, dlatego też kryminologia ochrony środowiska jest badaniem zagrożeń dla środowiska na styku człowieka i zasobów naturalnych, które obejmują kwestie przestępczości, przestrzegania przepisów i kontroli społecznej (Gibbs i in., 2009: 2-3).

środowiskowego[82] (Gibbs i in., 2009: 8). Jego ramy łączą wiedzę z trzech dyscyplin: 1) sądownictwa karnego i kryminologii; 2) analizy ryzyka i decyzji; oraz 3) ochrony zasobów naturalnych i zarządzania nimi. Gibbs i jego współpracownicy (2009: 11) podkreślają, że współpraca między tymi dyscyplinami może dotyczyć różnych zagrożeń dla środowiska naturalnego występujących na ich skrzyżowaniu. Kryminologia konserwatorska stymuluje badania naukowe systemów naturalnych i ludzkich w celu maksymalizacji zrównoważonego rozwoju człowieka, zwierząt, roślin i innych gatunków, siedlisk i ekosystemów (Gibbs i in., 2009: 16). Ta dziedzina wiedzy obejmuje badania nad postawą przestępczą wobec środowiska i innymi działaniami, które stanowią zagrożenie dla środowiska. Kryminologia ochrony środowiska zajmuje się bardziej ukierunkowanym obszarem w ramach całego obszaru problemów środowiskowych, takich jak prawa zwierząt, wykorzystywanie i okrutne traktowanie zwierząt, etyka ekologiczna, ochrona praw środowiskowych i eko-feminizm. Oznacza to, że zajmuje się dynamiką i powiązaniami między ludźmi a naturą (tj. żywą i martwą naturą) i jej zasobami. Kryminologia konserwatorska osiąga to poprzez zrozumienie środowiska jako ofiary oraz poprzez wyjaśnienie, że zagrożenia dla zasobów naturalnych ingerują lub wpływają na granice dopuszczalnych zmian w środowisku naturalnym wraz z wszelkimi rodzajami zasobów naturalnych (zwierzęta, rośliny lub zasoby naturalne) lub ich grupą. Z tego punktu widzenia kryminologia konserwatorska jest określana jako nauka o badaniach nad przestępczością przeciwko zasobom naturalnym. Obejmuje to badania wszelkich zamierzonych lub niezamierzonych działań ludzkich lub manipulacji, które mają niekorzystny wpływ na żywe i martwe zasoby naturalne Ziemi i powodują widoczne lub niewidoczne szkody w zasobach naturalnych. Ramy koncepcyjne kryminologii konserwatorskiej obejmują powiązania między kryminologią a prawem karnym, zarządzanie ochroną i zarządzaniem zasobami naturalnymi, zagrożeniami i decyzjami, ponieważ jest to podejście badawcze, którego głównym celem jest badanie odchyleń od stanu środowiska, a jego drugorzędnym celem jest promowanie ochrony środowiska, informowanie społeczeństwa i poprawa praktyki w oparciu o dowody i procedury dotyczące przestępczości przeciwko środowisku i innych zagrożeń dla środowiska. Gibbs i jego współpracownicy (2009: 16-17) uważają, że kryminologia konserwatorska może wzbogacić bazę wiedzy na temat teorii, metod i zarządzania kwestiami

[82] Pojęcie ryzyka oznacza pewien poziom niepewności co do wyniku konkretnej decyzji lub działania. Dlatego też działania przestępcze lub nielegalne, które już spowodowały szkody w środowisku naturalnym, nie powinny być określane jako zagrożenia. Dziedzina kryminologii konserwatorskiej obejmuje oba rodzaje działalności (Gibbs i in., 2009: 10).

ochrony środowiska poprzez przejście do teorii bardziej podatnej na generalizację i wykraczającej poza ograniczenia jednej dyscypliny.

Jak opisano powyżej, rozwój zielonej kryminologii mógłby być przedstawiony w skali czasowej. Taka skala, którą Carrabine i jego współpracownicy (2004b: 314-315) podsumowali z Harrison i Pearce (2000), uzupełniona jest o ważne daty z powyższego opisu rozwoju historycznego zielonej kryminologii oraz o podział rozwoju kryminologii wynikający z Paul Rock (1994) i Newburn (2007). Dodano również ważne kamienie milowe w rozwoju zielonej kryminologii w Słowenii. Zostaną one omówione w następnym rozdziale.

Tabela 3: Skala czasowa rozwoju zielonej kryminologii i jej podział na ramy rozwoju kryminologii historycznej

do 1500 r.	Naturalne procesy rozwoju i wymierania gatunków roślin i zwierząt; epoki lodowcowe, epidemie, itp.
1500-1760	Kapitalistyczny wzrost i ekspansja ekologiczna w Europie powodują zmniejszenie poszczególnych zasobów i wyczerpują glebę, powodując pierwsze ruchy demograficzne i przemiany ekologiczne w niektórych częściach Ameryki.
1500-1750	**Ur-kryminologia - źródło myśli kryminologicznej** Pierwsze początki, czyli wprowadzenie kryminologii, to duża niezorganizowana liczba obserwacji, dyskusji i przypuszczeń różnych autorów (od autorów sztuk teatralnych i księży po autorów broszur, esejów, dziennikarzy i lekarzy, prawników i sędziów, kapelanów więziennych i sędziów), których zainteresowanie wzbudziły więzienia i więźniów, złodziei i żebraków. Osoby te wprowadziły praktyczne i eksperymentalne zainteresowanie problemami przestępczości, kryminalistów i więźniów. Najbardziej "zdroworozsądkowe" lub, innymi słowy, oparte na teorii wyjaśnienie przestępstwa (tj. teoria anomii, teoria etykietowania, teoria kontroli) mają swoje początki w tym okresie. W tym okresie przestępczość była kwestią moralną. Ur-kryminologia była czymś szczególnym, ponieważ była częścią nie kultywowanej tradycji i niepełnego rozwoju (np. *"ur-kryminolodzy nie wyznawali, że są nauczycielami akademickimi lub badaczami wiedzy o przestępczości"* (Rock, 1994: xiii). Ur-kryminologia reprezentuje początkową myśl kryminologiczną, specyficzny dyskurs, który *"reprezentuje formę zdrowego rozsądku wobec przestępczości i moralności, z którą konkuruje kryminologia akademicka"* (Rock, 1994: xiii).
1760-1945	**Uprzemysłowienie, urbanizacja, ekspansja ekologiczna i kolonizacja** spowodowały ogromne zanieczyszczenie powietrza, wody i gleby, utratę rozległych obszarów leśnych (np. lasów deszczowych), pierwsze wyginięcie gatunków zwierząt i roślin w wyniku działań człowieka oraz pojawienie się globalnego ocieplenia. Ruchy środowiskowe również zyskały na sile, a przewaga marksistowskich punktów widzenia rozszerzyła się.
1750-1830	**Filantropia i pojawienie się kryminologii** Pierwsze oznaki kryminologii naukowej zostały rozpoznane nie wcześniej niż pod koniec XVIII wieku. Powoli krystalizowały się one z kryminologii ur w ramach większego procesu instytucjonalizacji systemów wymiaru sprawiedliwości w sprawach karnych w Europie, a także w Ameryce Północnej. Jej początki obejmują poszczególne grupy reform prawa, więzienia, schroniska i sądy, które faktycznie reprezentują tzw. życie zbiorowe kryminologii (np. tożsamość, poczucie przeszłości i miejsca w świecie, rozpoznawalne członkostwo i spotkania, wspólny język, uzgodnione metody komunikacji i "nowe" idee). W procesie reform przyjęto "cywilizowany stosunek do przestępczości" w postaci systemu policyjnego, systemu sprawiedliwych dróg i

	systemu instytucji penitencjarnych.
1830-1880	**Kryminologia i państwo administracyjne** Epoka nowych władz rządzących i prawnie uzasadniona racjonalność nowej polityki przyniosła rosnącą bazę wiedzy nowej grupy ekspertów, opartej na gromadzeniu sprawozdań, rachunków i informacji liczbowych. Kraj ten gromadził dane statystyczne i włączał je do swoich decyzji, wykorzystując fakty liczbowe. Od 1830 roku ludzie przygotowywali oficjalne statystyki w policji, sądach i instytucjach karnych w Anglii i Walii i publikowali je w sprawozdaniach rocznych. Społeczeństwo reprezentowało ogromne pole sił i zjawisk, które były przedmiotem precyzyjnych pomiarów i prognoz dla kryminologów. Szczególnie w dziedzinie przestępczości. W tym okresie kryminologia stała się charakterystycznym, wyspecjalizowanym studium z własnym przedmiotem badań - zinstytucjonalizowaną i administracyjnie opartą nauką (zwiększyła się dziedzina kontroli społecznej). Odnosi się ona do tzw. przedlombroskiej fazy kryminologicznych (re)poszukiwań przyczyn przestępczości. Pierwszymi mężczyznami, którzy nazywali siebie "kryminologami", byli lekarze i psychiatrzy, którzy pracowali w więzieniach, schroniskach i szkołach medycznych, a także prawnicy i sędziowie, którzy prowadzili dochodzenia w sprawie zboczeńców w zakresie ich pracy.
1880-1900	**Kryminologia jako pościg akademicki** Do końca XIX wieku zrobiono wystarczająco dużo, aby przekonać ludzi o początkach kryminologii jako specjalnej dyscypliny, która postrzega świat z zupełnie innej perspektywy i jest skłonna odróżnić się od praktycznej pracy polegającej na bezpośrednim monitorowaniu więzień i azylów. Wyniki pokazują, że termin kryminologia po raz pierwszy był używany około 1850 roku, ale na ogół był używany po 1890 roku, kiedy to kryminologia zaczęła być wykładana na uniwersytetach. Inspirowana przez Cesara Lombroso kryminologia koncentrowała się na pomiarze, porównywaniu i klasyfikowaniu typów zboczeńców. Celem kryminologii było stać się nauką pozytywną, poświęconą celowi zmiany (zmniejszenia) przestępczości i przestępstw. Wraz z rozwojem kryminologii pojawiły się różne kierunki: kryminologia klasyczna, pozytywizm i kryminologia (pozytywizm biologiczny, pozytywizm psychologiczny (teorie uczenia się, teorie poznawcze, teoria biospołeczna Eysnecka), Durkheim i kryminologia (teoria anomii), późniejsza teoria szczepów, Szkoła Chicago, teoria kultury i subkultury, interakcjonalizm i teoria etykietowania, teorie kontroli (teoria powstrzymywania Recklessa, teoria neutralizacji i dryfowania, teoria więzi społecznych), Ogólna teoria przestępczości Gottfredsona i Hirschiego, teoria równowagi kontrolnej Tittle'a), kryminologia radykalna i krytyczna (kryminologia marksistowska, amerykański radykalizm i kryminologia, kryminologia radykalna w Wielkiej Brytanii), kryminologia realistyczna (realizm lewicowy i kryminologia, realizm prawicowy i kryminologia) oraz kryminologia feministyczna (wczesna kryminologia i przestępczyni, współczesna kryminologia feministyczna).
1900-1950	**Rozwój prawa ochrony środowiska**: - Koniec XIX i XX wieku w Europie; - Między I wojną światową a II wojną światową w Stanach Zjednoczonych Ameryki.
1960-2000	**Instytucjonalizacja kryminologii** Rok 1959 stanowi punkt zwrotny w rozwoju kryminologii, który charakteryzował się masą krytyczną ambitnych i energicznych młodych naukowców, którzy woleli współpracować ze sobą niż cofnąć się do "niewidzialnej szkoły" rozwoju kryminologii, i tym samym zdobyli długotrwałą niezależność społeczną i intelektualną. W latach 80. w Wielkiej Brytanii pojawiły się konkretne badania dotyczące przestępczości (British Crime Surveys), znane również jako badania wiktymizacji. Zinstytucjonalizowano kryminologię (połączenie naukowców i rządu chcących finansować badania nad problemami społecznymi). Pod koniec lat 80. i w latach 90. kryminologię wypełniało połączenie empiryzmu i odstępstwa od teorii. Stał się też bardziej zdeterminowany, ale niekoniecznie defensywny. W tym okresie kryminologia koncentrowała się głównie na edukacji i badaniach. Kryminolodzy stali się *fautami de mieux*, którzy starali się zwiększyć liczbę studentów i zakwalifikować innych profesjonalnych ekspertów, i szukali dotacji finansowych, aby znaleźć środki na własne badania w nadziei, że stanie się to nową niszą na rynku studenckim.

	Kontynuowano rozwój różnych kierunków. Instytucjonalizacja miała wpływ na różne kierunki w kryminologii: nowa socjologia wypaczenia, klasycyzm współczesny (teoria racjonalnego wyboru, teoria działania rutynowego, sytuacyjne zapobieganie przestępczości), późna nowoczesność, rządowość i ryzyko (transformacja i późna nowoczesność, Foucault i rządowość, ryzyko i nowa kultura kontroli, ocena rządowości - nowa penologia i ryzyko), współczesna kryminologia feministyczna i inne teorie.
1970	**Początek badań socjologicznych** nad zagrożeniami dla środowiska i pojawienie się pierwszych początków kryminologii środowiskowej. Pod koniec lat sześćdziesiątych XX wieku kryminologia krytyczna podkreślała znaczenie zdrowego środowiska naturalnego i zaczęła zagłębiać się w problematykę przestępczości ekologicznej. **Początek sprawiedliwości ekologicznej** od sprawy Warren County w Północnej Karolinie.
1972	**Pierwsza światowa konferencja na temat środowiska naturalnego** w Sztokholmie, na której przyjęto **deklarację w sprawie środowiska człowieka.**
1980s	**Problemy środowiskowe przechodzą do polityki** Kształtowanie zielonej kryminologii jako rodzaju kryminologii radykalnej lub krytycznej oraz pojawienie się **kryminologii krytycznej dla środowiska.**
1981	Pierwszy słoweński tekst na temat zielonej kryminologii i ekocydów - **Pečar** (1981)
1990	**Ostateczne kształtowanie zielonej kryminologii** **Lynch** (1990) był pierwszym autorem, który wprowadził termin **kryminologia zielona**, który stał się synonimem terminu kryminologia środowiskowa. 1990-1991 - pojawienie się nowej gałęzi kryminologii krytycznej, czyli **ekokrytycznej.**
1998	**Pierwsze publikacje naukowe na temat zielonej kryminologii w światowych bazach danych i pierwsza międzynarodowa sieć kryminologów** Beirne i Południe (1998) jako pierwsze zebrały w specjalnym wydaniu Kryminologii Teoretycznej różne prace kryminologiczne o tematyce ekologicznej (np. sprawiedliwość ekologiczna, wykorzystywanie zwierząt, kryminologia ekologiczna, przestępstwa przeciwko środowisku). Później Halsey i White (1998), oprócz socjologicznych, włączyli filozoficzne poglądy na temat zagrożeń dla środowiska i relacji między człowiekiem a naturą. Od tego momentu rozpoczęła się prawdziwa współpraca i rozwój zielonej kryminologii na szczeblu krajowym i międzynarodowym.
2000	**Kryminologia w XXI wieku** W przeszłości kryminologia przeżywała ogromny rozwój i wzrost, co znajduje odzwierciedlenie w jej globalnej sieci kryminologów, popularności i rekrutacji na studia licencjackie i podyplomowe, a także w kształtowaniu polityki w zakresie wymiaru sprawiedliwości w sprawach karnych i krajowych systemów wymiaru sprawiedliwości w sprawach karnych. Dziś kryminologia jest niezależną nauką społeczną. Jest to dyscyplina, która wciąż się rozwija i rośnie, szczególnie poprzez pojawienie się nowych rodzajów przestępstw i tematów (np. cyberprzestępczość, przestępczość przeciwko środowisku, migracje zarobkowe itp.), które wymagają zbadania. Obecnie kryminologia zachowuje swoje teoretyczne podstawy, ale jest coraz bardziej stosowana i powiązana z ekspertami i profesjonalnymi dziedzinami usług. Ponadto zwiększa się multidyscyplinarność kryminologii i jej współpraca z innymi naukami. Finansowanie badań kryminologicznych jest tylko jedną z istotnych kwestii w dzisiejszym zglobalizowanym nowoczesnym społeczeństwie; kryminolodzy są obecnie zaangażowani w niezwykle ważną debatę, próbując ustalić, czy kryminologia jest dobrem publicznym czy prywatnym i jaki kierunek powinna obrać kryminologia.
2004	Na podstawie dyskusji przeprowadzonych przez Lyncha i Streckiego (2003) o znaczeniu zieleni w różnych perspektywach kryminologicznych, Halsey (2004) rozpoczyna **debatę *za* i *przeciw* "zielonej" kryminologii**. Przegląd najnowszych prac i przepisów dotyczących przestępstw przeciwko środowisku pokazał, że większość naukowców jest przesiąknięta dość problematycznymi pomysłami, jak najlepiej wyobrazić sobie charakter szkód w środowisku (Halsey, 2004: 833).
2006	Wprowadzenie **kryminologii konserwatorskiej** przez Herbiga i Jouberta (2006)
2007-	**Nowy początek kryminologicznych badań nad przestępczością ekologiczną w Słowenii** oraz

2008	pierwsze publikacje naukowe w dziedzinie kryminologii ekologicznej słoweńskich badaczy w krajowych i zagranicznych bazach danych.
2008	Wprowadzenie **eko-globalnej kryminologii** przez White'a (2008a)
2009	Beirne (2009) rozwija prawa i ochronę zwierząt jako obszar zainteresowania kryminologii ekologicznej.
2010	Wprowadzenie **ram kryminologii konserwatorskiej** przez Gibbsa, Gore'a, McGarrella i Rivers III (2009)
Obecnie	Zmiany klimatyczne, brak wody pitnej i niektórych innych dóbr, wycinanie lasów, pustynnienie, wyczerpywanie się gleby, wycieki ropy naftowej i innych substancji toksycznych z fabryk, toksyczne odpady, kwaśne deszcze, zagrożenia nuklearne, rozwój technologii i nowe zagrożenia pojawiające się równolegle z przyspieszonym rozwojem kryminologii środowiskowej i innych kierunków kryminologicznych, a także ich badania nad zagrożeniami dla ludzi, szkodami i zniszczeniem środowiska.

Źródło: streszczenie z Rock (1994), Harrison and Pearce (2000), Carrabine et al. (2004b), Newburn (2007), Meško (2010), South et al. (2014).

Tabela 3 przedstawia jasny i wyraźny obraz przebiegu rozwoju zielonej kryminologii jako całości, który jest klasyfikowany w ramach genezy i rozwoju kryminologii jako nauki. Rozwój zielonej kryminologii rozpoczął się pod koniec lat 60. i na początku lat 70. Pomimo rozwoju sytuacji w ciągu ostatnich czterech dekad i powstania nowej gałęzi kryminologii, nadal mamy do czynienia z brakiem jasno zdefiniowanych terminów, definicji i odpowiednich teorii kryminologicznych. Takie warunki utrudniają dalszy rozwój i uniemożliwiają wszelkie dogłębne badania kryminologiczne; problemy pojawiają się już w procesie definiowania podstawowych pojęć zielonej kryminologii. W historii zidentyfikowano trzy kierunki zielonej kryminologii (radykalno-krytyczny, socjologiczno-teoretyczny, socjologiczno-filozoficzny), które później połączono w nauce znanej jako zielona kryminologia. Rozwój tej nowej gałęzi kryminologii nadal trwa. Powyższy przegląd ukazuje różne wpływy innych nauk; przeszkody, z którymi kryminolodzy borykają się do dziś; braki, które należy zlikwidować; oraz ogromne znaczenie osiągnięcia konsensusu i przyjęcia jednej, jednolitej definicji. Pomimo tego, że rozwój zielonej kryminologii poszedł własną drogą w poszczególnych krajach, jej główny cel pozostaje ten sam, tj. badanie odchyleń od środowiska naturalnego. Południe i współpracownicy (2014: 2180) podkreślają potrzebę współpracy i wymiany wiedzy na temat zielonej kryminologii:

> *Tak jak przestępczość zmienia się w czasie, tak i kryminologia. Odkrycie wzorców przestępczości ekologicznej w dowolnym regionie i dzielenie się ustaleniami dotyczącymi podobnych kwestii ekologicznych umożliwi współpracę między krajami i wesprze ich reakcje na kwestie środowiskowe.*

Historyczny przegląd rozwoju zielonej kryminologii potwierdza stwierdzenie White'a (2008a: 9), że jej rozwój w ciągu ostatnich czterech dekad przyniósł nowe zainteresowania, koncepcje i techniki analityczne. Przyczyną takiej sytuacji jest rosnąca świadomość realiów problemu degradacji i niszczenia środowiska oraz konsekwencji, które zagrażają człowiekowi (White, 2003), a także rosnące znaczenie i zainteresowanie tradycyjnej kryminologii taką działalnością. Związek pomiędzy naukami przyrodniczymi i socjologicznymi w dziedzinie ochrony środowiska staje się powszechnie akceptowany i to samo dotyczy multidyscyplinarnego podejścia do rozwiązywania i badań w tej dziedzinie. Z czasem jesteśmy świadkami bardziej znaczących i pozytywnych zmian w odniesieniu do zielonej kryminologii. Antropocentryczne rozumienie człowieka i środowiska naturalnego przyczyniło się do rozwoju biocentrycznego, a w szczególności ekocentrycznego rozumienia relacji między człowiekiem a środowiskiem naturalnym. Biocentryczne i ekocentryczne podejście do środowiska naturalnego doprowadziło do dalszego rozwoju zielonej kryminologii. Można stwierdzić, że kierunki filozoficzne w nauce miały istotny wpływ na powstawanie zielonej kryminologii i nadal wpływają na jej rozwój. Jak pokazano poniżej, podobne zmiany, które wpłynęły na rozwój zielonej kryminologii, zostały wykryte również w Słowenii.

3.2 Rozwój zielonej kryminologii w Słowenii

Na początku niewiele można było napisać o rozwoju zielonej kryminologii w Słowenii. Jedyna praca w tej dziedzinie została opublikowana w 1981 roku, kiedy Pečar (1981), próbując zdefiniować pojęcia przestępczości ekologicznej i zielonej kryminologii, próbował ostrzegać przed nowymi rodzajami przestępczości. Zaproponował etiologiczną klasyfikację znanych rodzajów przestępczości ekologicznej w Słowenii, określił rolę kryminologii i nauk pokrewnych oraz podkreślił zadania instytucji kontrolnych. Pomimo opublikowanych prognoz dotyczących przyszłości, zainteresowanie zieloną kryminologią spadło. W słoweńskim środowisku kryminologicznym kluczowym problemem było niewiarygodnie małe zainteresowanie kryminologów i kryminologów przestępczością ekologiczną i dziedziną kryminologii ekologicznej. Przegląd ten pokazuje z jednej strony szybki rozwój prawa ochrony środowiska, a z drugiej strony niezwykle niskie zainteresowanie słoweńskich kryminologów prowadzeniem badań nad przestępstwami przeciwko środowisku. Dopiero w ciągu ostatnich kilku lat byliśmy świadkami ponownej dyskusji na temat zielonej kryminologii jako nowej dyscypliny naukowej w kryminologii w Słowenii.

Odnowiony rozwój (tj. kontynuacja) zielonej kryminologii w Słowenii obserwowany jest dopiero od 2007 r. Początkowo zagrożone gatunki zwierząt i roślin przyciągały zainteresowanie naukowców z powodu wysokich zysków generowanych przez ich handel (Dobovšek i Goršek, 2007). W 2008 r. wprowadzono pierwszą analizę rodzajów wykrytych przestępstw przeciwko środowisku i ich klasyfikacji w ramach schematu fenomenologicznego (Eman, 2008). W 2009 roku przedstawiono perspektywy zielonej kryminologii i wyzwania badawcze dotyczące przestępstw przeciwko środowisku w Republice Słowenii (Bučar-Ručman, 2009; Eman i Meško, 2009). W ostatnim czasie bardziej widoczne stały się perspektywy kryminologii porównawczej dotyczącej przestępstw przeciwko środowisku (Eman, Meško i Fields, 2009). W ciągu ostatnich pięciu lat zorganizowana przestępczość ekologiczna (Eman, 2010a; Odar i Dobovšek, 2011; Odar, Dobovšek i Eman, 2012), zwłaszcza kwestie związane z międzynarodowym handlem odpadami (Klenovšek i Meško, 2011), zajmowały najwięcej miejsca wśród kryminologów. Ponadto, debata na temat kryminologicznych perspektyw zagrożeń dla środowiska (Meško, Dimitrijević i Fields, 2011), słoweńska polityka ochrony środowiska (Sotlar, Tičar i Tominc, 2011) oraz sytuacyjne środki zapobiegania przestępczości (Meško, Bančič, Eman i Fields, 2011) ewoluowały i wzbudziły duże zainteresowanie. Ostatnio dyskutuje się o rozwoju zielonej kryminologii i jej kierunku studiów w Słowenii (Eman, 2011) i za granicą (Eman, Meško, Dobovšek i Sotlar, 2013; South et al., 2014).

Przegląd literatury pokazuje również, że naukowcy w Słowenii zaczęli rozważać kilka kwestii związanych z ochroną środowiska (przestępczością):

1) czy przestępstwa ekologiczne stanowią zagrożenie dla bezpieczeństwa (Eman, 2010; Fritz, 2011; Mitar, 2011; Ivanuša, Banutai i Podbregar, 2011; Eman, Fields i Meško, 2013);
2) jakie są etapy procedury dochodzenia w sprawie przestępstw przeciwko środowisku i kiedy potrzebne są specjalne zespoły dochodzeniowe (Dobovšek, Praček i Petrović, 2011);
3) jak media donoszą o przestępczości ekologicznej (Eman i Meško, 2011a); jaki jest charakter i zakres psychologicznego oddziaływania

zanieczyszczonego środowiska na człowieka (Areh i Umek, 2011; Areh, Umek, Odar i Šifrer, 2012);

4) które są rodzajami ochrony sprawiedliwości dla środowiska (Rakar i Tičar, 2011; Eman i Meško, 2011b); oraz
5) jakie są sposoby wykorzystania systemów informacji geograficznej do identyfikacji punktów zapalnych w zakresie przestępczości ekologicznej (Eman, Meško i Ivančič, 2011).

Na podstawie opisanych powyżej wydarzeń można mówić o nowo powstałej gałęzi kryminologii w Słowenii. W porównaniu z Wielką Brytanią, Stanami Zjednoczonymi i Australią, kryminologia ekologiczna w Słowenii jest nadal w początkowej fazie rozwoju i pozostaje w tyle przez około dwie dekady. Niewątpliwie rozwój zielonej kryminologii w Słowenii, od samego początku, postępuje znacznie szybciej niż w wyżej wymienionych krajach. Jeśli chodzi o zainteresowanie przestępczością ekologiczną i rozwojem kryminologii ekologicznej, Słowenia znajduje się gdzieś pomiędzy. Słoweńska zielona kryminologia może znaleźć się w grupie krajów Europy Środkowej, takich jak Niemcy, Włochy i Austria, które rozwijają tę nową dyscyplinę naukową w sposób bardzo ukierunkowany i zaplanowany, oraz na szczycie skali krajów przechodzących transformację, takich jak Węgry, Chorwacja, Bośnia i Hercegowina oraz Macedonia, które dopiero dyskutują o możliwościach rozwoju tej nowej gałęzi kryminologii lub znajdują się na samym początku jej rozwoju.

Według badania Zielney'a i in. (2006) podobna sytuacja wynika z historycznego przeglądu rozwoju w dziedzinie zielonej kryminologii oraz liczby publikacji w Słowenii. W styczniu 2012 r. przeprowadzono badanie ankietowe dotyczące bazy danych Slovene Co-operative Online Bibliographic System and Services, która zawiera wszystkie opublikowane prace w Słowenii. W badaniu użyto tych samych 9 słów kluczowych, które zostały użyte w badaniu przeprowadzonym przez Zielney et al. (2006).[83] Następnie przeprowadzono przegląd, który zawierał wszystkie publikacje we wszystkich dyscyplinach społecznych w Słowenii od 1970 do 2011 roku. Wyniki tego historycznego przeglądu publikacji w dziedzinie zielonej kryminologii w Słowenii zostały przedstawione na rysunku 7 poniżej.

[83] Słowa kluczowe zostały użyte w języku angielskim i słoweńskim, a powielone wyniki (gdy ten sam artykuł pojawił się pod słoweńskim i angielskim słowem kluczowym) zostały uwzględnione tylko raz.

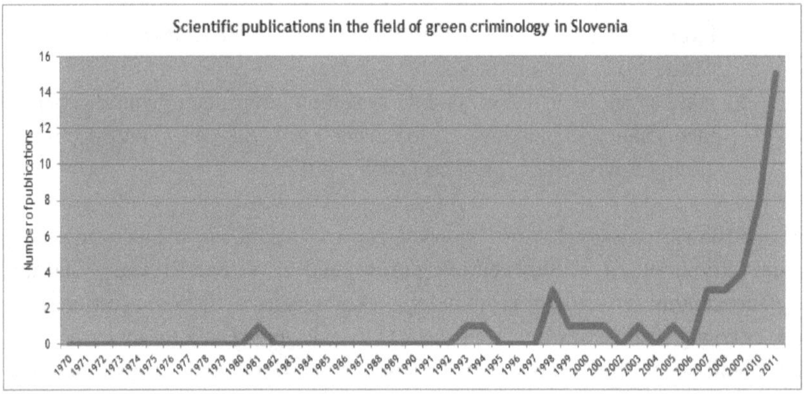

Rysunek 7: Liczba publikacji naukowych w dziedzinie zielonej kryminologii w Słowenii w latach 1970-2011

Jak już wspomniano, kluczowym problemem w słoweńskim środowisku kryminologicznym jest małe zainteresowanie kryminologią zjawiskami przestępczości ekologicznej i zieloną kryminologią. Pomimo przewidywań Pečara (1981) dotyczących przyszłości, zainteresowanie zieloną kryminologią zanikło. Z drugiej strony, dla populacji liczącej tylko dwa miliony obywateli, nie jest to zaskoczeniem. Dopiero w ciągu ostatnich kilku lat byliśmy świadkami ponownego rozwoju zielonej kryminologii w Słowenii, co zostało szczegółowo wyjaśnione w powyższym przeglądzie historycznego rozwoju zielonej kryminologii. Nowym" początkiem badań kryminologicznych w tej części Europy jest udział w globalnych dyskusjach na temat przestępczości ekologicznej, jej sprawców i ofiar.

Przyjmując nieco szersze stanowisko, można zauważyć, że zielona kryminologia w wielu krajach Europy Południowo-Wschodniej (np. w Albanii, Bułgarii, Chorwacji, Kosowie, Mołdawii, Rumunii i na Ukrainie) jest wciąż w fazie powstawania (Eman i Meško, 2013). Problem polega na tym, że pomimo kilku wymiarów prawnych i politycznych kwestii środowiskowych, komponenty kryminalne w tych krajach nie są uznawane za istotne (wystarczająco) przez instytucje formalnej kontroli społecznej (Muratbegović i Guso, 2011: 101). Wręcz przeciwnie, ekologiczna kryminologia w Macedonii, Serbii i Słowenii jest nieco lepiej ugruntowana i zaczęła być uznawana za niezależną dyscyplinę w ramach kryminologii (Eman i Meško, 2013: 235). W tej części Europy wyniki badań z zakresu kryminologii ekologicznej są podobne w różnych krajach (Eman, Meško, Dobovšek i Sotlar, 2013: 354), pomimo ich specyfiki narodowej dotyczącej fenomenologii i etiologii przestępczości ekologicznej (nieprawidłowości w procesie gospodarowania odpadami, zanieczyszczenie wody i powietrza oraz skażenie gleby, popełniane przez przedsiębiorstwa (państwowe); różne formy międzynarodowej przestępczości ekologicznej). Aby zagwarantować przyszłość procesu rozwoju, naukowcy, badacze i uczeni w regionie Europy Południowo-Wschodniej muszą polegać na zielonych pracach kryminologicznych, które zostały opracowane gdzie indziej, zwłaszcza w Wielkiej Brytanii, Stanach Zjednoczonych Ameryki i Australii, i opierać się na nich. Tak więc, jak podkreślają Eman i Meško (2013: 236) *"specyfika i specyfika ich własnego środowiska oznacza, że zielona kryminologia w Europie Południowo-Wschodniej będzie musiała rozwinąć swój własny, niepowtarzalny smak".*

3.3 Pojęcie i znaczenie zielonej kryminologii

Wraz z dyskryminacją poszczególnych zjawisk wobec środowiska naturalnego narodziła się nowa dziedzina wiedzy w kryminologii. Ta dziedzina różni się od poprzednich badań, ponieważ zajmuje się nowym odchyleniem, które w szczególny sposób zagraża specjalnie zabezpieczonym towarom, a także koncentruje się na innej przyczynowości (Pečar, 1981: 41). W XXI wieku tradycyjna kryminologia musi być świadoma znaczenia środowiska (Południe, 1998: 225) i powinna umieć klasyfikować różne perspektywy na środowisko i istoty ludzkie w nim żyjące (tzn. wszystkie żywe istoty są równe). Ze względu na trudny i długotrwały proces przechodzenia od perspektywy antropocentrycznej do ekocentrycznej w zakresie relacji pomiędzy środowiskiem a człowiekiem, kryminologia była niezwykle powolna w reagowaniu (Lynch i Stretsky, 2007: 266) na kwestie środowiskowe (np. szkody, przestępczość). Wymagana reorganizacja w ramach jej badań i przekierowanie z czysto klasycznych do nowych rodzajów przestępczości, takich jak przestępczość ekologiczna, została odkryta dość późno. Lynch i Stretsky (2007) uważają, że nadszedł czas, aby kryminolodzy zaczęli poważnie traktować kwestie ochrony środowiska i rozpoczęli współpracę z innymi naukami, przy czym kryminologia ekologiczna mogłaby być sposobem i metodą na odnowienie współpracy między dyscyplinami przyrodniczymi i socjologicznymi.

W teorii próby zdefiniowania tej nowej gałęzi kryminologii są nadal rzadkie. Biały (2008a: 8) zwraca uwagę, że kryminologia ekologiczna zasadniczo odnosi się do badań nad przestępstwami przeciwko środowisku, prawodawstwa w zakresie ochrony środowiska oraz działań kryminologów na rzecz ochrony środowiska. Obszar zainteresowania kryminologii ekologicznej obejmuje pewne incydenty i zdarzenia, często w ramach określonego pola geopolitycznego, związane z zagadnieniami o wymiarze globalnym.[84] Zielona kryminologia to coś więcej niż tylko zwykła dyskusja o środowisku w ogóle i o tym, co należy zrobić dla jego ochrony i zachowania (White, 2003: 484). W ramach zielonej kryminologii konieczne są badania nad pewnymi trendami, zjawiskami i innymi kwestiami środowiskowymi. Aby osiągnąć ten cel, nieuniknione jest multidyscyplinarne podejście i współpraca między różnymi dyscyplinami (Południe, 1998), zwłaszcza między dziedzinami socjologicznymi i naturalistycznymi[85]. Biały (2007) dodaje analizy koncepcyjne, jak również pragmatyczne interwencje w różnych dziedzinach, a także obejmuje multidyscyplinarne podejście strategiczne (ocena ekonomiczna, prawna, społeczna i ekologiczna). Takie podejście obejmuje analizy organizacyjne, a także badania skutecznych praktyk w zakresie metod kontroli, metod ewaluacji, wdrażania ram prawnych i edukacji.

W roku 1998 Południe (1998) zaproponowało następujące trzy "fundamenty" zielonej kryminologii:

---

[84] Zakres badań w dziedzinie zielonej kryminologii (Południe, 1998: 214) obejmuje: 1) zanieczyszczenie i jego regulacja; 2) przestępczość korporacyjna i jej wpływ na środowisko, bezpieczeństwo i higienę pracy; 3) przestępczość zorganizowana i korupcja w związku z nielegalnym wyrzucaniem materiałów toksycznych; 4) wpływ organów ścigania i sił zbrojnych na środowisko i ludność; 5) szkody w ekosystemach lądowych i wodnych; oraz 6) postępowanie policji z postrzeganymi aktami przestępczymi lub naruszeniami. W epoce nowoczesnej, charakteryzującej się ciągłymi zmianami i rozwojem, pojawiają się nowe rodzaje przestępczości ekologicznej. Lista zjawisk środowiskowych Południa (1998), które należą do obszaru badań kryminologicznych przestępczości ekologicznej, mogłaby zostać rozszerzona o kolejne: 1) systematyczna wycinka i grabież lasów; 2) (świadome) niewłaściwe stosowanie w rolnictwie środków chemicznych do oprysków i nawozów; 3) przemyt i handel rzadkimi gatunkami roślin i zwierząt; 4) niewłaściwe składowanie odpadów toksycznych lub ich nielegalny wywóz do krajów trzeciego świata; 5) zanieczyszczenie światłem; 6) czyn przestępczy związany z zaniechaniem właściwego postępowania, który jest popełniany, gdy państwo, działając jako właściciel lub nadzorca, "przeocza" naruszenia przepisów dotyczących ochrony środowiska i świadomie grozi swoim obywatelom w celu osiągnięcia zysku; itp.

[85] Biały (2008a: 29) podkreśla pilną potrzebę współpracy między kryminologią i fitologią, zoologią, geografią, geologią i innymi naukami przyrodniczymi i socjologicznymi.

1) badania dotyczące naruszeń przepisów, katastrof oraz naruszeń korporacyjnych i państwowych;
2) ramy prawne, kryminalizacja i "zawstydzanie"; oraz
3) ruchy społeczne, "zielona polityka" i przyszłościowa polityka.

Prawie dekadę później, Biały (2007; 2008a; 2010a) zawarł i przedstawił w swoich pracach bardzo dokładny opis rodzajów przestępstw ekologicznych i dziedziny zielonej kryminologii. Nadal jednak podkreślał, że teoretyczne ramy zielonej kryminologii są trudne do zdefiniowania. Biała (2008a: 27-28) uzupełniła kryminologię zieloną o liczne wymiary i idee, a także o treści z wielu różnych źródeł, dyscyplin i aspektów. Głównym celem tej gałęzi kryminologii jest badanie charakteru zagrożeń i szkód w środowisku, które obejmują różne perspektywy, różniące się między sobą. Włączył je do określenia następujących zadań zielonej kryminologii:

1) identyfikacja zmieniających się definicji i rodzajów przestępstw przeciwko środowisku oraz interpretacja sposobów analizy koncepcji społeczno-prawnych i ram badanych zjawisk środowiskowych;
2) identyfikowanie różnych rodzajów przestępczości przeciwko środowisku poprzez analizę badań poszczególnych przypadków i opracowanie użytecznej typologii przestępczości przeciwko środowisku;
3) udzielenie odpowiedzi na pytanie, co obejmuje przestępczość w dziedzinie ochrony środowiska z prawnego, ekologicznego i socjologicznego punktu widzenia oraz z punktu widzenia dochodzenia karnego, bezpieczeństwa narodowego i wielu innych dziedzin;
4) badanie charakteru mechanizmów regulacyjnych i mechanizmów społecznej kontroli zagrożeń dla środowiska w celu jego ochrony; oraz
5) badanie charakteru związku między zmianami w środowisku lub zmianami w środowisku a procesem kryminalizacji.

Biały (2008a: 14) dzieli zieloną kryminologię na podstawie tego, *kto lub co jest ofiarą przestępczości ekologicznej*. Proponowana klasyfikacja zielonej kryminologii wiąże się z trzema dominującymi kierunkami teoretycznymi: *sprawiedliwością środowiskową*, *ekologiczną* i *gatunkową*, z których wynikają również indywidualne aspekty reagowania na zagrożenia lub szkody w środowisku lub jego niszczenie. Wszystkie trzy podejścia do badań nad przestępczością przeciwko środowisku, które również wpływają na kształtowanie się definicji i przedmiotu kryminologii ekologicznej, zostały przedstawione na rysunku 3. Sprawiedliwość ekologiczna, ekologiczna i gatunkowa opiera się na trzech filozoficznych podejściach do środowiska naturalnego: filozofii antropocentrycznej, ekocentrycznej i animalocentrycznej. Lojalność wobec różnych kierunków filozoficznych można zaobserwować również w procesie tworzenia definicji zielonej kryminologii i przestępczości ekologicznej, co widać w pracach Roberta D. White'a (2003, 2004, 2005, 2007, 2008a, 2008b, 2009, 2010a, 2010b) oraz w opisanych już zmianach zielonej kryminologii.

Carrabine i jego współpracownicy (2004a: 316) podkreślają, że kryminologia ekologiczna musi ponownie ocenić bardziej tradycyjne pojęcia przestępczości i wypaczeń oraz zacząć badać rolę, jaką społeczeństwo odgrywa w generowaniu degradacji i niszczenia środowiska. Lynch i Stretsky (2003: 233) zauważają, że zielona kryminologia wskazuje na logiczną konieczność dokonania rozróżnienia między podejściem zielonym a szerzej akceptowanymi metodami prowadzenia dochodzeń w sprawie określonych form przestępczości środowiskowej, tym samym kwestionując przesłanki samej zielonej kryminologii. Dlatego też definicja kryminologii ekologicznej Heckenbergera (2009: 14) jest w przeważającej mierze trafna i rzeczowa:

> *Kryminologia ekologiczna w szerokim zakresie odnosi się do badań kryminologów nad szkodami w środowisku, prawami ochrony środowiska i przepisami dotyczącymi ochrony środowiska. W ramach kryminologii ekologicznej trzy szerokie podejścia do konceptualizacji szkód w środowisku to sprawiedliwość ekologiczna (główny nacisk kładzie się na człowieka), sprawiedliwość ekologiczna (główny nacisk kładzie się na środowisko) i sprawiedliwość gatunkowa (główny nacisk kładzie się na zwierzęta).*

Z czasem pojawiły się nowe definicje zielonej kryminologii. Biały (2008a) omawia angażowanie się w zmiany klimatyczne i konflikty społeczne, w związku z czym szczególnie podkreśla znaczenie programu badawczego dla *kryminologii ekoglobalnej*. Ekoglobalna kryminologia obejmuje podstawowy kryminologiczny sposób badań i krytycznej analizy problemów środowiskowych. Badania nad przestępczością ekologiczną i zagadnieniami z nią związanymi, a także badania sprawców mające na celu znalezienie odpowiedzi na pewne pytania dotyczące reakcji człowieka na problemy i zagrożenia środowiskowe[86] są bardzo typowe dla kryminologii ekoglobalnej. Biały (2008a; 2009) przeniósł treść zielonej kryminologii, która opiera się na definicji kryminologii Sutherlanda (1949; w Sutherland i Cressey, 1974) i zajmuje się przestępczością ekologiczną na poziomie podstawowym, do poziomu światowego i sklasyfikował dziurę ozonową, efekt cieplarniany, globalne ocieplenie i zmiany klimatu jako rodzaje przestępczości ekologicznej. *Kryminologia konserwatywna* została zaproponowana jako druga nowa definicja kryminologii ekologicznej i wykorzystuje podejście multidyscyplinarne, ponieważ kładzie nacisk na włączenie kryminologii do dyscyplin związanych z zasobami naturalnymi i innych dyscyplin nauk społecznych. Ramy koncepcyjne kryminologii konserwatorskiej obejmują powiązania między kryminologią a prawem karnym, zarządzaniem i ochroną zasobów naturalnych, ryzykiem i podejmowaniem decyzji, ponieważ jest to podejście badawcze, którego głównym celem jest badanie odchyleń od stanu środowiska, podczas gdy jego celem drugorzędnym jest promowanie ochrony środowiska, informowanie społeczeństwa i doskonalenie praktyki w oparciu o dowody i procedury dotyczące przestępstw przeciwko środowisku i innych zagrożeń dla środowiska (Gibbs i in., 2009).

Wszystko, co do tej pory napisano o zielonej kryminologii, można streścić w krótkiej definicji:

> *Kryminologia ekologiczna jest badaniem społecznym, które wykorzystuje multidyscyplinarne i interdyscyplinarne podejście do badań nad przestępczością ekologiczną, szkodliwością dla środowiska, prawodawstwem w zakresie ochrony środowiska, przepisami dotyczącymi ochrony środowiska, środkami ochrony środowiska i reakcjami społeczeństwa na spowodowane naruszenia. Zielona kryminologia to znacznie więcej niż tylko dyskusja na temat kwestii środowiskowych. Opiera się ona na krytycznym kryminologicznym dążeniu do ochrony środowiska jako jednego z podstawowych dóbr ludzkich i praw człowieka. Program badań zielonej kryminologii opiera się na zleceniu badania znanych*

---

[86] Pytania te obejmują następujące kwestie: Jak wyjaśniamy i reagujemy na rozwój świata? Jak to wpływa na nasze deklaracje dotyczące zagrożeń dla środowiska? Jak zapewnić ochronę praw człowieka i tzw. praw zwierząt i roślin? Jak rozumiemy i akceptujemy władzę i interesy, które wyrażają współczesne tendencje w dyskusjach?

rodzajów zachowań dewiacyjnych[87] *wobec środowiska naturalnego. Zielona kryminologia obserwuje dynamikę między człowiekiem a środowiskiem naturalnym, zwłaszcza zachowania człowieka i działa przeciwko jednemu lub kilku elementom środowiska naturalnego. Interesuje się człowiekiem jako sprawcą przestępstw przeciwko środowisku, środowiskiem i człowiekiem jako ofiarą przestępstw przeciwko środowisku oraz możliwymi metodami zapobiegania przestępstwom przeciwko środowisku.*

Historyczny przegląd rozwoju zielonej kryminologii potwierdza stwierdzenie White'a (2008a: 9), że rozwój zielonej kryminologii w ciągu ostatnich 20 lat doprowadził do powstania nowych zainteresowań, koncepcji i technik analitycznych. Tak rosnąca świadomość powagi problemu degradacji i niszczenia środowiska oraz jego konsekwencji, które zagrażają człowiekowi, jest główną przyczyną tego stanu rzeczy (White, 2008a). Jesteśmy również świadkami rosnącego znaczenia i zainteresowania tradycyjnej kryminologii takimi wydarzeniami. Związek między naukami socjologicznymi i przyrodniczymi w dziedzinie ochrony środowiska staje się powszechnie akceptowany; to samo dotyczy multidyscyplinarnego charakteru podejścia stosowanego do rozwiązywania i badania kwestii środowiskowych. Z czasem byliśmy świadkami bardziej znaczących i pozytywnych zmian związanych z zieloną kryminologią. Dyskusje na temat tego, *dlaczego*, *jak* i *w jaki sposób rozwinęła* się i *kiedy pojawiła* się zielona kryminologia, odbywają się również częściej.

W tym rozdziale omówiono nową gałąź kryminologii, która w ciągu ostatniej dekady rozwijała się znacznie szybciej niż inne dyscypliny kryminologiczne i inne. Rozszerza zakres swoich badań tak szybko, jak zmieniają się rodzaje przestępczości środowiskowej. Pomimo tak szybkiego rozwoju, indywidualne, aczkolwiek nieokreślone pola i pytania pozostają bez odpowiedzi, co uniemożliwia dalszy rozwój tej nowej gałęzi nauki i zmusza ją do rozwiązywania "starych" wyzwań w pierwszej kolejności, zanim zacznie ona szukać i rozwiązywać nowe. Warto pamiętać, że Biały (2003: 293) podkreślał to: "*Jednostka nie może wybrać pewnego problemu środowiskowego i oczekiwać od niego, że w naturalny sposób spełni wszystkie aspekty teorii i praktyki*

[87] Termin "dewiant" oznacza prawnie zdefiniowane i ogólnie, społecznie lub moralnie niedopuszczalne traktowanie środowiska (lub innych podmiotów lub przedmiotów).

kryminologicznej". W rzeczywistym świecie sytuacja jest zupełnie odwrotna; zielona kryminologia dostosowuje się do pojawiających się zjawisk wypaczeń przeciwko środowisku.

3.3.1 Kryminologia środowiskowa a kryminologia ekologiczna

W ostatniej dekadzie (od 1990 roku) byliśmy świadkami licznych dyskusji kryminologów, których celem było wybranie nazwy dla gałęzi kryminologii, która zajmuje się badaniem przestępczości przeciwko środowisku jako zjawiska społecznego i indywidualnego. Początkowo pojawiły się dwie sugestie: kryminologia środowiskowa i kryminologia zielona. Dyskusja o stosowności tych nowych terminów, oprócz już istniejącej niezrozumiałości, podsycała dalszy opór, zwłaszcza wśród kryminologów brytyjskich, amerykańskich i australijskich, co jeszcze bardziej utrudniło normalny rozwój tej raczej nowej gałęzi kryminologii.

Przyczyna obecnego problemu definiowania tego "zielonego pola kryminologicznego" wynika z istotnego rozróżnienia pomiędzy tym, co jest oficjalnie definiowane jako szkodliwe dla środowiska w kategoriach prawa karnego i cywilnego (rysunek 2). Inny powód wynika z rozróżnienia na to, co stanowi największe źródło zagrożeń dla środowiska z punktu widzenia ochrony środowiska (Halsey i White, 1998). Przy określaniu pola działania kryminologów należy to wziąć pod uwagę. Jest to szczególnie ważne w dziedzinie nauczania zielonej kryminologii, młodej gałęzi kryminologii, która wciąż zawiera wiele pytań bez odpowiedzi. Oprócz problemu ustalenia jednolitej definicji zielonej kryminologii i przestępczości ekologicznej jako przedmiotu nauczania zielonej kryminologii, rozwój, a w szczególności geneza zielonej kryminologii jako gałęzi ważnej socjologicznej dyscypliny naukowej, jest również godnym uwagi tematem, który wymaga dalszej dyskusji. Wszystko to spowodowało, między innymi, że (nowa i słabo rozwinięta gałąź kryminologii, inwazja nowych idei i teorii itp. Halsey i White (1998) podkreślają wpływ trzech ram filozoficznych regulujących relacje między ludźmi a środowiskiem, które należy wziąć pod uwagę podczas omawiania i ustalania definicji przestępstw przeciwko środowisku. Aspekty antropocentryczne, biocentryczne i ekocentryczne relacji między człowiekiem a środowiskiem, które zostały już omówione i opisane, są w większości różne. Niemniej jednak wszystkie trzy aspekty mają istotny wpływ na definicję przestępstw przeciwko środowisku, jak również kryminologii ekologicznej. W związku z tym należy je uwzględnić w przyszłych dyskusjach prawnych dotyczących aktów prawnych w zakresie ochrony środowiska, a także w dziedzinie kontroli społecznej. Innymi słowy, powodem zajmowania się przestępstwami przeciwko środowisku naturalnemu jest antropocentryczna relacja między człowiekiem a środowiskiem. W ostatnim okresie dominujące relacje biocentryczne i ekocentryczne wobec środowiska naturalnego przyczyniły się do dalszego rozwoju zielonej kryminologii.

Bardzo ważna jest definicja dziedziny badań kryminologicznych poświęconych rodzajom przestępstw przeciwko środowisku. Halsey i White (1998) podkreślają, że to właśnie w dziedzinie przestępstw przeciwko środowisku lub, innymi słowy, zagrożeń dla środowiska naturalnego, oprócz prawnie zdefiniowanych czynów przestępczych, znajduje się również wiele "normalnych działań społecznych", które z punktu widzenia społeczeństwa lub poszczególnych grup społecznych były na początku złe moralnie, ale później zostały umieszczone na liście prawnie zakazanych działań. Kiedyś "normalne" działanie było prawnie zakazane i usankcjonowane, co stanowi wyzwanie dla kryminologii ekologicznej. Halsey (2004) zwraca uwagę, że kryminologia ekologiczna nie posiada słownika, który jest potrzebny do przekazywania koncepcji nowoczesnej teorii dotyczącej niszczenia i naprawy środowiska. Ponadto, gdy kryminolodzy zajmują się terminem "zielony", nieuchronnie wyrażają oni również część kierunków politycznych i środowiskowych. Halsey nalega, aby termin "zielony" został wyeliminowany z dyskusji kryminologicznych, ponieważ nie obejmuje on właściwie procesów osobistych i międzypokoleniowych oraz procesów pomiędzy różnymi ekosystemami, zjednoczonymi i przeplatającymi się w różnych scenariuszach. Pozostaje krytyczny i wychwala fakt, że zielona kryminologia źle rozumie swoją rolę i zakres myślenia i pisania o działaniach w świecie. Obnaża problem nadmiernie antropocentrycznego podejścia do omawianych problemów przestępczości ekologicznej, w której człowiek nadal znajduje się w czołówce.

Oprócz problemu jednolitej definicji, istnieją również problemy związane z różnymi znaczeniami i interpretacjami tego samego terminu. Mówiąc o zielonej kryminologii, należy rozróżnić dwa ważne terminologiczne wyrażenia w kryminologii, które zazwyczaj prowadzą do niewłaściwej interpretacji i zrozumienia. Obecny jest również problem "zmiany" znaczenia terminów "zielona kryminologia" i "kryminologia środowiskowa"[88]. Stosowanie tych terminów nie stanowi tak istotnego problemu w Słowenii, jak w krajach anglojęzycznych, gdzie termin "environmental criminology" ma dwa różne znaczenia. Osoba nie będąca ekspertem w dziedzinie kryminologii mogłaby w rzeczywistości interpretować to pojęcie w inny sposób lub tłumaczyć je niewłaściwie. W tłumaczeniu tego terminu na język słoweński można odczytać albo kryminologię zieloną, albo kryminologię środowiskową, przy czym wyróżnia się dwie różne gałęzie kryminologii. Zielona kryminologia, znana również w przeszłości jako kryminologia środowiskowa, reprezentuje gałąź kryminologii, która zajmuje się badaniami nad przestępczością przeciwko środowisku i innymi powiązanymi zjawiskami. Lynch (1990) jako pierwszy użył terminu "zielona kryminologia". Zielona kryminologia, która bada przestępstwa przeciwko środowisku, wyłoniła się z dyskusji na temat szkód w środowisku i przestępczości. Z drugiej strony, kryminologia środowiskowa jest również gałęzią kryminologii, która w przeciwieństwie do kryminologii ekologicznej zajmuje się badaniem szczególnych determinacji wzorców zachowań przestępczych (Kanduč, 1999) oraz sytuacyjnym zapobieganiem przestępczości.

Wszystko, co do tej pory napisano o rozwoju i cechach zielonej kryminologii, można podsumować następującymi słowami (Eman, Meško, Dobovšek i Sotlar, 2013: 353)

> *...zielona kryminologia rozwija się i dostosowuje do współczesnego społeczeństwa. Zielona kryminologia bardzo szybko staje się międzynarodowa i zglobalizowana; przywiązuje główną wagę do nierówności, władzy i polityki w procesach kryminalizacji, zwiększając zainteresowanie wiktymizacją i łamaniem praw człowieka (Kangaspunta i Marshall, 2009) oraz starając się wprowadzać innowacje i rozwijać nowe rodzaje zapobiegania przestępczości (Meško, Bančič, Eman i Fields, 2011). Ponieważ jest to stosunkowo młoda gałąź kryminologii, nadal istnieje wiele różnych kwestii, które należy poruszyć. Nadal definiujemy wspólny temat debat*

[88] Kryminologia środowiskowa zajmuje się badaniem specjalnych (fizycznych i społecznych) determinacji wzorców zachowań przestępczych. Jeden z jego pionierów, C. Ray Jeffery, wykorzystując behawioryzm, stworzył model zapobiegania zachowaniom przestępczym poprzez przekształcanie przestrzeni zewnętrznej (lub "środowiska") (Kanduč, 1999: 328). Brantingham i Brantingham (1981) podkreślają w kryminologii środowiskowej zaznaczanie na mapach przestrzeni kryminalnych. Podobnie, kryminologia środowiskowa jest ściśle powiązana z kryminalistycznym zapobieganiem sytuacjom.

kryminologicznych, identyfikujemy nowe formy przestępczości i szkód w środowisku oraz pytamy o sprawców i ofiary przestępstw przeciwko środowisku, proces opracowywania przepisów prawa karnego i reagowania na zjawiska przestępczości przeciwko środowisku, a także o najlepszy sposób realizacji projektu zapobiegania przestępczości przeciwko środowisku. Największym wyzwaniem, ale również źródłem wielkiego potencjału, jest multidyscyplinarny charakter pytań badawczych i metod, które mogą być wspólne dla całej dziedziny.

Teoretyczne ramy zielonej kryminologii są trudne do zdefiniowania. Przesłanie White'a (2008a: 14) jest trafne i do rzeczy: *"Nie ma zielonej teorii kryminologicznej jako takiej"*. Jasna definicja jest bardzo rzadka, a brak dokładnych ram kryminologii ekologicznej jest jedną z przyczyn, które jeszcze bardziej utrudniają skuteczne badania nad przestępczością ekologiczną. Najczęściej stosowaną teorią jest teoria kryminologiczna krytyczna, natomiast najbardziej oczywistą definicją zielonej kryminologii jest ta zaproponowana przez Heckenbergera (2009: 14), która definiuje ją jako badanie szkód w środowisku, ustawodawstwo i regulacje środowiskowe z perspektywy antropocentrycznej, biocentrycznej lub ekocentrycznej.

Ważne jest zidentyfikowanie wszystkich kluczowych dyscyplin naukowych, które obejmują dziedzinę przestępczości przeciwko środowisku oraz określenie ram współpracy i multidyscyplinarnego podejścia kryminologii ekologicznej do rozwiązywania poszczególnych problemów środowiskowych i zdefiniowanie metod osiągnięcia tego celu. Jednocześnie konieczne jest rozważenie ram rozwoju zielonej kryminologii na całym świecie. Niemniej jednak konieczne jest zwrócenie uwagi na szczególne cechy (tj. poziom lokalny, regionalny i krajowy), które są najważniejsze dla naszego środowiska. Rock (1988: 68) podkreślił, że kryminologia potrzebuje nowych pomysłów i kierunków. Z tego punktu widzenia konieczne jest promowanie racjonalizacji zielonej kryminologii w zakresie odchodzenia od głośnych ruchów ekologicznych, zachęcanie do szczegółowej refleksji nad legalizacją poszczególnych norm prawnych oraz ustalenie bardziej szczegółowej definicji jej dziedziny badań. Innymi słowy, zielona kryminologia musi być postrzegana jako coś więcej niż tylko badanie dotyczące odstępstw od przepisów dotyczących ochrony środowiska i naruszeń prawa w zakresie ochrony środowiska, w szczególności w odniesieniu do ich przyczyn, wynikających z nich konsekwencji i reakcji społeczeństwa. Brak odpowiedniej terminologii i powszechnie uznawanej na świecie definicji przyczynia się do powstawania problemów na wszystkich innych poziomach dyskusji, represji i zapobiegania przestępczości przeciwko środowisku. Brak jednolitej definicji stanowi dodatkowy problem w badaniu przestępczości przeciwko środowisku i wynikających z niej konsekwencji, co omówiono poniżej.

4 Ustawodawstwo w zakresie ochrony środowiska, ofiary w środowisku i zapobieganie przestępstwom ekologicznym

"Gdy zawodzi prewencja, skutki dla ludzi i ich środowiska mogą być nieodwracalne". "
Carter (1996: 10)

Według Sutherlanda (1949; w Sutherland and Cressy, 1974) i Meško (2010: 23) kryminologia obejmuje badania nad tworzeniem prawa (tworzenie norm prawnych, aktów prawnych i innych przepisów wykonawczych), łamaniem prawa (etiologia i fenomenologia zjawisk dewiacyjnych) oraz reakcjami społecznymi na przestępców (reakcje nieformalne i formalne).[89] Tylko z tego powodu kryminologia obejmuje badania nad tworzeniem norm społecznych, przyczynami ich naruszania, badania fenomenalnych form naruszania kodeksów karnych i innych aktów prawnych (Meško, 2010: 23-24). Badania kryminologiczne mają wpływ na kształtowanie się przepisów prawa karnego. Ważne jest, aby wiedzieć, że zmiana indywidualnego zachowania jest jedynym sposobem reagowania na problemy środowiskowe (Camacho, 1998: 221-222), w którym ważną rolę odgrywają kryminolodzy. Jednak rozwiązania współczesnych problemów ochrony środowiska nie można znaleźć jedynie poprzez przyjęcie bardziej rygorystycznych przepisów dotyczących ochrony środowiska. Przeciwnie, polega to na redefiniowaniu na nowo naszego stosunku do natury w ogóle. Niestety, nasza kultura, wartości i postrzeganie natury wymagają ponownego zbadania. Ludzie muszą zastąpić widok antropocentryczny ekocentrycznym postrzeganiem środowiska naturalnego i przejść od zachowań reaktywnych do proaktywnych (tj. zapobiegawczych) wobec środowiska. Co więcej, rolę w zakresie zapobiegania działaniom szkodliwym dla środowiska naturalnego przypisuje się kryminologii, ponieważ to właśnie kryminologia uświadomiła sobie, że człowiek nie może podbijać ani kontrolować przyrody (Seis, 1996).

Niniejszy rozdział poświęcony jest trzem ważnym częściom obszaru przestępczości przeciwko środowisku: 1) prawodawstwu w zakresie ochrony środowiska, podkreślającemu znaczenie i rolę systemów wymiaru sprawiedliwości w sprawach karnych; 2) wiktymologii przestępczości

[89] Kryminologia obejmuje badania w zakresie szeroko rozumianej jurysdykcji karnej: policja - prokuratura - trybunał sprawiedliwości oraz instytucje zajmujące się egzekwowaniem sankcji karnych i zapobieganiem przestępczości (Meško, 2010).

przeciwko środowisku, usiłującej zidentyfikować rodzaje przestępstw przeciwko środowisku i sklasyfikować je według różnych kryteriów; oraz 3) zapobieganiu przestępczości przeciwko środowisku, jednej z mniej skomplikowanych, zazwyczaj mniej kosztownych i najskuteczniejszych form aktywnego reagowania na szkody i przestępstwa przeciwko środowisku. Podobnie jak inne rozdziały niniejszej książki, rozdział ten prezentuje przykłady, wyniki badań i doświadczenia kryminologów w odniesieniu do omawianych tematów. W swoim podsumowaniu wprowadza również debatę na temat wszystkich odkrytych odkryć.

4.1 Przestępczość w dziedzinie ochrony środowiska i prawo karne

Złożoność rozwoju wpłynęła na ewolucję społeczeństwa i działalność przestępczą. Ponieważ środowisko naturalne jest tak specyficzne i ważne dla przetrwania człowieka, przestępstwa popełniane przez jednostki mają znacznie większe znaczenie w przypadku przestępstw przeciwko środowisku. Przyczyny i rozwiązania dla kryminalizacji muszą być znalezione w samych jednostkach (jak daleko człowiek jest skłonny posunąć się w zagrożeniu przeciwko sobie). Podczas powolnej internalizacji wartości globalnych, przyjaznych dla środowiska i ochronnych, zrównoważony, trwały i trwały rozwój gospodarczy staje się podstawowym celem postępu. Z punktu widzenia wymiaru sprawiedliwości w sprawach karnych, nieprzestrzeganie prawa, niespójność w identyfikacji, procesie i nieuzasadniona łagodność w ocenie nieodpowiedzialnego zachowania wobec środowiska i sprawców przestępstw przeciwko środowisku stanowią kluczowe kwestie środowiskowe. Skutkiem takiej sytuacji jest utrudnianie świadomości ekologicznej, a także słaba, dyskryminacyjna, selektywna i często dyskrecjonalna reakcja na zjawiska przestępczości ekologicznej, która podważa zaufanie ludzi do władz i ochrony prawnej obywateli. Ze względu na tajność i intensywne wykrywanie przestępstw przeciwko środowisku, tacy sprawcy, a zwłaszcza ofiary przestępstw przeciwko środowisku, są trudni do ustalenia, co jeszcze bardziej utrudnia postępowanie sądowe.

Badania kryminologiczne przestępczości ekologicznej nie obejmowały jedynie indywidualnych prób określenia, klasyfikacji i zdefiniowania tej dziedziny, ale również prowadziły badania. Najciekawsze są wyniki analiz kryminologicznych badań empirycznych dotyczących wpływu sankcji karnych na zanieczyszczenie środowiska i przestępczość, wykonanych przez Faure i Visser (2003). Wyniki ich badań pokazują, że w większości przypadków zniechęcający wpływ sankcji karnych za czyny przestępcze przeciwko środowisku jest niewielki. Powodem tego nie jest założenie, że przestępcy nie zachowywaliby się jak racjonalni przestępcy, pragnący maksymalizować swoje korzyści z zysków. Wręcz przeciwnie, przestępstwa przeciwko środowisku naturalnemu są w większości przypadków wynikiem zachowań korporacyjnych. Dlatego zachowanie przestępców z białych kołnierzyków pasuje do modelu zysku Beckera (1968);[90] zanieczyszczający ważą koszty w stosunku do potencjalnych zysków. Innym przykładem jest oszczędzanie dużych sum pieniędzy, gdzie zanieczyszczający (tj. właściciele firm) nie inwestują pieniędzy w zakup drogich oczyszczalni ścieków, lecz w "wynajęcie" organizacji przestępczej. Ta grupa przestępcza nielegalnie pozbywa się toksycznych odpadów w imieniu właściciela, co jest znacznie tańsze. Takie zachowanie można by uznać za zaniechanie należytego postępowania. Faure i Visser (2003: 8) odkryli, że niskie prawdopodobieństwo wykrycia popełnionego przestępstwa w połączeniu ze stosunkowo niskimi karami i grzywnami zwiększa z jednej strony wykorzystanie racjonalnego modelu zanieczyszczającego, a z drugiej strony pesymizm w odniesieniu do skuteczności przepisów dotyczących ochrony środowiska.

Ochrona środowiska w Słowenii powoli podążała za zmianami, ogólnym rozwojem i postępem społeczeństwa. Państwo zdało sobie sprawę ze znaczenia ochrony i zachowania środowiska naturalnego i w związku z tym powiązało je z przepisami prawa karnego. Liczne działania ekspertów z dziedziny prawa, wymiaru sprawiedliwości w sprawach karnych i kryminologii są widoczne w ciągłym dostosowywaniu prawnych źródeł ochrony środowiska. Rozwiązywanie problemów i sankcjonowanie naruszeń ochrony środowiska opiera się na połączeniu prawa administracyjnego, cywilnego i karnego (Meško i in. , 2011: 49). Selinšek (2003: 652) zauważa, że ten ostatni jest jeszcze bardziej ograniczony ze względu na zasadę *Ultima Ratio*[91]. Prawo karne w dziedzinie ochrony środowiska uważa się za konieczne; obecnie na szczeblu międzynarodowym podkreśla się również potrzebę ochrony środowiska za pomocą środków prawa karnego. Przyczyną tego są częstsze i bardziej rozległe

[90] Becker (1968), Posner (1998) i Spence (2001) określili ten rodzaj racjonalizmu w zachowaniach przestępczych jako *racjonalny model zanieczyszczenia*, podkreślając, że najprostszym rozwiązaniem jest zwiększenie kar i ich dokładne stosowanie. Socjologowie i eksperci polityczni przyjęli również interpretację racjonalności w swoim modelu ekonomicznym, w którym wszystkie partie (zazwyczaj dostawcy i konsumenci) podejmują racjonalne decyzje i starają się maksymalizować swoje zyski.

[91] *Ultima Ratio* - ostateczny powód lub argument; last resort (Beranek, 2005: 691) stosowany w sytuacji, gdy wszystkie inne (prawne) środki oznaczają porażkę.

"ataki" na środowisko naturalne o coraz poważniejszych konsekwencjach. Przestępczość przeciwko środowisku może występować we wszystkich znanych rodzajach działalności przestępczej, których dotyczy słoweński system prawny, tzn. przestępstwach dyscyplinarnych, wykroczeniach i przestępstwach kryminalnych. Selinšek (2003) zwraca uwagę, że świadomość ekologiczna większości ludzi jest nadal na bardzo niskim poziomie. Konieczne jest zatem odwołanie się do różnych środków, w tym prawa karnego. Podstawową funkcją współczesnego prawa karnego jest przy tym ochrona społeczeństwa przed najpoważniejszymi rodzajami zachowań dewiacyjnych (Dežman, 2004). Z perspektywy globalnej przestępczość ekologiczna stała się najbardziej niebezpiecznym rodzajem zachowań dewiacyjnych i coraz poważniejszym zagrożeniem dla życia i środków do życia ludzi, a także wszystkich innych żyjących gatunków na planecie.

Prawo ochrony środowiska Republiki Słowenii obejmuje wszystkie rodzaje ochrony środowiska, które pochodzą z wymienionych poniżej źródeł: 1) akty prawne; 2) rozporządzenia; 3) orzeczenia sądowe; 4) ustawodawstwo, rozporządzenia i traktaty Unii Europejskiej; oraz 5) międzynarodowe prawodawstwo w zakresie ochrony środowiska. W Kodeksie Karnym Republiki Słowenii (KZ-1, 2008; 2009; 2011) dziedzina przestępstw *przeciwko* środowisku jest zdefiniowana w sekcji 32 jako *przestępstwa przeciwko środowisku, przestrzeni i zasobom naturalnym.* Sekcja ta obejmuje 15 przestępstw przeciwko środowisku (art. 332 - 347, art. 335 został skreślony w 2012 r.).[92] Większość przestępstw przeciwko środowisku ma charakter ogólny i ma swoje podstawy poza prawem karnym, tj. w innych przepisach z zakresu ochrony środowiska, w szczególności w ustawie o ochronie środowiska (ZVO-1-UPB1, 2006; 2008; 2009). Zapewnia to spójność interwencji wymiaru sprawiedliwości w sprawach karnych z normami prawa administracyjnego (Selinšek, 2003).

[92] Obciążenie i zniszczenie środowiska i przestrzeni kosmicznej (332); Zanieczyszczenie morza i wody przez statki (333); Przywóz i wywóz substancji niebezpiecznych (334); Zanieczyszczenie wody pitnej (336); Zanieczyszczenie środków spożywczych lub pasz (337); Nielegalne zajmowanie nieruchomości (338); Zniszczenie plantacji przez czynnik szkodliwy (339); Niszczenie lasów (340); Tortury zwierząt (341); Kłusownictwo łowieckie (342); Kłusownictwo ryb (343); Nielegalne obchodzenie się z chronionymi zwierzętami i roślinami (344); Przenoszenie chorób zakaźnych zwierząt i roślin (345); Produkcja szkodliwych leków do leczenia zwierząt (346); oraz Nienaukowa pomoc weterynaryjna (347).

Prawo karne ma bardzo małe pole manewru w dziedzinie ochrony środowiska. Często zdarza się, że niektóre przepisy nie są wystarczająco konkretne i kompleksowe, np. dotyczące "nadmiernego zanieczyszczenia", "obciążenia krzyżowego" itp. Konieczne byłoby wprowadzenie nowych pojęć, z jasnymi terminami i definicjami, oraz określenie, kiedy pojawiają się indywidualne konsekwencje i jakie rodzaje konsekwencji muszą wystąpić, aby prawo karne mogło interweniować. W obecnym prawodawstwie dotyczącym ochrony środowiska często niezwykle trudno jest określić, kiedy dane działanie jest niezgodne z prawem. Dziedzina ochrony środowiska, obejmująca prawo karne, jest wzajemnie i nierozłącznie powiązana ze względu na fakt, że przepisy karne w zakresie ochrony środowiska i skuteczne funkcjonowanie systemu sądownictwa karnego zależą od występowania przestępstw przeciwko środowisku. Potwierdzeniem takiej relacji jest również silna interdyscyplinarna dziedzina odchyleń od środowiska, łącząca nauki społeczne i przyrodnicze. Przegląd przepisów rozdziału 32 Kodeksu Karnego (KZ-1, 2008; 2009; 2011; 2012), pomimo klauzul zbiorczych, ujawnił stosunkowo kompleksową regulację wymiaru sprawiedliwości w sprawach karnych w zakresie ochrony środowiska. Problem polega na nieudanym wdrożeniu i nieskutecznym egzekwowaniu norm prawa karnego w zakresie ochrony środowiska, które obciążają i komplikują skuteczne funkcjonowanie systemu sądownictwa karnego. Obfitość i rozdrobnienie przepisów ustawowych i wykonawczych, które regulują poszczególne dziedziny (np. akty prawne, dekrety i rozporządzenia), są szczególnie istotne. Problem ten przejawia się w pracy inspektorów, policji, prokuratury i sądownictwa. Z tego właśnie powodu użyteczne rozwiązania są więcej niż tylko mile widziane, są one konieczne (Eman i Meško, 2011b: 56-58):

- Należy unikać nadmiernej akumulacji, obfitości i (niepożądanego) powielania działań. Zdecydowanie możliwe jest zmniejszenie "zamieszania" i zatorów w przepisach dotyczących ochrony środowiska w sposób efektywny: np. poprzez bezpośrednią transpozycję wszystkich dyrektyw i rozporządzeń UE do prawodawstwa Słowenii, aby uniknąć kumulacji wtórnego prawodawstwa dotyczącego ochrony środowiska (przykład takiej regulacji prawnej można znaleźć w ochronie środowiska w USA lub, jeśli przyjrzymy się bliżej domu, w krajach skandynawskich).
- Bardzo przydatne byłoby systematyczne porządkowanie wszystkich zasobów prawnych mających wpływ na dziedzinę ochrony środowiska za pomocą prawa karnego poprzez opracowanie jednolitej publikacji (np.

przygotowanie aneksu do kodeksu karnego lub ustawy o ochronie środowiska, który obejmowałby wszystkie wykroczenia i przestępstwa przeciwko środowisku, służyłby jako narzędzie pomocnicze dla inspektorów, policji i prokuratorów badających przestępstwa przeciwko środowisku, a także stanowiłby jedno ze źródeł dla sędziów odpowiedzialnych za postępowania sądowe przeciwko przestępcom prawa ochrony środowiska). W ten sposób zmniejszyłaby się liczba powszechnych, niesystematycznie uporządkowanych i zdezorganizowanych norm prawnych w zakresie ochrony środowiska, a odpowiednie wydziały zaoszczędziłyby mnóstwo czasu, który obecnie jest stracony, ponieważ muszą przeszukiwać poszczególne akty prawne i regulaminy. W dzisiejszych czasach informatyki taka kolekcja mogłaby być również organizowana online, co jeszcze bardziej ułatwiłoby wyszukiwanie i przeglądanie.

- Jeśli chodzi o klauzule zbiorcze, łatwiej byłoby, gdyby kodeks karny był bezpośrednio powiązany z poszczególnymi aktami i ich postanowieniami, a nie z rozporządzeniami i innymi instrumentami ustawowymi, które obecnie muszą być znane i wykorzystywane przez śledczych w celu udowodnienia nielegalności poszczególnych przestępstw przeciwko środowisku.
- We wszystkich nierozstrzygniętych kwestiach (w sprawach, które są nadal w toku) należy wyraźnie zaznaczyć, kiedy pojawia się indywidualna konsekwencja (która musi być jasno określona) i kiedy konieczna jest interwencja wymiaru sprawiedliwości w sprawach karnych.
- Ze względu na charakter sprawiedliwości ekologicznej jest oczywiste, że dziedzina ta jest w rzeczywistości kompromisem opartym na aktualnej wiedzy zawodowej i konsensusie społecznym, dlatego też jest bardzo mało prawdopodobne, aby prawo pozwoliło na jakiekolwiek szersze zmiany. W Słowenii można było również być świadkiem procesu stabilizacji ustawodawstwa dotyczącego ochrony środowiska, które nadal nie ma jasnego zestawu koncepcji i granic. Ustanowienie pełnej i kompleksowej koncepcji sprawiedliwości środowiskowej zajmie trochę czasu. W trakcie tego procesu konieczne jest zapewnienie funkcjonalności i zgodności z założeniami nauk przyrodniczych (multidyscyplinarne podejście do obszaru przestępczości środowiskowej i powiązań między naukami społecznymi i przyrodniczymi, gdzie prawo nie jest wyjątkiem).
- Problem wynikający z nieporządku i niekompletności pojęć związanych ze środowiskiem naturalnym jest być może najważniejszym spośród wszystkich opisanych powyżej zagadnień ochrony środowiska poprzez

prawo karne. W związku z tym należałoby uzupełnić rozdział 32 kodeksu karnego, sporządzając załącznik (osobny artykuł lub tylko dodatkowe tiret w art. 332, który definiuje podstawowe terminy), który zawierałby definicje terminologiczne, umożliwiałby przejrzystość i obejmowałby wyczerpujący charakter sankcji (obecnie istnieje duże zamieszanie co do tego, co naprawdę oznacza przepis odnoszący się do "częściowej szkody w środowisku" itp.) Oczywiście konieczne jest ustalenie, kiedy i jak powstają indywidualne konsekwencje, kiedy działanie jest niezgodne z prawem i jakie rodzaje konsekwencji muszą wystąpić, aby prawo karne mogło interweniować.

Można stwierdzić, że niejasna terminologia, ogólny charakter przepisów karnych w zakresie ochrony środowiska i wynikające z tego trudności w udowodnieniu bezprawności czynu popełnionego przeciwko środowisku stanowią te elementy wymiaru sprawiedliwości w sprawach karnych dotyczących środowiska, które w jakiś sposób najbardziej się wyróżniają i podkreślają potrzebę ich organizacji oraz wyeliminowania wskazanych słabych punktów. Ponadto przegląd międzynarodowych, europejskich i krajowych systemów ochrony środowiska wskazuje na niezwykle duży obszar ochrony środowiska osiągnięty dzięki normom prawnym. Na międzynarodowym poziomie ochrony środowiska oczywista jest nieskuteczność konwencji i deklaracji (np. Protokołu z Kioto). Ani administracja, ani działania Organizacji Narodów Zjednoczonych nie są szczególnie pomocne. Konieczne jest podkreślenie "aktywnego" związku między UE a Republiką Słowenii jako członkiem Unii Europejskiej. Bogactwo rozporządzeń i dyrektyw Parlamentu Europejskiego, Rady i Komisji Europejskiej dotyczących ochrony środowiska jest ogromne. Członkostwo w UE jest powodem bardzo bogatych i systematycznych ustaleń w zakresie sprawiedliwości ekologicznej w Słowenii. Z drugiej strony, to właśnie aktywne przyjmowanie przepisów prawnych dotyczących ochrony środowiska na szczeblu Unii Europejskiej wpływa na zakres ochrony prawnej w Słowenii jako jej państwie członkowskim. Słowenia stoi w obliczu ciągłych zmian i dostosowań norm prawnych, odkąd uzyskała "status" stowarzyszonego państwa członkowskiego. W związku z tym napotyka na przeciążenie normami prawnymi dotyczącymi środowiska i wynikające z tego trudności zarówno w zakresie wdrażania, jak i egzekwowania tych przepisów w Słowenii. W Słowenii przekazywanie, promowanie i wdrażanie sankcji (karnych) w dziedzinie ochrony środowiska pozostaje w domenie

systemu sądownictwa karnego państwa członkowskiego UE (Eman i Meško, 2011b: 54-55).
Na szczeblu krajowym eksperci prawni w dziedzinie ochrony środowiska stoją przed licznymi przepisami prawnymi, podczas gdy z drugiej strony przekazywanie, promowanie i wdrażanie sankcji (karnych) w dziedzinie ochrony środowiska pozostaje w domenie systemu sądownictwa karnego każdego z państw członkowskich UE. Comte i Krämer zwrócili już uwagę, że większość państw członkowskich UE stoi w obliczu faktu, że wymiar sprawiedliwości trzyma się swoich kompetencji i nie jest gotowy do współpracy lub dyskusji na temat skutecznych sankcji, które mają być stosowane lub wykraczać poza granice krajowe. Unia Europejska stoi w obliczu zupełnie przeciwnych zjawisk. Z jednej strony, tak zwana europeizacja i globalizacja podstawowych standardów jest prowadzona przez UE, bez towarzyszącego jej skutecznego wdrażania i egzekwowania sankcji. Z drugiej strony, deregulacja sankcji ma miejsce w państwach członkowskich w praktyce. Okazało się, że stosowanie sankcji (karnych) na terytorium europejskim jest w praktyce niezwykle nieefektywne, przy czym szczególne znaczenie ma prawna ochrona środowiska. Tak zwane zjawisko "prawodawstwa placebo" znajduje się na czele dyskusji i wydarzeń na scenie politycznej przez okres kadencji rządu lub na niższych szczeblach politycznych, ale w rzeczywistości nie chroni ono tych wartości, które miało chronić i które powinny być chronione. Sytuację tę należy przezwyciężyć na szczeblu UE, a także na szczeblu państw członkowskich (Eman i Meško, 2011b: 58-59).

W tym miejscu należy jednak zauważyć, że głębsza ingerencja w rzeczywiste przepisy kodeksu karnego bez odpowiedniej wiedzy i doświadczenia w dziedzinie ochrony środowiska, sądownictwa karnego i praworządności nie powinna być dozwolona. Każda interwencja wymaga bardziej szczegółowej analizy, porównania systemów wymiaru sprawiedliwości w sprawach karnych, studiów przypadku dotyczących "dobrych praktyk" oraz solidnego zespołu ekspertów prawnych. Pozostaje jednak pytanie, czy mamy czas na tak dokładną, kompleksową i długoterminową analizę. Zdecydowanie nie należy postępować pochopnie przy projektowaniu zmian w tym zakresie. Konieczne jest ustanowienie krajowego systemu ochrony karnej środowiska (bez zbędnego kopiowania systemów zagranicznych), który będzie wspierany przez UE, ale przede wszystkim nadal pozostaje w domenie państwa członkowskiego. Bardzo ważne jest zapewnienie rozsądnej ochrony środowiska w ramach wymiaru sprawiedliwości w sprawach karnych. Uzasadnione jest ściganie i karanie przestępstwa tylko wtedy, gdy ludzie rozumieją cel kary (przyczynę, cel, znaczenie i konsekwencje), co powinno mieć skutek zapobiegawczy. Kara osiągnie swój prawdziwy cel tylko wtedy, gdy interwencja prawa karnego zostanie wykonana z zastrzeżeniem, że czyny przestępcze przeciwko środowisku mają wyraźne konsekwencje. Kara będzie miała sens, jeżeli wynikające z niej konsekwencje zostaną przedstawione ludziom w taki sam sposób, jak w przypadku wszystkich innych naruszeń. Konieczne jest zatem jasne określenie, kiedy i w jaki sposób popełniane jest zagrożenie lub degradacja środowiska naturalnego i ludzi. Ponadto należy przedstawić stopień ryzyka. To ostatnie najlepiej opisać za pomocą analogii. Dopiero po osiągnięciu wszystkich wyżej opisanych celów kara może mieć rzeczywiście pożądany ogólny efekt zapobiegawczy. Jednakże prawo karne jest stosowane, gdy wystąpiły już najgorsze możliwe konsekwencje. Jeśli chodzi o zagrożenia i ryzyko środowiskowe, to znacznie lepiej jest stosować kary zapobiegawcze.

Zorman (1986: 270) wskazał wcześniej, że normy prawne, które definiują ochronę środowiska, powinny mieć charakter prewencyjny i represyjny. Powinny być one stosowane wyłącznie w przypadkach szczególnego niewłaściwego postępowania osób prawnych lub fizycznych. W dobie postępu i rozwoju współczesnego społeczeństwa ważna jest ochrona środowiska naturalnego, która jest w istocie niezbędna dla przetrwania kolejnych pokoleń ludzkości. W Słowenii taka zasadność norm prawnych w dziedzinie ochrony środowiska zostałaby osiągnięta znacznie szybciej, gdyby służby kontrolne otrzymały więcej uprawnień i obowiązków oraz gdyby zachowano charakter prewencyjny i represyjny poprzez regularne monitorowanie norm prawnych.
Słowenia bardzo szybko zdała sobie sprawę ze znaczenia ochrony i zachowania środowiska naturalnego i w związku z tym ustanowiła również powiązania między tym ważnym celem a przepisami prawa karnego. Liczne działania ekspertów prawnych, karnych i kryminologicznych są widoczne w ciągłym dostosowywaniu prawnych źródeł ochrony środowiska. Wszelkie zmiany muszą opierać się na wiarygodnych badaniach i analizach, zwłaszcza w przypadku zmian w przepisach prawa karnego. Oprócz edukacji i świadomości na temat znaczenia ochrony środowiska, metody zapobiegania przestępczości ekologicznej mogą również chronić wiele potencjalnych ofiar przestępstw ekologicznych, co zostało omówione w następnym rozdziale.

4.2 Ofiary przestępstw ekologicznych

Szczególna charakterystyka przestępstw przeciwko środowisku polega na tym, że jest to stosunkowo nowe i zmieniające się pole działania i nowy rodzaj odstępstwa. Dlatego właśnie szczególnie zagrożone są towary specjalnie chronione, niezbędne do przeżycia. Szkody spowodowane przez przestępstwa ekologiczne (tj. szkody w środowisku) są często bardzo rozległe, a ich ofiary są często nieznane (np. niektóre z nich nigdy nie są wykrywane, inne są zapomniane przez czas). Indywidualizacja ofiar jest często trudna (Borštnik-Pribakovič, Zovnik i Žagar, 2004), prawie niemożliwa, ponieważ niektóre z konsekwencji tego rodzaju przestępczości pozostają ukryte i niewidoczne przez długi czas i są wykrywane dopiero po kilku latach lub dziesięcioleciach. W większości przypadków wynikające z tego szkody dla środowiska i ludzi są nieodwracalne. Jednakże, pomimo faktu, że prawdopodobieństwo stania się ofiarą przestępstwa ekologicznego jest znacznie większe niż prawdopodobieństwo bycia zamordowanym, ludzie nadal bardziej martwią się zabójstwami niż możliwością stania się ofiarą przestępstwa ekologicznego (Burns and Lynch, 2004: 289) (np. zanieczyszczenie, brak wody pitnej i żyznej gleby, itp.

Szkody w środowisku naturalnym odnoszą się do wielu różnych urazów i degradacji związanych z wykorzystaniem, niewłaściwym wykorzystaniem i złym zarządzaniem "środowiskiem naturalnym" (np. różne formy zanieczyszczenia, polowanie i zabijanie zwierząt, niewłaściwe usuwanie odpadów toksycznych i innych, szkodzenie roślinom, powodowanie niepłodności gleby). Tym samym przestępczość ekologiczna, jako jedna z form szkodzenia środowisku, nie konfrontuje się z ludźmi w taki sam sposób jak zwykła przestępczość (Burns and Lynch, 2004: 287). Ludzie go nie rozpoznają, a czasem nawet nie wiedzą, że jest ofiarą. Główny problem z przestępstwami przeciwko środowisku polega właśnie na tym, że czas między popełnieniem przestępstwa a pojawieniem się jego skutków (postrzeganych naruszeń). Mamy do czynienia z czynami, które pozostawiają po sobie odległe i nieprzewidywalne konsekwencje, dlatego też trudno jest udowodnić istnienie konkretnych zagrożeń, a jeszcze trudniej udowodnić ich przyczyny i obwiniać ich sprawców.

Wiktymizacja środowiska odnosi się do procesów społecznych, w wyniku których określone formy szkód są powodowane przez "działania" (np.

wyrzucanie toksycznych odpadów, zanieczyszczanie wody itp.) lub "zaniechania" (np. niedostarczanie bezpiecznej wody pitnej, nieznajomość polityczna przedsiębiorstw, które niszczą środowisko lub szkodzą ludziom itp. Ze względu na globalizację mamy do czynienia ze zjawiskiem powszechnej wiktymizacji, gdzie niektóre rodzaje szkód środowiskowych dotykają wszystkich ludzi bez względu na ich położenie geograficzne lub status społeczny (np. zmiany klimatyczne, wypadki nuklearne lub użycie broni jądrowej, zakażenie niebezpiecznymi wirusami) (Heckenberger, 2009: 15). Biorąc pod uwagę różne rodzaje przestępstw przeciwko środowisku i różne grupy ofiar, wiktymizację środowiskową można podzielić na różne rodzaje: 1) bezpośrednie i pośrednie (White, 2009); 2) natychmiastowe i długotrwałe (White, 2009); 3) indywidualne, lokalne, regionalne, krajowe i globalne; oraz 4) celowa i niezamierzona wiktymizacja środowiskowa.

Kryminolodzy (White, 2008b; 2009; 2010a; Williams, 2009; Burns, Lynch i Stretsky, 2008) uważają, że sprawiedliwość ekologiczna jest bardzo bliska wiktymologii środowiskowej (tzn. radykalna wiktymologia wywodzi się z kryminologii krytycznej) (Mawby and Walklate, 1994: 13), ponieważ sprawiedliwość od samego początku jest odpowiedzialna za ochronę praw człowieka i zapewnienie czystego i zdrowego środowiska. W dyskusjach kryminologicznych i z zakresu nauk społecznych, sprawiedliwość ekologiczna jest tą, która generalnie stawia następujące pytanie: *"Kim są ofiary przestępstw ekologicznych? "*. Czy tylko ludzie mają prawo być klasyfikowani jako ofiary przestępstw ekologicznych, czy też dyskusja ta powinna przyjąć szerszą perspektywę i włączyć do grupy ofiar przestępstw ekologicznych również zwierzęta i rośliny? Czy uzupełnianie definicji ofiar przestępstw przeciwko środowisku o chemiczne, fizyczne, mikrobiologiczne i psychologiczne składniki środowiska lub o inną podobną klasyfikację ofiar na podstawie elementów składających się na środowisko byłoby zbyt skrajne?

Podobnie jak liczne są pytania dotyczące definicji ofiar przestępstw przeciwko środowisku, proponowane definicje nie należą do rzadkości. Williams (2009: 202), definiując ofiarę (ofiary) przestępstwa ekologicznego, wywodzi się z Deklaracji Podstawowych Zasad Sprawiedliwości dla Ofiar Przestępczości i Nadużycia Władzy (ONZ, 1985), która została przyjęta przez ONZ w 1985 roku:

"Ofiary" oznaczają osoby, które indywidualnie lub zbiorowo doznały szkody, w tym urazu fizycznego lub psychicznego, cierpienia emocjonalnego, straty gospodarczej lub znacznego naruszenia ich praw podstawowych, poprzez działania lub zaniechania stanowiące naruszenie przepisów prawa karnego obowiązujących w państwach członkowskich, w tym przepisów przewidujących karne nadużycie władzy.

Perspektywy środowiskowe (Williams, 2009) i perspektywa sprawiedliwości White'a (2008a) mieszczą się w ramach radykalnej wiktymologii[93] (Mawby and Walklate, 1998), która podkreśla powodowanie szkód, łamanie praw (człowieka), nadużywanie władzy i cierpienie. Ponadto definicja ONZ pokrywa się z definicją przestępstwa przeciwko środowisku zaproponowaną w niniejszej pracy. Możliwe jest wybranie opisu ofiary (ofiar) przestępstwa ekologicznego, określanego również jako "ofiary środowiskowe" (Williams, 2009). Biorąc pod uwagę wszystkie powyższe aspekty, Williams (2009: 204) definiuje ofiary środowiskowe jako:

...tych z przeszłych, obecnych lub przyszłych pokoleń, które zostały zranione w wyniku zmian w środowisku chemicznym, fizycznym, mikrobiologicznym lub psychospołecznym, spowodowanych celowym lub lekkomyślnym, indywidualnym lub zbiorowym działaniem lub zaniechaniem człowieka.

Wychodząc od przedstawionej w tej książce definicji przestępstwa przeciwko środowisku i biorąc pod uwagę najszerszą perspektywę sprawiedliwości ekologicznej, możemy wymienić osiem grup ofiar środowiskowych: powietrze, wodę, miękką glebę, materiały mineralne, ludzi, gatunki zwierząt, rośliny i mikroorganizmy. To więcej niż oczywiste, że ludzie są najbardziej chronioną i znaną grupą ofiar ekologicznych. Ochrona gatunków zwierząt i walka o ich prawa ma drugorzędne znaczenie. Ponadto trudno jest zdecydować, która grupa ofiar środowiskowych mogłaby być umieszczona na trzecim miejscu w skali ważności, ponieważ gatunki roślin, powietrze, woda, a także miękka gleba

[93] Wiktymologia radykalna jest znana z odrzucania teoretycznych przesłanek wiktymologii pozytywistycznej. Radykalni kryminolodzy (Quinney, 1972; Platt, 1975; Pearce, 1976) zwrócili uwagę na czynniki związane ze strukturą i organizacją społeczeństwa oraz na rolę państwa i systemu prawnego w społecznej konstrukcji zarówno ofiar, jak i przestępców. Dla nich definicja i tożsamość ofiar rozciąga się na tych, którzy są uciskani, a tym samym represjonowani, przez "mocarzy" i przez tych, którzy działają w imieniu państwa (np. policja, sądy, więzienia). Radykalni kryminolodzy postrzegali sprawców jako główne ofiary represji państwowych (Dignan, 2005).

stanowią zasoby niezbędne do przetrwania człowieka, a zatem ruch na rzecz sprawiedliwości ekologicznej bardzo głośno eksponuje ich wiktymizację i stara się zapewnić ich zachowanie. Materiały mineralne i mikroorganizmy są ostatnie, ale są nie mniej ważne. W rzeczywistości stanowią one ważne ogniwo w naturalnym cyklu życia i życie na Ziemi nie może toczyć się bez nich. Chociaż trudno jest zaakceptować osiem grup ofiar środowiskowych, White (2009) podkreślił szkody wyrządzone konkretnym grupom, konkretnym środowiskom i konkretnym zwierzętom innym niż człowiek. Pomimo tego, że bardzo trudno jest przezwyciężyć konserwatywną definicję ofiary, zgodnie z którą prawo do uznania za ofiarę ma zastosowanie wyłącznie do ludzi, jesteśmy świadkami zmian w mentalności antropocentrycznej. Obecnie naruszenia wobec zwierząt są głośno i szeroko karane (sprawiedliwość gatunkowa) i to samo dotyczy naruszeń wobec gatunku rośliny (sprawiedliwość ekologiczna). Społeczeństwo na co dzień mówi o naruszeniach środowiska naturalnego, dlatego też opisana klasyfikacja ofiar ekologicznych nie wydaje się zbyt ambitna i nierealistyczna. Najprawdopodobniej trudno będzie ją szeroko zaakceptować ze względu na wpływ perspektywy antropocentrycznej na środowisko, która pozostaje silna, oraz ze względu na jej wpływ w dziedzinie prawodawstwa. W kontekście tego podejścia, akty prawne są przyjmowane w celu ochrony ludzi i ich praw.

W przeszłości ofiary przestępstw ekologicznych otrzymywały bardzo mało uwagi kryminologicznej (Burns i in. , 2008: 23). W swoim opracowaniu zatytułowanym Ofiary w środowisku, Rossi, Wright, Weber-Burdin i Pereira (1983) bardzo intuicyjnie pokazali, jak bardzo niejasne były pierwsze pojęcia o ofiarach w środowisku. Rozważali oni jedynie katastrofy naturalne (np. tornada, huragany, trzęsienia ziemi, itp.) w których nie ma widocznego sprawcy. Dziś to pojęcie bardzo się zmieniło. Williams (2009: 203) dokonuje rozróżnienia między ofiarami ekologicznymi a "śmiertelnymi ofiarami ekologicznymi" (tj. tymi, którzy cierpią w wyniku klęsk żywiołowych), chociaż czasami bardzo trudno jest odróżnić celowe lub lekkomyślne działanie człowieka. Jedną z takich problematycznych kwestii można znaleźć w dziedzinie zanieczyszczeń, gdzie intencje są często zamazane i trudne do udowodnienia pomimo ich niebezpiecznych i nieodwracalnych skutków. Badania nad reakcjami na zanieczyszczenia wykazały, że do najczęstszych psychologicznych skutków substancji toksycznych lub niebezpiecznych należą: stres, niepokój, depresja, drażliwość, obniżona sprawność poznawcza, niepewność, bezsilność, brak zaufania i problemy psychosomatyczne (Areh i Umek, 2011; Bell, Greene, Fisher i Baum, 2005; Williams, Brown i Greenberg, 1999; Shusterman, 1992).[94]

Szkody w środowisku (np. zanieczyszczenie, usuwanie odpadów, wyczerpywanie się zasobów naturalnych) są nierównomiernie rozłożone pod względem geograficznym i społecznym, co jest widoczne w grupach ludności, które na ogół stanowią ofiary w środowisku (White, 2010b: 25-26). Często mówimy o zjawisku[95]*rasizmu środowiskowego*, do którego dochodzi, gdy fabryki i obiekty przemysłowe niebezpieczne dla ludzi i środowiska znajdują się w (sąsiedztwie) biedniejszych dzielnic lub gdy społeczności mniejszościowe są wyłączone z procesu decyzyjnego i w związku z tym narażone na zagrożenia zdrowotne i wyczerpywanie się zasobów naturalnych, ponieważ nieruchomości na terenach zanieczyszczonych są tanie (White, 2009; Bullard, 1994; Kangaspunta i Marshall, 2009; Pulido, 2000; Lynch i Stretsky, 2001). W USA istnieją niezliczone przykłady rasizmu środowiskowego, w którym środowisko i rośliny szkodliwe dla człowieka znajdują się w (pobliskich) biedniejszych dzielnicach lub obszarach miejskich (Kangaspunta i Marshall, 2009). W takich fabrykach wszystkie niebezpieczne prace wykonywane są przez osoby nie będące białymi ludźmi. Poza tym nierówność płci została odkryta wśród kobiet w Meksyku i Kalifornii (Faber, 2009), gdzie pracownicy płci żeńskiej są lepsi w zbieraniu pomidorów, a zatem znacznie bardziej narażeni na działanie niebezpiecznych pestycydów. Według australijskich badań, kobiety w naszym

[94] Najczęstszym źródłem problemów psychicznych jest chroniczny stres, który powoduje powstawanie wielu nieprzyjemnych i szkodliwych objawów psychicznych, a czasem nawet tych, które określa się mianem psychopatologii (Areh i Umek, 2011; Asmus i Bell, 1999; Navarro, Simpson-Housley i de Man, 1987; Williams i in., 1999; Bell i in., 2005). Jest oczywiste, że zanieczyszczenie środowiska znacznie obniża jakość życia ludzkiego. Niekorzystne skutki pojawiają się szybko i wyraźnie po kontakcie lub bezpośrednim kontakcie z bardzo toksycznymi substancjami. Jednak takie przypadki ekstremalnych zanieczyszczeń zdarzają się rzadko. Większe problemy wiążą się z ukrytymi zanieczyszczeniami i zarządzaniem składowiskami odpadów, w odniesieniu do których nie jest do końca jasne, jakie mają one negatywne skutki dla zdrowia ludzkiego i całego systemu ekologicznego. Areh i Umek (2011) zwracają uwagę, że nawet w przypadku przebywania w pobliżu dobrze zarządzanych i sanitarnych składowisk odpadów, czyli składowisk działających zgodnie z obowiązującymi przepisami, nie można uniknąć stresu psychicznego otaczającej ich ludności.

[95] Osoby i grupy zajmujące się kwestią sprawiedliwości ekologicznej twierdzą, że chęć oczyszczenia bogatych obszarów, ale nie zaspokojenia potrzeb obszarów biednych, jest rażąco rasistowska. Ponieważ kwestie rasowe i klasowe są misternie splecione w USA i w wielu innych społeczeństwach, może być trudno dokonać rozróżnienia między nimi. W raporcie Cerrella zidentyfikowano cechy demograficzne dzielnic, które najprawdopodobniej i najprawdopodobniej będą się sprzeciwiać lokalnemu umieszczeniu zakładu utylizacji odpadów niebezpiecznych. Sprawozdanie zostało wykorzystane przez przedsiębiorstwa w celu dotarcia do społeczności, które w mniejszym stopniu sprzeciwiałyby się umieszczeniu takich obiektów. Dlatego też ruchy na rzecz sprawiedliwości ekologicznej na całym świecie zmobilizowały się do ochrony ludzi koloru i ubogich przed zwiększonym ryzykiem zagrożenia środowiska (Clifford i Edwards, 1998: 47-48).

społeczeństwie są bardziej skłonne do używania substancji toksycznych zawartych w detergentach (Pulido, 2000). Większość kobiet zajmuje się nimi prawie codziennie. Inny przykład, który można rozumieć jako rasizm ekologiczny, można znaleźć w Zambii (Faber, 2009), gdzie potężne i wpływowe kraje wprowadzają organizmy modyfikowane genetycznie (np. kukurydza, ziemniaki), a tym samym naruszają liczne konwencje międzynarodowe i zobowiązania etyczne. W Słowenii przypadkowy rasizm środowiskowy nie jest jeszcze widoczny, ale protesty przeciwko składowiskom odpadów stają się coraz bardziej powszechne i coraz większą uwagę zwraca się na nieprawidłowości popełniane przez poszczególne zakłady i branże (np. Lafarge Cement, Kemiplas, Cinkarna Celje).

Stosunek człowieka do środowiska musi być rozumiany w kontekście historycznego i obecnego rozwoju, relacji klasowych, rasowych i płciowych (Taylor, 1999). Reakcja na konsekwencje przestępstw przeciwko środowisku i na wyrządzone szkody zależy od tego, czy zagrożone jest tylko środowisko, czy też zagrożone jest także zdrowie ludzkie. Biały (2009: 279-280) dzieli reakcje ofiar środowiskowych na dwie grupy: 1) reakcje o *ograniczonym zasięgu* (spontaniczne, skierowane wyłącznie do osób, które przeżyły - ofiary na obszarze lokalnym poszukujące pomocy materialnej, apelujące do władz, działania motywowane są stratą, skupiają się na ofierze jako takiej); oraz 2) *reakcje o charakterze ekspansywnym* (zorganizowane, łączące się z innymi w celu stworzenia sojuszy o zasięgu globalnym, walczące o prawa środowiskowe i sprawiedliwość, działania motywowane są przyszłością, interesy ofiar powiązane są z ruchami na rzecz sprawiedliwości społecznej lub środowiskowej).

Williams (2009: 216) rozróżnia cztery różne odpowiedzi ofiar przestępstw ekologicznych na przestępstwa ekologiczne i wyrządzone szkody:

1) *Bierna akceptacja* może mieć miejsce, gdy ludzie stają w obliczu innych, bardziej naglących problemów (np. transformacji i zmian politycznych, ubóstwa, trwających gwałtownych konfliktów, jak to miało miejsce w Afryce - przypadek Shell Petroleum w Nigerii, i innych);
2) *Konfrontacje i spory sądowe* mogą mieć miejsce wtedy, gdy jest prawdopodobne, że masowe protesty przerodzą się w gwałtowne konfrontacje, ale skrzywdzone i poszkodowane osoby zdecydują się skorzystać z legalnych kanałów dochodzenia roszczeń. Obietnica

odszkodowania w połączeniu z tradycją tolerancji może stanowić częściowe wyjaśnienie (np. sprawa Bhopal w Indiach);

3) *Gwałtowna reakcja w postaci zamieszek i strajków lub sabotaży* często wiąże się z innymi aktorami politycznymi, w przypadku których łączy się aktywizm ekologiczny i polityczny (np. protesty ludzi na Tahiti przeciwko francuskim próbom jądrowym na Południowym Pacyfiku, protesty przeciwko zabijaniu zwierząt i używaniu futer) lub z walką o prawa mniejszości, jak np. przypadki rasizmu ekologicznego (np.g. protesty przeciwko spalaniu w Cementowni Lafarge w Zagorju w Słowenii oraz przeciwko lokalizacji składowiska odpadów w Tenetiše w Słowenii, protesty w okręgu Warren w USA przeciwko składowaniu odpadów PCB); oraz
4) *Rozwiązywanie konfliktów między społecznościami bez użycia przemocy* wydaje się możliwe w przypadku niewielkich szkód w środowisku oraz znikomych zagrożeń dla środowiska i zdrowia (np. amerykańskie porozumienia o dobrym sąsiedztwie, takie jak sprawa Oakland Fruitvale).

W celu ochrony ofiar ekologicznych prawodawstwo w zakresie ochrony środowiska wprowadziło możliwości ochrony środowiska i ludzi przed potencjalną przestępczością ekologiczną i możliwymi szkodami dla środowiska. Cel takiego "skutku zapobiegawczego" (tj. zastraszania) przepisów prawa karnego w dziedzinie przestępstw przeciwko środowisku pozostaje w większości przypadków tylko życzeniem (Faure i Visser, 2003). Niewątpliwie reakcja na ten rodzaj przestępczości wymaga ścisłej współpracy między organami ścigania a innymi właściwymi agencjami (Meško i in., 2011: 50). Zapobieganie przestępczości przeciwko środowisku stanowi mniej lub bardziej niedrogą i nieagresywną metodę reagowania na przestępstwa przeciwko środowisku i ochrony potencjalnych ofiar.

4.3 Przestępczość przeciwko środowisku i zapobieganie przestępczości

Zapobieganie przestępczości ekologicznej dotyczy działań i zaniechań przeciwko środowisku (White, 2008b: 2). Przestępczość przeciwko środowisku może mieć wpływ na jeden lub więcej z ośmiu elementów środowiska naturalnego; dlatego też zapobieganie przestępczości przeciwko środowisku jest narażone na wiele rodzajów szkód środowiskowych. W niniejszej książce pojęcie zapobiegania przestępczości przeciwko środowisku odnosi się jedynie do metod i środków, które obowiązują przed popełnieniem przestępstwa przeciwko środowisku i wystąpieniem szkody w środowisku. W tym względzie White (2008a: 236) podkreśla, że zapobieganie przestępczości ma charakter prewencyjny, a nie reakcyjny, a zatem obejmuje sposoby interwencji, które nie zależą od danych liczbowych organów ścigania. Przestępstwa przeciwko środowisku można by opisać jako daleko idące, niebezpieczne i złożone. Wysiłki mające na celu wykrycie i powstrzymanie przestępstw przeciwko środowisku muszą być skuteczne (Meško i in., 2011), zaplanowane i przygotowane na podstawie wyników wcześniej przeprowadzonych badań. Planowanie prewencyjne musi uwzględniać nowe kierunki rozwoju przemysłu, trendy gospodarcze oraz istnienie problemów finansowych w konkretnych korporacjach i dostosować się do nich (Adler, 1996). Jak podkreślili Meško i jego współpracownicy (2011: 41), sytuacyjne zapobieganie przestępczości okazało się dość skuteczną formą zapobiegania, która niekoniecznie wiąże się z większym egzekwowaniem prawa, ale z bardziej kreatywnymi strategiami zapobiegania przestępczości, zanim do niej dojdzie. Jest to ściśle związane z podnoszeniem świadomości ludzi w zakresie przestępczości ekologicznej i innych rodzajów zagrożeń dla środowiska.

4.3.1 Pojęcie i znaczenie zapobiegania przestępczości przeciwko środowisku naturalnemu

Przestępstwa przeciwko środowisku naturalnemu mogą mieć bezpośredni wpływ na nasze zdrowie dzisiaj, a także szkodzić przyszłym pokoleniom. Potrzebujemy skutecznych wysiłków na rzecz wykrywania i powstrzymywania przestępstw przeciwko środowisku naturalnemu, których punktem kulminacyjnym jest wniesienie oskarżenia w najszerszym dopuszczalnym zakresie. Aby to osiągnąć, ważne jest zagwarantowanie wymiernych danych, zapisów, informacji, studiów przypadku, ankiet i użytecznych sugestii sformułowanych na podstawie wyników badań (Meško i in. , 2011: 44). Analitycy kryminalistyczni, kryminolodzy i inni eksperci zazwyczaj prowadzą badania i analizy; metody zapobiegania przestępczości są tylko jednym z przykładów, choć nie należą do grupy reaktywnych odpowiedzi. Należą one do grupy proaktywnych reakcji na przestępstwa przeciwko środowisku, których rola jest coraz bardziej istotna.

Wychodząc z filozoficznej perspektywy White'a (2008a) dotyczącej przestępczości ekologicznej, Wellsmith (2010: 134) podkreśla, że z perspektywy sprawiedliwości gatunkowej wszystkie gatunki mają prawo do życia wolnego od ingerencji i zagrożeń, które mogą zagrozić ich istnieniu. Potrzebne są zasady i przepisy, które zapobiegną potencjalnym szkodom dla środowiska, jakie mogą być wyrządzone przez człowieka (White, 2008b; 2010b). Różne strategie i metody, w tym architektura kreatywna, kartografia kryminalna, planowanie strategiczne, działania policyjne zorientowane na społeczność i problemy, nadzór satelitarny, sieci międzynarodowe, aktywność organizacji pozarządowych i inne, mogą zapobiegać odchyleniom w stosunku do środowiska i ograniczać je. White (2008b) uważa, że należy złagodzić skutki szkód. Reaktywne reakcje zajmują się jedynie szkodami w środowisku, które już wystąpiły i starają się je powstrzymać. Proaktywne działania zapobiegają popełnianiu przestępstw przeciwko środowisku, zapobiegając w ten sposób powstawaniu szkód w środowisku. Dlatego też zapobieganie przestępczości ekologicznej powinno opierać się na modelu rozwiązywania problemów interwencji policji, który jest znacznie lepszy od modelu nakazanego przez politykę (White, 2008b: 2). Musimy rozważyć rodzaje umiejętności, zdolności i relacji organizacyjnych, które będą skuteczne w zapobieganiu przestępczości ekologicznej (White, 2008b: 5). Dlatego kryminologia musi dowiedzieć się jak najwięcej o środowisku naturalnym. Jeśli chce odnosić sukcesy w zapobieganiu przestępczości przeciwko środowisku, podejście i metody zapobiegania przestępczości przeciwko środowisku muszą uwzględniać następujące cele (White, 2008b):

1) zdefiniowanie problemu szkód w środowisku, z którym mamy do czynienia;[96]
2) zapobieganie i środki ostrożności;[97]
3) dopasowanie reakcji na przestępstwa ekologiczne;[98]
4) problem przesunięcia kwestii związanych z ochroną środowiska i przestępstwami;[99] oraz

[96] Bardzo ważne jest, jak definiuje się problem szkód w środowisku. Metody zapobiegania przestępczości ekologicznej są określane i stosowane na podstawie określonego problemu. Zapobieganie przestępczości środowiskowej może czasami narażać na szkodliwe, poniżające i niebezpieczne praktyki jako wstęp do zakazania lub ścisłej kontroli takich praktyk (White, 2008b: 4).

[97] Dzięki metodom prewencyjnym i środkom zapobiegawczym, polityka ochrony środowiska skoncentrowana na zrównoważonym rozwoju ekologicznym może być połączona z interesami wzrostu gospodarczego, ale nadal być przyjazna dla środowiska. W opinii White'a (2008b: 5) zapobieganie przestępczości ekologicznej musi być dalekowzroczne, tak aby w przyszłości chronić przyrodę.

[98] Ze względu na swoją specyfikę i złożoność, niektóre formy szkód w środowisku wymagają specjalnych, bardziej złożonych reakcji. Ogromny zakres tego zagadnienia, jak np. międzynarodowa przestępczość ekologiczna, wymaga zazwyczaj współpracy międzynarodowej, wymiany informacji, stałego nadzoru i kontroli społecznej (White, 2008b: 5).

5) polityka poznania.[100]

W odniesieniu do różnych kwestii związanych z kontrolowaniem przestępczości środowiskowej i innych potencjalnie szkodliwych działań za pomocą regulacji, prawa karnego i administracyjnego, jak również tradycyjnych działań w zakresie egzekwowania prawa, metody zapobiegania przestępczości stanowią odpowiednią alternatywę. Pomysł działania przed wystąpieniem szkód w środowisku wydaje się atrakcyjny (Wellsmith, 2010: 138), dlatego też zapobieganie przestępczości ekologicznej powinno być poddawane ocenie jakości i rozpowszechniane w celu rozpoczęcia rozwoju bazy wiedzy o metodach skutecznych i roboczych (Wellsmith, 2010: 146).

Pomimo wcześniejszych dyskusji na temat ideologii zapobiegania przestępczości (Husain, 1990; Wilson, Mitchell i MacKenzie, 2006), nie możemy zaprzeczyć, że ustalenia w niektórych krajach (regionach, miastach) wskazują na spadek przestępczości (lub przenoszenie się przestępców do innych miejsc). Jeśli metody zapobiegania przestępczości mogą być korzystne i zapobiegać szkodom, to lepiej je stosować i przyczyniać się do pozytywnych rezultatów, niż ignorować je i nie robić nic. Kultura ciszy i ignorancji jest najłatwiejszym wyjściem, ale niekoniecznie najtańszym czy najzdrowszym rozwiązaniem. Przestępstwa przeciwko środowisku naturalnemu mogą spowodować katastrofalne szkody dla środowiska i ludzi, o czym świadczy

[99] Ilekroć stosuje się metody zapobiegania przestępczości, może dojść do jej wyparcia. Może się to również zdarzyć w przypadku przestępstw przeciwko środowisku, gdzie stosuje się zapobieganie przestępstwom przeciwko środowisku. Zespół "Not In My Back Yard (NIMBY)", programy "śmieci za pieniądze" i przenoszenie produkcji fabrycznej do krajów rozwijających się nie są niczym nowym i zaskakującym w nowoczesnym zglobalizowanym społeczeństwie. Takie zachowanie człowieka powoduje dodatkowe szkody dla środowiska, dlatego potrzebna jest globalna perspektywa zapobiegania przestępczości ekologicznej (White, 2008b; Lemieux i Clarke, 2009; Williams, 2009). Szkody w środowisku naturalnym mogą skutkować brakiem zasobów naturalnych (np. wody, żyznej gleby, żywności). Spowodowane zmiany klimatyczne i środowiskowe powodują migracje ludzi, często określane mianem "uchodźców ekologicznych" (Homer-Dixon, 2004; Kajfež-Bogataj, 2006; Grošelj, 2007; Reuveny i Moore, 2009). W takich sytuacjach zapobieganie przestępczości ekologicznej musi uwzględniać ogólne kwestie globalnych stosunków władzy, tendencji geograficznych i zróżnicowanej wiktymizacji (White, 2008b: 5).

[100] Skuteczne zapobieganie przestępczości przeciwko środowisku zależy od multidyscyplinarnego podejścia do badań nad przestępczością przeciwko środowisku, szkodami, wiktymizacją i współpracą między różnymi badaczami, ekspertami i naukowcami. Należy być bardziej świadomym faktu, że zaprzeczanie i ukrywanie szkód w środowisku naturalnym jest powszechną taktyką stosowaną przez główne gałęzie przemysłu. Biały (2008b: 6) podkreśla, że celowe wprowadzanie w błąd korporacji i rządu zwiększa presję na (zielonych) kryminologów, aby gromadzili i dostarczali wiarygodne i afirmatywne dane oraz mówili prawdę. Ludzie mają prawo wiedzieć, zwłaszcza w obliczu niebezpiecznych konsekwencji i skutków ubocznych przestępstw przeciwko środowisku.

"wypadek" w fabryce aluminium w Ajka, na Węgrzech, lub wypadek w elektrowni jądrowej w Fukushimie, w Japonii.

Zapobieganie przestępczości ma na celu powstrzymanie wiktymizacji; ludzie starają się bronić i chronić siebie i swoje rodziny przed różnymi zagrożeniami[101]. Zapobieganie przestępczości obejmuje wszystkie pomysły na zapobieganie i ograniczanie przestępczości (Meško, 2002: 47). Cel zapobiegania przestępczości został bardzo wyraźnie opisany przez White'a (2008a: 234): *"Najlepszym sposobem reagowania na przestępstwo jest zapobieganie mu, zanim do niego dojdzie"*. W ślad za rozwojem dziedziny prewencji kryminalnej pojawiły się różne próby zdefiniowania zapobiegania przestępczości. Według van Dijka i De Waarda (1991 r.) zapobieganie przestępczości jest zbiorem wszystkich prywatnych inicjatyw i działań, z wyjątkiem egzekwowania prawa karnego, w celu ograniczenia szkód wyrządzanych przez działania ludzkie, które są określane przez państwo jako przestępcze. Hughes (1998: 85) opisuje zapobieganie przestępczości w następujący sposób:

> *Zapobieganie przestępczości to każde działanie lub technika stosowana przez osoby prywatne lub władze publiczne w celu zmniejszenia szkód spowodowanych przez czyny, które państwo określa jako przestępcze. Biorąc pod uwagę fakt, że tylko czyny zakazane przez nakazy ustawowe są oznaczone jako przestępcze, nie dziwi fakt, że istnieje wiele działań i inicjatyw, które są związane z terminem "zapobieganie przestępczości".*

Podobnie jak istnieją liczne i różne definicje zapobiegania przestępczości, istnieje również kilka klasyfikacji zapobiegania przestępczości w różnych grupach i modelach. Zapobieganie przestępczości można podzielić na kilka rodzajów, w zależności od rodzaju przestępstwa lub dziedziny bezpieczeństwa, do której odnosi się jedno podejście: 1) formalne i nieformalne; 2) przeznaczone dla ofiar i sprawców; 3) bezpośrednie i pośrednie; 4) poprawcze i karne; 5) sytuacyjne, rozwojowe i wspólnotowe (Meško, 2002). Najprostsze rozróżnienie

[101] Idea zapobiegania przestępczości w celu ochrony dóbr i innych przedmiotów oraz zapobiegania stratom lub szkodom, zarówno materialnym jak i niematerialnym, sięga bardzo daleko wstecz w historii ludzkości. Pojawił się on mniej więcej w tym samym czasie co wynalazek zamków (Hughes, 1998: 2). Do końca [XX] wieku zapobieganie przestępczości było częścią ideologii wymiaru sprawiedliwości w sprawach karnych, której podstawowym zadaniem była kontrola przestępczości. Dopiero po roku 1970 prewencja kryminalna zyskała większą uwagę i przyspieszyła rozwój w większości nowoczesnych społeczeństw (Hughes, 1998), a kryminolodzy i inni eksperci w dziedzinie wymiaru sprawiedliwości w sprawach karnych często przekazywali wiedzę na temat zapobiegania przestępczości z zachodu na wschód.

można powiązać w klasyfikacji modeli zapobiegania przestępczości z pierwotnym i wtórnym zapobieganiem przestępczości. Hughes (1998: 86) dzieli zapobieganie przestępczości na społeczne i sytuacyjne zapobieganie przestępczości. Oprócz tych dwóch wczesnych i bardzo ważnych modeli istnieją różne inne formy zapobiegania przestępczości, takie jak prewencja ogólna, prewencja specjalna, informowanie mediów o przestępczości i inne[102]. Meško (2002: 62) uzupełnił podział Hughes'a (1998) na zapobieganie przestępczości w ramach następujących trzech podstawowych modeli:

1) *prewencja kryminalna pierwotna* (prewencja kryminalna poprzez planowanie i projektowanie środowiska; prewencja kryminalna w sąsiedztwie; prewencja społeczna; prewencja ogólna - prewencja ogólna; medialna prezentacja przestępczości);
2) *profilaktyka przestępczości wtórnej* (przewidywanie przestępczości; profilaktyka szkolna i profilaktyka przestępczości; zarzuty dotyczące narkotyków, przestępczości i zapobiegania przestępczości; policja wspólnotowa; sytuacyjne zapobieganie przestępczości; skutki sytuacyjnego zapobiegania przestępczości); oraz
3) *zapobieganie przestępstwom o charakterze usługowym* (prewencja specjalna; utrudnianie działalności przestępczej; nadzór elektroniczny i areszt domowy; resocjalizacja).

Jak przedstawiono poniżej, wszystkie wyżej wymienione grupy prewencji kryminalnej mogą zostać przeniesione do obszaru przestępczości ekologicznej. Rodzaje, cechy i szczególne cechy przestępstw przeciwko środowisku są jednym z głównych powodów, dla których sytuacyjne metody zapobiegania przestępczości są wymieniane i częściej stosowane w zapobieganiu przestępczości przeciwko środowisku. Wellsmith (2010) i White (2010b) zauważyli rosnące zainteresowanie kryminologów kwestiami środowiskowymi i możliwością ich ograniczenia za pomocą sytuacyjnych metod zapobiegania przestępczości. Liczne prace potwierdzają ich ustalenia (Mailley, 2008; Schneider, 2008; Leimieux i Clarke, 2009; Wellsmith, 2010; Meško i in. , 2011).

Według klasyfikacji Hughesa (1998: 20), sytuacyjne zapobieganie przestępczości wchodzi w zakres "pierwotnego" zapobiegania przestępczości. Jako taka skupia się na przestępczości i sytuacjach, w których przestępstwo

[102] Więcej informacji na temat konkretnych modeli zapobiegania przestępczości można znaleźć w Meško (2002).

występuje, a nie na sprawcy (Meško i in. , 2011: 45). Wynika to z faktu, że teoria sytuacyjnej prewencji kryminalnej zbudowana jest na podstawowej idei, że sytuacje są bardziej przewidywalne niż jednostki (Weisburd, 1997: 8). Zapobieganie przestępczości sytuacyjnej jest istotne pod dwoma względami - wspomnianym wyżej przesunięciem akcentu z przestępcy na środowisko oraz jego specyficznym ukierunkowaniem na przestępczość (Rosenbaum, Lurigio i Davis, 1998: 153-154). Konkretne środki są ukierunkowane na bardzo konkretne przestępstwo, opierając się na założeniu, że uwarunkowania sytuacyjne każdego rodzaju przestępstwa są różne. Dlatego też poszczególne środki zapobiegania przestępczości mogą się bardzo różnić od siebie (Meško i in. , 2011).

Meško i jego współpracownicy (2011: 63) podkreślają, że transpozycja sytuacyjnych technik zapobiegania przestępczości do przestępczości środowiskowej wiąże się z pewnymi podstawowymi zasadami zapobiegania przestępczości. W tym celu należy zastosować metodę refleksji i pięć teorii opisanych przez Ronalda Clarke'a i jego współpracowników: *teorię sytuacyjnego zapobiegania przestępczości* (Clarke, 1992; 1997); teorię *racjonalnego wyboru* (Keel, 1997; Cornish i Clarke, 1986; 2003); teorię *rutynowej aktywności* (Cohen i Felson, 1979); teorię *kontroli* (Hirshi, 1969); oraz *teorię stylu życia* (Biderman i Reiss, 1976). Po pierwsze, skuteczne wzmocnienie ochrony środowiska zależy od relacji pomiędzy regulatorem (Meško i in. , 2011) a regulowanym. W praktyce wyżej wymienione teorie są wykorzystywane w oparciu o zasady prewencji sytuacyjnej Clarke'a i Ecka (2008) (Meško i in. , 2011: 44) do:

> *... ograniczyć popełnianie przestępstw poprzez opracowanie modeli, które eliminują możliwości popełnienia przestępstwa (np. przeprojektowanie strategii egzekwowania prawa w celu odcięcia możliwości popełnienia przestępstwa charakterystycznych dla danego sektora; poprawa skuteczności egzekwowania prawa wraz z rosnącą wiedzą na temat charakterystyki przestępcy i zwiększeniem liczby szkoleń technicznych itp.*

Zapobieganie przestępczości sytuacyjnej ma na celu stworzenie i zarządzanie najbliższym otoczeniem, w którym przestępczość jest najbardziej prawdopodobna. Sytuacje, w których potencjalny sprawca i potencjalna ofiara spotykają się razem, są zmieniane do tego stopnia, że konkretne zmiany wpływają na *decyzję* sprawcy lub jego *zdolność* do popełnienia przestępstwa (Meško i in. , 2011: 45). Takie interwencje mogą mieć miejsce również na wcześniejszych "scenach", w których przestępcy przygotowują się do przestępstwa lub stają się na nie skazani, i mogą być realizowane bezpośrednio lub pośrednio (Ekblom 2006: 384). W oparciu o te przesłanki Clarke (1992) zdołał opracować jeden z najbardziej kompleksowych, szczegółowych i opartych na dowodach modeli sytuacyjnego zapobiegania przestępczości. Początkowe trzy klastry zawierały 12 technik (Clarke 1980; 1992) i były stopniowo modyfikowane i rozszerzane do pięciu klastrów po 25 technik (Clarke 1997; 2010; Cornish i Clarke 2003; Clarke i Eck 2008), co było możliwe dzięki rozwojowi teorii, praktyki i technologii w zakresie zapobiegania przestępczości (Meško i in. , 2011). Techniki te są szeroko stosowane i niedawno zostały przeniesione do dziedziny zapobiegania przestępczości przeciwko środowisku.

Zapobieganie przestępczości sytuacyjnej wiąże się ze zwykłym kryminologicznym dążeniem do wyjaśnienia, dlaczego ludzie popełniają przestępstwa ekologiczne lub powodują szkody w środowisku. Zamiast tego, sytuacyjne zapobieganie przestępczości przyjmuje pragmatyczne, rozwiązujące problemy podejście do ograniczania przestępczości pierwotnej, skupiając się na sytuacjach przestępczości i szkód, w przeciwieństwie do jej społecznych okoliczności (Clarke, 1980). Dodatkowo, stara się identyfikować sytuacje i interweniować tam, gdzie występują przestępstwa przeciwko środowisku i możliwości wyrządzenia szkód w środowisku w celu odsunięcia przestępców lub celów od siebie nawzajem, wprowadzenia bardziej kompetentnych opiekunów i zmiany procesu myślenia potencjalnych przestępców tak, aby podjęli oni decyzję nie związaną z przestępczością (Wellsmith, 2010: 140). Cornish i Clarke (2003: 90) dzielą interwencje w zakresie prewencji kryminalnej odbywające się w bezpośrednim czasie i w określonym miejscu na pięć klastrów: 1) zwiększenie postrzeganego ryzyka; 2) zwiększenie postrzeganego wysiłku; 3) zmniejszenie postrzeganych nagród; 4) zmniejszenie postrzeganych prowokacji; oraz 5) usunięcie wymówek związanych z naruszeniem. Należy podjąć odpowiednie interwencje sytuacyjne, które mogą być zaproponowane jako dodatkowa zaleta kryminalistyki (podejście zorientowane na problem wprowadzone przez Clarke'a i Ecka (2008 r.)), oraz przeprowadzić analizy. Podejście zorientowane na problem wymaga rejestrowania danych i prowadzi do lepszego zrozumienia zakresu i charakteru problemu, który ma być rozwiązany, sposobów tworzenia i odkrywania możliwości, metod stosowanych do popełniania przestępstw oraz osób, sytuacji lub narzędzi, które mogą ułatwić takie działania (Wellsmith, 2010: 141). W przypadku prewencji kryminalnej w zakresie ochrony środowiska tak dokładna analiza zorientowana na problem może być problematyczna ze względu na brak niezbędnych informacji. Wiadomo, że przestępstwa przeciwko środowisku są trudne do wykrycia i zbadania (tj. złożone i niewykrywalne przestępstwa, o niewidocznych długoterminowych konsekwencjach, dlatego też dochodzenie jest zazwyczaj długie i skomplikowane, zwłaszcza ze względu na zbiorowy i anonimowy charakter ofiary, co prowadzi do dość abstrakcyjnego i niejasnego postrzegania szkody). Ta ostatnia kwestia ma zasadnicze znaczenie dla szczegółowej analizy i określenia odpowiednich metod i reakcji w zakresie zapobiegania przestępczości.

Ważne jest, aby podstawowe zasady zapobiegania przestępczości ekologicznej kierowały się uwzględnieniem równowagi ekologicznej (White, 2008a: 237). Zapobieganie przestępczości ekologicznej musi wykraczać poza współczesne zapobieganie przestępczości. Musi ona obejmować szeroki zakres nowych technik, technologii i wiedzy specjalistycznej (np. nadzór satelitarny; kryminalistykę środowiskową i testowanie DNA; taksonomię i ochronę rzadkich gatunków; kontrolę połowów oceanicznych; kontrolowane polowania na dzikie zwierzęta itp.), stosowanych do różnych rodzajów szkód w środowisku i związanych z nimi kwestii środowiskowych (White, 2008a: 239). Zorientowane na rozwiązywanie problemów podejście do zapobiegania przestępczości środowiskowej wymaga uwzględnienia powszechnie przyjętych stwierdzeń, definicji i decyzji dotyczących charakteru przestępczości środowiskowej i wyrządzonej szkody, którym towarzyszy dokładna analiza szkód lub terenu (White, 2008b, 2009, 2010a; Clarke i Eck, 2008). Wellsmith (2010: 146) podkreśla, że ograniczanie szkód sytuacyjnych jest tylko jednym z kilku narzędzi niezbędnych do naprawy wyrządzonych szkód w środowisku. Etyka środowiskowa i zmiany w zachowaniu człowieka wobec środowiska są nieuniknione. Kryminologia ekologiczna musi mieć pewność, że ukierunkowane środki zapobiegania przestępczości środowiskowej zapewniają również ogólnie użyteczne, szersze i bardziej eksponowane podstawowe metody zapobiegania przestępczości przeciwko środowisku i zachowaniu przyjaznemu dla środowiska. Są one w dużej mierze związane ze zwiększoną edukacją i świadomością. Te ogólne metody obejmują:

1) zapewnienie odpowiedniego długoterminowego monitorowania i kontroli nad środowiskiem;
2) ustanowienie trwających badań;
3) ustanowienie stałego monitorowania zmian w stanie zdrowia ludzi i innych żywych istot;
4) identyfikacja luk prawnych, brak wiedzy specjalistycznej i ciągła eliminacja wykrytych braków;
5) promowanie przyjaznych dla środowiska, bardziej trwałych i elastycznych technologii w celu zmniejszenia kosztów i zwiększenia korzyści;
6) wykrywanie kwestii związanych ze środowiskiem naturalnym, uwzględniające różne opinie, postawy, wiedzę i doświadczenie, w przypadku których poglądy społeczności lokalnych są bardzo ważne; oraz
7) określanie i ograniczanie działań instytucjonalnych i prawnych mających wpływ na wdrażanie zapobiegania przestępczości przeciwko środowisku.

Reakcja na różne kwestie środowiskowe wymaga różnych podejść. Niektóre kwestie mają większy oddźwięk w społeczeństwie; inne pojawiają się tylko w razie wypadku lub katastrofy (White, 2008b: 3). Szczególne przestępstwa przeciwko środowisku wymagają różnych rodzajów metod zapobiegania przestępczości. Rozważając multidyscyplinarne podejście do przestępczości przeciwko środowisku, w którym wykorzystuje się połączenie wiedzy z zakresu nauk przyrodniczych i społecznych, przedstawiono różne sugestie dotyczące reagowania na wyrządzone szkody w środowisku przy użyciu różnych podejść, technik i środków, które zostaną przedstawione i omówione w analizie przypadku metod zapobiegania przestępczości sytuacyjnej w kolejnych sekcjach.

4.3.2 Modele zapobiegania przestępczości związanej z ochroną środowiska

Rolę w zapobieganiu szkodliwym dla środowiska działaniom przypisuje się kryminologii. To właśnie kryminologia uświadomiła sobie, że człowiek nie może ani podbijać, ani kontrolować przyrody (Meško i in. , 2011: 63), ale musi ją szanować i dążyć do zrównoważonego rozwoju. Jak podkreśla Meško i jego współpracownicy (2011: 46), badania kryminologiczne w dziedzinie przestępczości i szkód wyrządzonych środowisku są dla kryminologów prawie tak samo nowe jak sankcje karne za przestępstwa przeciwko środowisku dla prawników kryminalnych. Wkraczając w sferę przestępczości ekologicznej, naukowcy wkraczają na nieznane terytorium. Dlatego proponowane zmiany i rozwiązania muszą być oparte na wcześniej uzyskanych wiarygodnych wynikach badań i analiz. Rozwiązania powinny być wdrażane stopniowo i ściśle monitorowane. Problemy, które się pojawiają, muszą być na wszelkie sposoby rozwiązywane przez ekspertów i, jak podkreśla White (2008b: 2), starać się w jak największym stopniu uwzględniać interesy ludzi, środowiska i zwierząt.

Ludzie reagują na przestępstwa przeciwko środowisku inaczej niż na przestępstwa tradycyjne, ponieważ znacznie łatwiej jest naruszać przepisy dotyczące środowiska. Jednym z elementów kontroli tej strategii jest ciągłe odkrywanie i ujawnianie poważnych przypadków przestępstw przeciwko środowisku i przedstawianie ich opinii publicznej. Zasady są przestrzegane, jeśli ktoś uważa, że wszyscy je szanują. Jeżeli powszechnie znane jest niewłaściwe sankcjonowanie naruszeń takich zasad, to ich obchodzenie stanie się jednogłośnie akceptowanym zachowaniem grupowym. Na zachowanie osób fizycznych i przedsiębiorców mają również wpływ postrzeganie funkcjonowania mechanizmów kontrolnych. Jeśli będą one dobrze funkcjonować, a naruszenia będą szybko i odpowiednio karane, ich liczba zmniejszy się. W celu ustanowienia i skutecznego egzekwowania takiego mechanizmu lub systemu konieczne jest przeprowadzenie przeglądu środków kontroli, które powinny obejmować wszystko, od dużych kijów do małych prętów, od samoregulacji przedsiębiorstw stosowanych w fabrykach i przemyśle do systemu sankcji administracyjnych i karnych. Zgodnie z proponowaną strategią walki z przestępczością przeciwko środowisku oraz wprowadzeniem systemu monitorowania i zapobiegania przestępczości przeciwko środowisku, Emanuelsson Korsell (2001) stosuje tzw. zasadę dużego i małego kija. Oprócz jednolitego, dokładnego prawodawstwa i środków konieczne jest również monitorowanie ich wdrażania, a w szczególności konsekwentnego stosowania w praktyce. Dlatego Korsell wkłada duży kij w ręce właściwych agencji ochrony środowiska, inspektoratów, policji i innych organów ścigania systemu sądownictwa karnego i uważa, że są one odpowiedzialne za skuteczne funkcjonowanie systemu zapobiegania przestępczości przeciwko środowisku. Małe batoniki i odpowiedzialność za prawne postępowanie oddawane są w ręce polityków i biznesmenów, których uważa za odpowiedzialnych za tworzenie systemu ochrony środowiska w organizacji. Nie można nie doceniać egzekwowania nieformalnego nadzoru. Ten rodzaj kontroli ogranicza również potencjalne naruszenia przepisów dotyczących ochrony środowiska, chociaż

Emanuelsson Korsell (2001) zwraca uwagę, że najbardziej obiektywnym rozwiązaniem jest utworzenie fundacji i wzmocnienie opartych na zaufaniu relacji między firmami i agencjami kontrolnymi, a także zachęcanie do bardziej dobrowolnego przestrzegania przepisów i działań na rzecz ochrony środowiska. Emanuelsson Korsell (2001) uważa takie systemy kontroli i środki za użyteczne i możliwe do przeniesienia na wszystkie inne obszary regulacji i nadzoru.

Na podstawie wcześniejszych badań przeprowadzonych w Słowenii, Meško, Bančič, Eman i Fields (2011) przeprowadzili analizę wykrytych form i skutków zagrożeń dla środowiska, wykorzystując pięć teorii sytuacyjnego zapobiegania przestępczości i metodę refleksji. W oparciu o klasyfikację Clarke'a i Ecka (2008), podzieloną na pięć wyżej opisanych klastrów, opracowali oni następujące propozycje dotyczące sytuacyjnych środków zapobiegania przestępczości ekologicznej (Meško i in. , 2011: 53-62):

1) ***Zwiększanie wysiłków***: *wzmocnienie celów* (np. zapobieganie niszczeniu dziedzictwa naturalnego w parkach narodowych z wykorzystaniem architektury kreatywnej, planowania strategicznego, obecności ludzi, a tym samym kontroli społecznej); *kontrola dostępu* (np. kontrola celna, inspekcja morska, stosowanie ogrodzeń, ramp wjazdowych); kontrola *wyjść* (np. służby celne i inne wyżej wymienione służby kontrolne); odsuwanie *przestępców* (np. wyznaczanie właściwych ścieżek dla jeźdźców na rowerach brudnych, czterokołowców terenowych, skuterach śnieżnych i podobnych przestępców, którzy łamią przepisy zakazujące obecności pojazdów silnikowych w środowisku naturalnym, na ścieżkach spacerowych w pobliżu składowisk odpadów lub na obszarach, gdzie kłusownictwo zagrożonych gatunków jest zabronione); kontrola *narzędzi i/lub broni* (np. kontrola materiałów radioaktywnych, substancji chemicznych i broni palnej używanych przez kłusowników, stosowanie specjalnych czujników, które mogą wykryć wystrzał);
2) ***Zwiększające się ryzyko***: *wydłużenie okresu opieki* (np, zwiększenie liczby lub poszerzenie liczby strażników i nadzoru w obszarach zagrożonych i innych w celu zapobiegania uciążliwościom i degradacji środowiska, zanieczyszczeniu wody i morza, skażeniu wody pitnej, żywności lub pasz oraz niszczeniu upraw szkodliwymi substancjami); *wspieranie nadzoru naturalnego* (np. wytyczanie ścieżek spacerowych, torów do joggingu i podobnej architektury na obszarach, na których często pojawiają się nielegalne wysypiska śmieci; zorganizowane

dobrowolne działania porządkowe, anonimowe numery telefonów do zgłaszania przestępstw ekologicznych); *zmniejszenie anonimowości* (np. wraz z wykazem firm, które poważnie obciążają środowisko naturalne, należy również informować opinię publiczną o nazwiskach i twarzach dyrektorów i właścicieli takich firm - "wymienianie i zawstydzanie", obowiązkowe identyfikatory dla rybaków i myśliwych podczas połowów i polowań); *wykorzystywanie kierowników miejsc* (np. leśników i inspektorów leśnictwa można by zachęcać, poprzez wprowadzenie odpowiednich zachęt, do zwracania większej uwagi na oznaki przestępstw przeciwko środowisku, to samo dotyczy myśliwych, rolników, weterynarzy); *wzmocnienie nadzoru formalnego* (np. większa obecność policji i służb kontrolnych, wykorzystanie nadzoru satelitarnego i telewizji przemysłowej, patrolowanie statków i samolotów);

3) ***Redukcja nagród***: *ukrywanie celów* (np. projektowanie ścieżek pieszych i infrastruktury turystycznej w parkach narodowych, utworzenie parku narodowego lub obszaru chronionego, gdzie wszelka eksploatacja źródeł naturalnych jest zabroniona, turystyka jaskiniowa, gdzie turyści mogą zwiedzać tylko jedną część jaskini ze specjalnym przewodnikiem); *usuwanie celów* (np. przeniesienie zagrożonego gatunku, zezwolenie na kontrolę weterynaryjną); *identyfikacja mienia* (np. test DNA gatunków zwierząt i roślin); *zakłócanie rynków* (np.g. szerokie nagłośnienie w mediach oraz zakłócenia na międzynarodowych rynkach kości słoniowej i innych czarnych rynkach, zakłócanie kanałów dystrybucji, wdrażanie ścisłej kontroli nad wydawaniem zezwoleń i licencji na połowy, polowania, usuwanie odpadów); *odmowa korzyści* (np. ekologiczne zamówienia publiczne, w przypadku gdy przedsiębiorstwu o gorszym wpływie na środowisko naturalne odmawia się korzyści, ponieważ nie jest ono wybrane do prowadzenia działalności gospodarczej z państwem, stosowanie etykiet "ekologicznych" lub "zielonych" oraz oznaczeń "śladu węglowego" na produktach);
4) ***Zmniejszenie prowokacji***: *zmniejszenie frustracji i stresu* (np. uproszczenie i skrócenie procedur dotyczących usuwania odpadów toksycznych, budowlanych lub innych, zwiększenie pomocy państwa na wprowadzenie środków ochrony przed wilkami i niedźwiedziami, zapewnienie alternatywnych źródeł pożywienia i śledzenie dzikich zwierząt za pomocą GPS w połączeniu z alarmami sygnalizującymi, gdy zbliżają się one zbyt blisko obszarów zaludnionych); *unikanie sporów*

(np.g. niszczenie obcych roślin, drzew owocowych lub innych upraw poprzez stosowanie szkodliwych substancji jest przestępstwem, które może być wynikiem sporu między właścicielami gruntów - skuteczna i dostępna pomoc prawna (mediacja) stanowi właściwy środek zapobiegania takim przestępstwom, wykorzystanie sytuacyjnych technik zapobiegania przestępczości do modelowania środowiska); *zmniejszenie emocjonalnego podniecenia* (e.g. specjalistyczne techniki wykrywania silnego pobudzenia emocjonalnego, takiego jak piromania, molestowanie seksualne zwierząt); *neutralizowanie ciśnienia rówieśniczego* (np. kampanie medialne podnoszące świadomość w zakresie konkretnych zachowań, takich jak jazda nieletnich na motocyklach, czterokołowców terenowych lub skuterach śnieżnych w środowisku naturalnym, kampanie publiczne przeciwko wzajemnej presji wśród dyrektorów dużych firm, którzy porównują swoje działania i rywalizują o sukces, co prowadzi do jednokierunkowego wyścigu o zysk za wszelką cenę); *zniechęcanie do naśladownictwa* (np. surowe przepisy dotyczące ochrony środowiska, skuteczna praca społeczna); oraz

5) ***Usuwanie wymówek***: *ustalanie zasad* (np. upraszczanie przepisów ochrony środowiska, zasad i regulacji przez autorytatywne służby, kampanie medialne, działania uświadamiające i edukacyjne w szkołach); *umieszczanie instrukcji* (np. znaków ostrzegawczych zabraniających usuwania odpadów, znaków ostrzegawczych przy wejściach do parków przyrodniczych); *zwiększanie świadomości* (np. kampanie uświadamiające i medialne obejmujące krótkie komunikaty ostrzegawcze dotyczące zagrożeń związanych z nielegalnym handlem zagrożonymi gatunkami zwierząt i ich produktami, dystrybucja broszur); *pomoc w przestrzeganiu przepisów* (np.np. dotacje na zachowanie i ochronę środowiska, regularne zbieranie i usuwanie dużych i niebezpiecznych odpadów, ekoturystyka); *kontrola narkotyków i alkoholu* (np. rozważenie całkowitego zakazu spożywania alkoholu i innych środków odurzających w parkach naturalnych, na podobnych obszarach i w różnych miejscach pracy na obszarach takich jak elektrownie jądrowe, ruch morski, platformy wiertnicze i rafinerie, fabryki chemiczne itp, gdzie błąd ludzki wynikający z niewłaściwego stanu psychofizycznego może prowadzić do katastrof ekologicznych).

Badając trójkąt analizy problemu (Clarke i Eck, 2008: 29), istnieją trzy czynniki, które są konieczne, aby doszło do przestępstwa (środowiskowego); przestępca i ofiara lub cel muszą się spotkać w określonym miejscu w pewnych okolicznościach. Mówiąc o przestępstwach przeciwko środowisku naturalnemu, rola ofiary jest czasami zamazana i marginalizowana. Jedną z głównych przyczyn tego stanu rzeczy jest fakt, że środowisko naturalne nie może wypowiadać się i zgłaszać przestępstw, które zostały popełnione przeciwko niemu. Przestępcy zajmujący się przestępstwami przeciwko środowisku celowo szkodzą jedynie gatunkom zwierząt i roślin w celu uzyskania pożądanych zysków; inne elementy środowiska naturalnego stają się ofiarami lub ofiarami szkód spowodowanych przez popełnione przestępstwo tylko przypadkowo. Woda znajdująca się w strumieniach, jeziorach lub morzu nie została oficjalnie sklasyfikowana jako ofiara środowiskowa, chociaż w przypadku zanieczyszczenia jej skład chemiczny jest zrujnowany, a życie w niej trudne. To samo można powiedzieć o powietrzu i glebie. Eksploatacja materiałów mineralnych jest procesem nieodwracalnym. Dotyczy to również niszczenia mikroorganizmów. Uszkadzając tylko jeden z elementów środowiska naturalnego, równowaga zostaje zmiażdżona, a wszystkie konsekwencje rozprzestrzeniają się na wszystkie inne elementy. Ze wszystkich wyżej wymienionych powodów proaktywna reakcja na przestępstwa przeciwko środowisku ma kluczowe znaczenie, ponieważ powrót do stanu pierwotnego zazwyczaj nie jest już możliwy. Dlatego też zapobieganie przestępczości ekologicznej odgrywa ważną rolę w ochronie przyrody i życia na Ziemi.

Na podstawie trójkąta analizy problemowej porównano podstawowe modele prewencji kryminalnej (prewencja pierwotna, wtórna i trzeciorzędowa) z trzema czynnikami (przestępca, ofiara / cel oraz miejsce / okoliczności). Podstawy analizy różnych strategii, środków i działań w zakresie zapobiegania przestępczości przeciwko środowisku przedstawiono w tabeli 4.

Tabela 4: Podstawowe, drugorzędne i trzeciorzędne metody zapobiegania przestępczości środowiskowej w podziale na przestępcę, ofiarę lub cel i miejsce zdarzenia

	Zapobieganie przestępczości pierwotnej - zmniejszanie szans na przestępczość	**Zapobieganie przestępczości wtórnej** - ograniczanie możliwości przestępczych dla potencjalnych przestępców	**Zapobieganie trzeciorzędnej przestępczości** - rehabilitacja, redukcja, łagodzenie skutków i zapobieganie znanym przestępcom
Sprawca	***Identyfikacja czynników,***	***Przewidywanie***	***Programy zapobiegania***

	które stwarzają możliwości dla działalności przestępczej: - medialna prezentacja przestępstw ekologicznych; - wykłady z etyki ekologicznej w firmach i branżach; - "little stick" (samoregulacja firm); - wzmocnienie celów; - odchylających się przestępców; - redukując anonimowość; - odmawiając świadczeń; - identyfikacja luk prawnych, brak wiedzy specjalistycznej i ciągła eliminacja wykrytych braków.	***przestępczości:*** - zmniejszając podniecenie emocjonalne; - proces socjalizacji: eko-szkoły, organizacje pozarządowe, kluby, itp; - wykłady z etyki środowiskowej; - narkotyków i programów kontroli alkoholu; - medialna prezentacja przestępstw ekologicznych; - "little stick" (samoregulacja firm); - redukując anonimowość; - zmniejszając frustrację, stres; - unikając sporów; - neutralizując presję rówieśników; - zniechęcająca imitacja; - promowanie przyjaznych dla środowiska, bardziej trwałych i elastycznych technologii w celu zmniejszenia kosztów i zwiększenia korzyści.	***recydywie:*** - Rehabilitacja; - specjalna prewencja; - utrudnianie przestępcom; - elektroniczny nadzór; - praca społeczna; - współpraca w zakresie działań porządkowych; - medialna prezentacja przestępstw ekologicznych; - big stick" (skuteczne działanie systemu sądownictwa (karnego)).
Ofiara / cel	***Podnoszenie świadomości potencjalnych ofiar:*** - sprawiedliwość ekologiczna i ochrona środowiska kampanie medialne; - medialna prezentacja przestępstw ekologicznych; - wzmocnienie celów; - ukrywając cele; - Usuwanie celów; - identyfikacji własności; - stałe monitorowanie zmian w stanie zdrowia ludzi i innych gatunków.	***Udzielanie pomocy ofiarom:*** - organizacje rządowe i pozarządowe; - inicjatywy obywatelskie; - policja społeczna; - prezentacja medialna przestępstw ekologicznych i ofiar ekologicznych; - kryminalistyka środowiskowa i badania DNA gatunków zwierząt i roślin.	***Programy na rzecz zapobiegania wtórnej wiktymizacji:*** - Organizacje pozarządowe; - prezentacja medialna ofiar ekologicznych; - szkolenie właściwych agencji rządowych.
Miejsce / Okoliczności	***Identyfikacja punktów zapalnych i zwalczanie czynników przestępczych:*** - zapobieganie przestępczości ekologicznej w dzielnicach; - medialna prezentacja przestępstw ekologicznych; - "duży kij";	***Planowanie i projektowanie środowiska, w którym wykrywane są potencjalne miejsca lub obszary przestępczości:*** - planowanie i projektowanie środowiska; - policja zorientowana na problemy; - skutki sytuacyjnego	***Situational crime prevention methods:*** - taksonomia i ochrona rzadkich gatunków; - kontrola połowów oceanicznych; - kontrola polowań na dzikie zwierzęta; - kontrolowanie dostępu; - przesiewowe wyjścia;

	- nadzór satelitarny; - kontrolowanie dostępu; - pomagając w naturalnym nadzorze; - wzmocnienie formalnego nadzoru; - odpowiednie długoterminowe monitorowanie i kontrola środowiska; - ciągłe badania i studia.	zapobiegania przestępczości - przenoszenie przestępczości środowiskowej; - kontrolowanie dostępu, - wspomaganie naturalnego i wzmocnionego nadzoru formalnego.	- narzędzi kontrolnych, broni; - przedłużenie opieki; - pomagając w naturalnym nadzorze; - wykorzystując kierowników miejsc; - wzmocnienie formalnej kontroli; - zakłócające rynki; - odmawiając świadczeń; - ustalając zasady; - umieszczanie instrukcji; - podnoszenie świadomości; - pomagając w przestrzeganiu przepisów.

Źródło: streszczenie Meško (2002); Clarke (1997); Emanuelsson Korsell (2001); Clarke i Eck (2008); Meško i in. (2011); White (2008b; 2010); oraz Williams (2009).

Udowodniono, że zapobieganie przestępczości sytuacyjnej jest dość skuteczną formą zapobiegania. Trzeba jednak mieć świadomość, że sytuacyjne zapobieganie przestępczości jest tylko jednym z elementów układanki dotyczącej reakcji współczesnych społeczeństw na zagrożenia środowiskowe (Meško i in. , 2011: 64). Istotną rolę w tym procesie odgrywa jednak zapobieganie przestępczości sytuacyjnej. Zwłaszcza jeśli jest on wykorzystywany jako element zorientowanego na rozwiązywanie problemów sposobu reagowania na nie, a nie tylko jako polityczna próba publicznego wyeliminowania obecnych problemów (White 2008a: 237). Jak podkreśla Meško i jego współpracownicy (2011: 64), opracowanie i zastosowanie środków profilaktyki sytuacyjnej jest obiecującą próbą osiągnięcia wymiernych rezultatów. Może ona chronić środowisko, w którym ludzie żyją, aż do momentu, w którym ludzkość uświadomi sobie potrzebę radykalnych zmian społecznych. Mówiąc o prewencji kryminalnej w dziedzinie ochrony środowiska, szczególnie ważne jest pojęcie możliwości, kontroli społecznej i elementów "zastraszania" (prawdopodobieństwo, wiarygodność, szybkość i surowość reakcji wymiaru sprawiedliwości w sprawach karnych).

W epoce nowożytnej zglobalizowane społeczeństwo dąży do postępu i zysku, a nadal podąża za skoncentrowaną na człowieku perspektywą relacji między człowiekiem a naturą. Kryminologia ekologiczna musi stosować multidyscyplinarne podejście do badania tych zjawisk i procesów prowadzących do pojawienia się przestępczości ekologicznej, wynikających z niej szkód w środowisku, rozwoju prawodawstwa i przepisów dotyczących ochrony środowiska, środków ochrony środowiska i społecznych reakcji na naruszenia. Osiągnięto to podczas badania przypadku Słowenii, gdzie w badaniu przestępczości ekologicznej wykorzystano porównawcze aspekty kryminologiczne i sądownictwa karnego oraz zastosowano specyficzne podejścia i cechy, które zostały podkreślone powyżej, typowe dla zielonej kryminologii.

5 Kryminologiczne i prawnokarne aspekty tendencji w przestępczości środowiskowej w Słowenii

Na podstawie zmian zachodzących na świecie i działalności akademickiej w dziedzinie ochrony środowiska widać, że przestępczość ekologiczna zyskuje na znaczeniu i międzynarodowym zainteresowaniu (White, 2009). Rola zielonej kryminologii, jako badania nad przestępstwami przeciwko środowisku, jest szczególnie widoczna w odniesieniu do występowania odchyleń od normy w stosunku do środowiska i ich sprawców. Przestępczość przeciwko środowisku jest z jednej strony wyjątkowa ze względu na swoich sprawców, ich motywy i wybrany *sposób działania,* a z drugiej strony ze względu na swoje szczególne cechy, które dotyczą dwóch różnych ofiar. Przestępstwa przeciwko środowisku zazwyczaj nie dotykają bezpośrednio ofiar ludzkich, jak ma to miejsce w przypadku klasycznych rodzajów przestępczości.

Podstawowym celem naszego badania był przegląd i analiza istniejącego stanu rzeczy w zakresie prac badawczych, dochodzenia i zwalczania przestępczości przeciwko środowisku naturalnemu w Republice Słowenii. Teoretyczna praca podstawowa opiera się na przeprowadzonym przeglądzie dostępnych źródeł krajowych, a także zagranicznych pracach naukowych i doświadczeniach. Drugim celem badania jest porównanie wyników badanej dziedziny w Słowenii z wynikami z innych krajów, które są liderami w dziedzinie badań przestępczości ekologicznej i kryminologii ekologicznej (Wielka Brytania, Stany Zjednoczone Ameryki i Australia). Wykorzystaliśmy przy tym porównawcze badania kryminologiczne i kryminologiczne, których zakres obejmuje badanie przestępczości (trans-)narodowej, problemy związane z eksportem modeli kontroli przestępczości do innych krajów oraz sposób, w jaki ich kultury wpływają na poglądy samych kryminologów w poszukiwaniu wyjaśnień dotyczących przestępczości (Neuman i Berger, 1998). Ponadto, mówiąc o przestępczości ekologicznej, kryminolodzy ekologiczni próbują zidentyfikować podobieństwa i różnice we wzorcach przestępczości ekologicznej. Próbują oni zrozumieć i wyjaśnić przyczyny popełniania przestępstw ekologicznych (tak jak to jest w niniejszej książce).

Celem takich badań było uzyskanie kompleksowego obrazu problemu badawczego (tj. przestępczości ekologicznej) poprzez połączenie jakościowych i ilościowych metod badawczych. Stosując triangulację staraliśmy się zwiększyć zasadność i wiarygodność uzyskiwanych wyników. Dokonaliśmy również przeglądu oficjalnych statystyk dotyczących przestępczości (statystyczne bazy danych Policji, Prokuratury, Trybunału Sprawiedliwości i służb kontrolnych) i porównaliśmy je. Ponadto wykorzystaliśmy nasze poglądy i doświadczenie ekspertów w dziedzinie badań i rozwiązywania problemów związanych z przestępstwami przeciwko środowisku. Stosując metodę opartą na ustrukturyzowanych (pogłębionych) wywiadach, staraliśmy się zrozumieć trendy i specyfikę w dziedzinie przestępczości ekologicznej w Słowenii. Szczegółowa prezentacja problemu badawczego została objaśniona w poniższej części, koncentrującej się na tezach badawczych.

5.1 Tezy naukowo-badawcze

Przestępczość ekologiczna powoduje wyczerpanie, zniszczenie, dewastację i często nieodwracalne szkody w środowisku naturalnym. Rosnąca przestępczość ekologiczna i wynikające z niej kwestie środowiskowe są przedmiotem szeroko zakrojonych debat i badań naukowych. Przedmiotem badań, o którym mowa w niniejszej książce, jest jedynie niewielka, choć bardzo ważna część tych zagadnień. Autorzy tej książki uważają, że cechy charakterystyczne dla Słowenii są obecne zarówno w istniejących przejawach i rodzajach przestępczości ekologicznej, jak i w kryminologii ekologicznej. Hipoteza ta jest testowana przy użyciu wskaźników empirycznych. Badanie jest oparte na:

1) analiza rozwoju wydarzeń historycznych w kryminologicznym badaniu przestępstw przeciwko środowisku (na podstawie analizy źródeł pierwotnych i wtórnych);
2) analiza rozwoju i zmian związanych z przejawami i rodzajami przestępstw przeciwko środowisku (w oparciu o prace naukowe i analizę źródeł zbiorów danych statystycznych);
3) postawy kryminologów, teoretyków prawa, socjologów i innych ekspertów wymiaru sprawiedliwości w sprawach karnych (o czym świadczą opublikowane prace naukowe) wobec przestępstw przeciwko środowisku, ich sprawców, konsekwencji i ofiar (kryminologia porównawcza i wymiar sprawiedliwości w sprawach karnych);
4) zmiany w liczbie przestępstw przeciwko środowisku w latach 2000-2010 oraz porównanie liczby wyroków skazujących za przestępstwa przeciwko środowisku w tym samym okresie; oraz
5) opinii ekspertów i pracowników naukowych, którzy na co dzień zajmują się sprawami związanymi z przestępczością przeciwko środowisku (na

podstawie badania przeprowadzonego przy wykorzystaniu wywiadów ustrukturyzowanych).

W celu weryfikacji i oceny tezy sformułowano poszczególne tezy pomocnicze, wyrażone w sposób dorozumiany w formie pytań badawczych. W tym samym czasie autorzy podążali za definicją kryminologii[103]Sutherlanda (1949; w Sutherland i Cressey, 1974):

1) Czy istnieje jakiś szczególny wzorzec tworzenia prawa jako odpowiedź na typowe dla Republiki Słowenii zjawiska dewiacyjne wobec środowiska naturalnego? Kiedy nasilają się/zmieniają czyny przestępcze przeciwko środowisku?
2) Jakie są powody, dla których dana osoba łamie prawa ochrony środowiska? Jakie są najczęstsze czyny przestępcze przeciwko środowisku, przestrzeni i dobrom naturalnym oraz inne zboczone działania jednostki przeciwko środowisku? Czy istnieją jakieś szczególne grupy sprawców czynów przestępczych przeciwko środowisku?
3) Jakie są formalne i nieformalne reakcje społeczeństwa na łamanie prawa ochrony środowiska? Czy agencje współpracują przy rozwiązywaniu problemów dotyczących środowiska i ich sprawców? Jak oni razem pracują?
4) Jakie formy i metody zapobiegania przestępczości ekologicznej byłyby użyteczne i skuteczne dla społeczeństwa słoweńskiego i środowiska naturalnego?

Zasadnicze kwestie związane z przestępstwami przeciwko środowisku zostały podkreślone w ramach porównawczej analizy kryminologicznej i kryminalnej w większej części tej pracy. Podsumowując, analizę uzupełnia ocena aktualnej sytuacji w zakresie przestępstw przeciwko środowisku, a także kwestii kryminologicznych i karnych związanych z przestępczością przeciwko

[103] Sutherland (1949; w Sutherland i Cressey, 1974) wyjaśnia, że kryminologia jest studium tworzenia prawa, łamania prawa i reakcji społecznej na osoby łamiące prawo. Meško (2010) dzieli definicję kryminologii Sutherlanda na konteksty; kryminologia obejmuje socjologię prawa (tworzenie norm prawnych, ustaw i innych regulaminów), łamanie prawa (etiologia i fenomenologia zjawisk dewiacyjnych) oraz reakcje na łamanie prawa (reakcje nieformalne i formalne, które można zaklasyfikować do tzw. studiów karności i bezpieczeństwa). Przy definiowaniu kryminologii Newburn (2007) wywodzi się również z definicji Sutherlanda (1937; w Newburn 2007), ponieważ podkreśla, że dla kryminologów ważne są trzy wielkie kierunki. Kierunki te są częścią przedmiotu kryminologii: 1) badania przestępczości; 2) badania przestępców; oraz 3) badania sądownictwa karnego i systemów karnych. Celem kryminologii jest wypracowanie podstaw ogólnych zasad i innego rodzaju wiedzy o procesach tworzenia prawa, przestępczości i prewencji.

środowisku w Słowenii. Ponieważ dziedzina ta jest raczej słabo rozwinięta w Słowenii, takie badanie byłoby niemożliwe bez oparcia się na badaniach porównawczych.

Biały (2009: 23) prowokuje stwierdzeniem *"Nasz świat jest w niebezpieczeństwie"* i podkreśla, że na całym świecie mają miejsce wypaczenia przeciwko środowisku naturalnemu. Jedyna różnica polega na tym, że intensywność i rodzaje tych odchyleń różnią się w zależności od cech poszczególnych regionów i populacji. Dlatego też w niektórych miejscach czyny te są uznawane za przestępstwa, podczas gdy gdzie indziej są postrzegane jedynie jako przestępstwa lub zachowania społecznie niedopuszczalne, a czasami jako raczej normalne i zwyczajowe praktyki. Bez względu na to, jak są one zdefiniowane w poszczególnych krajach na całym świecie, z kryminologicznego punktu widzenia ważne jest, aby te "przestępstwa" były badane, analizowane i rozumiane. Tylko w ten sposób reakcje na ich pojawienie się mogą być szybkie i skuteczne, a nawet można im zapobiec.

5.2 Badanie

W procesie weryfikacji postawionych hipotez stosowaliśmy różne metody badawcze z zakresu nauk społecznych. W celu weryfikacji wyznaczonych celów połączyliśmy wszystkie metody, zwłaszcza porównawcze metody kryminologiczne i metody wymiaru sprawiedliwości w sprawach karnych. Było to szczególnie konieczne ze względu na początkowy rozwój badanego obszaru przestępczości ekologicznej i zielonej kryminologii w Słowenii, brak źródeł pisemnych i wyników badań stosowanych analiz i badań na terytorium Słowenii.
Triangulacja jakościowych i ilościowych metod badawczych jest nowa. Do tej pory był on rzadko stosowany w słoweńskiej kryminologii i tym samym zwiększa ważność i wiarygodność uzyskanych wyników. W celu weryfikacji opracowanych tez badawczych zastosowaliśmy następujące metody: 1) metodę analizy źródeł (źródeł pisemnych i elektronicznych); 2) metodę polegającą na analizie statystyk przestępczości uzyskanych od Policji, Inspektoratu, Prokuratury i Trybunału Sprawiedliwości (połączyliśmy metodę analizy statystyk urzędowych z metodą analizy źródeł pisemnych (sprawozdania roczne sporządzane przez właściwe organy) oraz zastosowaliśmy metodę

wprowadzającą); 3) metodę polegającą na przeprowadzeniu wywiadów ustrukturyzowanych.

W pierwszej części niniejszej książki przedstawiono wykorzystanie perspektywy porównawczej i perspektywy wymiaru sprawiedliwości w sprawach karnych oraz zastosowanie historycznego podejścia Reichela (2008) (autentyczna i syntetyczna strategia oparta na podejściu klasyfikacyjnym). Były one podstawą do zrozumienia, wyjaśnienia i przeprowadzenia analiz w studium porównawczym kryminologii i wymiaru sprawiedliwości w sprawach karnych dotyczących przestępczości przeciwko środowisku w Słowenii. Jednym z celów w procesie rozumienia przestępczości środowiskowej w Słowenii było zebranie danych na temat stanowisk dotyczących przestępczości środowiskowej zajmowanych przez każdą z grup ekspertów, którzy w trakcie swojej pracy regularnie zajmują się zagrożeniami środowiskowymi i/lub ochroną środowiska. W celu uzyskania ich opinii przeprowadzono 25 pogłębionych wywiadów z osobami z różnych części Słowenii, które pracują jako członkowie organizacji pozarządowych (NGO), inspektorzy ochrony środowiska, policjanci i śledczy w sprawach karnych, prokuratorzy i sędziowie, dziennikarze, strażacy i przedstawiciele ochrony ludności, naukowcy akademiccy, urzędnicy państwowi z właściwych ministerstw oraz nauczyciele w szkołach podstawowych i średnich. Ich unikalne poglądy na temat powagi problemu przestępczości ekologicznej i poszczególnych czynników, które powodują najwięcej problemów dla ekspertów w dziedzinie przestępczości ekologicznej w Słowenii, były związane z jednym ze szczególnych celów naszego badania. Zajęliśmy się również rodzajami przejawów przestępczości, z którymi mają do czynienia w swojej pracy, ich opinią o ofiarach przestępstw ekologicznych w Słowenii oraz skutecznością metod, które stosują w celu zwalczania, a w szczególności zapobiegania przestępczości ekologicznej w Słowenii. Metoda ta została wykorzystana do weryfikacji zestawu tez badawczych numer trzy i cztery. Na koniec, wyniki i wnioski zostały przedstawione w kolejnych rozdziałach. Podkreślano już, że badania porównawcze powinny być częściej wykorzystywane przy porównywaniu rodzajów przestępstw przeciwko środowisku, wyników badań kryminologii ekologicznej i reakcji wymiaru sprawiedliwości w zakresie ochrony środowiska dwóch lub więcej krajów. Odbywa się to w naszym badaniu, które opiera się na danych z innych krajów i porównuje je w celu zdobycia wiedzy i przedstawienia wyników w dziedzinie przestępczości ekologicznej i kryminologii ekologicznej w Słowenii.

5.3 Przestępczość ekologiczna i kryminologia ekologiczna w Słowenii

Od czasu uzyskania niepodległości Słowenia jest świadkiem zmian na poziomie politycznym, gospodarczym i społecznym, a także w dziedzinie uniwersalnych wartości ludzkich. Był on również przedmiotem coraz bardziej złożonych zmian, które mają wpływ na zmieniające się społeczeństwo, a w konsekwencji na działalność przestępczą. Słowenia jest republiką parlamentarną, zbliżoną do szczytu skali krajów rozwiniętych gospodarczo w okresie transformacji, z długą tradycją górniczo-przemysłową (która obecnie jest modernizowana) i dobrze rozwiniętym sektorem usług. Gospodarka rolna i produkcja zwierzęca jest nieco trywialna, ponieważ grunty uprawne zajmują tylko około 20 procent terytorium Słowenii, co daje łącznie 20.273 km2 . W ostatnim czasie obserwuje się wzrost liczby gospodarstw rolnych zajmujących się rolnictwem ekologicznym[104]. Dwie trzecie powierzchni kraju pokrywają lasy (w latach 1993-2005 obszary leśne zwiększyły się o 17%). Rośnie udział gruntów przeznaczonych na budowę dróg (od 1993 do 2005 r. odsetek gruntów wykorzystywanych pod budowę dróg wzrósł o 150%) (Hren i in., 2011: 28). Słowenia jest zainteresowana zrównoważonym rozwojem i zwiększeniem produkcji energii ze źródeł odnawialnych.[105] W ostatnich latach byliśmy również świadkami restrukturyzacji zakładów utylizacji i recyklingu odpadów (w 2002 roku 84% wszystkich odpadów komunalnych składowano na składowiskach komunalnych, podczas gdy w 2009 roku udział ten spadł do zaledwie 69%) (Hren i in., 2011: 29-30). W dziedzinie edukacji osiągnięto duży postęp, ponieważ wszystkie szkoły podstawowe i średnie są zaangażowane w program "szkoła ekologiczna". Przedszkola również stosują się do głównych wytycznych tego programu. Tematyka ochrony środowiska i zagrożeń dla środowiska związana jest ze studiami społecznymi, które stają się częścią programów nauczania na wielu wydziałach (np. na Wydziale Sprawiedliwości i Bezpieczeństwa Karnego Uniwersytetu w Mariborze).

---

[104] Jak to jest typowe dla krajów przechodzących transformację, struktura gospodarki w latach 1991-2014 uległa drastycznej zmianie. Udział rolnictwa w krajowym PKB zmniejszył się o ponad połowę, z 5,7 % PKB w 1991 r. do 2,4 % w 2010 r. Udział rolnictwa w PKB spadł o ponad połowę. Poza tym znacznie zmniejszył się udział sektora przemysłowego i budowlanego (w 1991 r. 44% PKB pochodziło z przemysłu i budownictwa, podczas gdy w 2010 r. sektory te generowały tylko 31% PKB). Z drugiej strony, udział usług znacznie wzrósł (z 50% w 1991 r. do 67% w 2010 r.) (Hren i in., 2011: 48-49).

[105] W 2009 roku 30 procent całej energii elektrycznej pochodziło z odnawialnych źródeł energii, przy czym najwyższy procent energii wytwarzany jest w elektrowniach wodnych (Hren i in., 2011: 29).

W dużej mierze nienaruszona przyroda, bogate zasoby wodne i tereny leśne są wyjątkowe dla Słowenii. Cechą charakterystyczną Słowenii jest jej położenie geograficzne na obszarze przejściowym między Europą Zachodnią a Wschodnią oraz na granicy między Północą aPołudniem. Słowenia jest znana z tego, że składa się z bardzo różnych światów, od Alp i gór Dynarskich po Nizinę Panońską i Kras. Jest on również znany jako kraj tranzytowy wykorzystywany przez zorganizowane grupy przestępcze. Dotyczy to również przestępczości ekologicznej, ponieważ ostatnie trzy lata były szczególnie niebezpieczne z powodu nielegalnego transportu odpadów z Europy Zachodniej na wschód oraz handlu gatunkami zwierząt i roślin w przeciwnym kierunku.

Meško i Flandria (2011: 228) podkreślają, że ustawodawstwo karne i polityka w zakresie wydawania wyroków zaostrzyły się ostatnio, mimo że w ostatnich latach poziom przestępczości nie wzrósł. Podobne tendencje obserwowane są również w dziedzinie przestępczości ekologicznej. Celem niniejszego rozdziału jest analiza aktualnej sytuacji w zakresie przestępczości przeciwko środowisku naturalnemu w Słowenii na podstawie podobnych, wcześniej przeprowadzonych badań z amerykańskich, brytyjskich i australijskich prac badawczych. Zostanie to osiągnięte poprzez analizę danych statystycznych dotyczących przestępstw i czynów przestępczych przeciwko środowisku, ujawniających rzeczywiste zagrożenia dla bezpieczeństwa. Omawiamy indywidualne czynniki zagrażające środowisku, do których należy człowiek jako jednostka. Omawiamy również zagrożenia dla bezpieczeństwa. Przestępczość ekologiczna jako rzeczywiste zagrożenie zostanie porównana z postrzeganymi zagrożeniami dla bezpieczeństwa, zwłaszcza zagrożeniami dla środowiska, na podstawie analizy poprzednich słoweńskich badań opinii publicznej. Trzecia część badania dotycząca sytuacji w Słowenii obejmuje analizę opinii ekspertów na temat przestępczości ekologicznej zebranych w drodze zorganizowanych wywiadów. Oprócz opinii badanej grupy na temat powagi problemu przestępstw przeciwko środowisku i najbardziej problematycznych rodzajów przestępstw przeciwko środowisku, analiza pokazuje również ich opinie na temat ofiar przestępstw przeciwko środowisku. W niniejszym rozdziale przeanalizowano również potencjalnie skuteczne formy reagowania na przestępstwa przeciwko środowisku i zapobiegania im w Słowenii. Ostatecznie, uzyskane wyniki w połączeniu z ustaleniami z części teoretycznej są wykorzystywane do weryfikacji pracy badawczej.

5.3.1 Oficjalne dane statystyczne dotyczące przestępczości przeciwko środowisku w Słowenii

Przeprowadzając analizę, autorzy zastosowali prawną definicję przestępstwa przeciwko środowisku (przedstawioną w rozdziale 2). Metoda analizy statystyk przestępczości (dane uzyskane z Policji, Inspektoratu, Prokuratury i sądów) jest wykorzystywana do analizy tendencji w zakresie wzrostu i/lub spadku liczby przestępstw przeciwko środowisku popełnianych w Słowenii w celu oceny rzeczywistego stanu rzeczy w kraju.

Przestępstwami przeciwko środowisku najczęściej zajmuje się Inspektorat Ochrony Środowiska i Gospodarki Przestrzennej Republiki Słowenii[106] (zwany dalej Inspektoratem). Policja jest drugim co do częstotliwości organem zajmującym się przestępstwami przeciwko środowisku. Najczęstsze przestępstwa należą do następujących grup (Inspektorat Republiki Słowenii ds. Środowiska i Planowania Przestrzennego (IRSOP), 2005; 2006; 2007; 2008; 2009; 2010): zanieczyszczenie wody, powietrza i gleby; gospodarowanie odpadami, ich usuwanie i handel nimi; nielegalny handel gatunkami zwierząt i roślin, minerałami i skamieniałościami; torturowanie zwierząt i nielegalne polowanie; zanieczyszczenie światłem i hałasem; przywóz, wywóz i nielegalne nabywanie lub używanie substancji radioaktywnych, zubożających warstwę ozonową lub innych substancji niebezpiecznych; oraz jazda w środowisku naturalnym z wykorzystaniem rowerów, pojazdów mechanicznych i ślizgawek samochodowych.

W latach 2009 i 2010 najczęściej spotykanymi przestępstwami przeciwko środowisku były (IRSOP, 2010; 2011): nadmierna emisja do powietrza, głównie

---

[106] Środowiska i Planowania Przestrzennego (IRSOP) wykonuje zadania kontrolne w celu monitorowania wdrażania lub przestrzegania przepisów dotyczących ochrony środowiska (np. ochrona przyrody i środowiska, kontrola ekologiczna na granicach państwa, jakość powietrza, zarządzanie odpadami, jakość wody, reżim wodny, woda i jej gospodarowanie, ochrona przyrody, chemikalia i organizmy zmodyfikowane genetycznie, zanieczyszczenia i zagrożenia przemysłowe, hałas i promieniowanie elektromagnetyczne). Inspekcje są przeprowadzane zgodnie z uprawnieniami i obowiązkami urzędników określonymi w następujących aktach prawnych i wynikających z nich ramach regulacyjnych: Ustawa o inspekcji (Zakon o inšpekcijskem nadzoru [ZIN-UPB1], 2007); ustawa o drobnych wykroczeniach (Zakon o prekrških [ZP-1-UPB8], 2011); ustawa o ochronie środowiska (Zakon o varstvu okolja, ZVO-1-UPB1, 2006; 2008; 2009); ustawa o wodach (Zakon o vodah [ZV-1] (2002; 2004; 2008); Ustawa o ochronie przyrody (Zakon o ohranjanju narave [ZON-UPB2], 2004; 2006; 2008; 2010); Ustawa o zarządzaniu genetycznie zmodyfikowanymi organizmami (Zakon o ravnanju z gensko spremenjenimi organizmi [ZRGSO-UPB1], 2005; 2010).

z instalacji spalania i obiektów przemysłowych; nadmierna emisja do wody; nadmierny hałas w środowisku; zanieczyszczenie światłem; nielegalna działalność mająca wpływ na środowisko na obszarach chronionych (głównie ingerencja w ziemię i nielegalna jazda w środowisku naturalnym); oraz niewłaściwe gospodarowanie odpadami (np. nielegalne składowanie odpadów w środowisku, zwłaszcza do gleby (np. odpady budowlane i niebezpieczne)). Nielegalne składowanie odpadów stanowi około 50 procent (w 2010 r. jego udział wynosił 55% (IRSOP, 2010)) wszystkich zgłoszeń skarg i naruszeń. Wykryto również wzrost naruszeń przepisów prawnych dotyczących organizmów zmodyfikowanych genetycznie oraz przykłady nadmiernego promieniowania elektromagnetycznego.

Niestety, dane statystyczne podzielone według poszczególnych przestępstw nie są dostępne w sprawozdaniach Inspekcji. Dlatego też tabela 5 zawiera jedynie informacje związane z przeprowadzeniem kontroli, przepisami dotyczącymi kontroli oraz nałożonymi sankcjami na sprawców w okresie 2003-2010.

Tabela 5: Dane dotyczące przepisów w zakresie kontroli wykroczeń przeciwko środowisku, przestrzeni kosmicznej i zasobom naturalnym w okresie od 2003 do 2010 r.

Rok	**Inspekcja** (zwykła i nadzwyczajna)	**Postanowienia inspektoratu**				**Przestępstwa**		**Przestępstwa karne**	**Razem**
		Przepis	**Ostrzeżenie**	**Zlecenie wykonania**	**Inne decyzje***	**Polecenie zapłaty**	**Przepis**		
2003	10015	1786	1009	1013	216	252	27	5	**14323**
2004	9267	1231	1606	1083	269	265	125	11	**13857**
2005	9437	896	1665	1219	230	152	99	1	**13699**
2006	11523	1568	1918	1448	283	185	190	5	**17120**
2007	10780	1367	1496	1070	1109	258	243	2	**16325**
2008	10231	1484	1379	885	530	292	241	18	**15060**
2009	10325	1556	547	985	1911	157	316	4	**15801**
2010	10311	1782	439	998	2216	145	377	5	**16273**

*dekret, przekazanie sprawy

Źródło: Inspektorat Republiki Słowenii ds. środowiska i planowania przestrzennego - IRSOP (2005; 2006; 2007; 2008; 2009; 2010; 2011).

Tabela 5 pokazuje, że od 2008 r. liczba zwykłych i nadzwyczajnych kontroli ponownie wzrosła, chociaż Inspektorat przeprowadził o wiele więcej wizyt kontrolnych w 2006 i 2007 r. (11 523 w 2006 r. i 10 231 w 2007 r.). Wzrasta również liczba rezerw inspektoratów, tj. z 1 367 w 2007 roku do 1 782 w 2010 roku. Należy dodać, że Inspektorat wydał mniej ostrzeżeń w ciągu ostatnich dwóch lat. Liczba ostrzeżeń gwałtownie spadła od 2005 r., ponieważ w 2005 r.

wydano 1 655 ostrzeżeń, a w 2010 r. tylko 439. Rośnie liczba przepisów nakładanych za popełnienie przestępstw; w 2005 r. karano tylko 99 przestępstw, a w 2010 r. ich liczba wzrosła do 377. Liczba wniesionych oskarżeń o przestępstwa przeciwko środowisku jest bardzo zróżnicowana. W 2005 r. Inspektorat zarejestrował tylko jeden zarzut karny, który w 2008 r. wzrósł do 18 zarzutów karnych. W latach 2003-2010 Inspektorat odnotowywał średnio sześć przestępstw rocznie i przekazywał je prokuratorowi. W Słowenii Inspektorat wydaje rocznie średnio 5071[107] różnych ostrzeżeń, decyzji, przepisów i innych środków w przypadku naruszenia przepisów dotyczących środowiska. Minimalna liczba rezerw inspektoratów została wprowadzona w 2005 roku, tj. 896 rezerw, natomiast maksymalna liczba rezerw została wprowadzona w 2010 roku, tj. 1782 rezerwy.

Tabela 6 przedstawia liczbę przestępstw przeciwko środowisku, które zostały wykryte i skontrolowane przez słoweńską policję w latach 2000-2013. Przestępstwa te są podzielone zgodnie z mającymi zastosowanie artykułami zawartymi w rozdziale 32 kodeksu karnego (KZ-1, 2008; 2009; 2011; 2012) Republiki Słowenii w celu umożliwienia lepszej prezentacji i łatwiejszego zrozumienia. Tabela zawiera również sumę wszystkich przestępstw przeciwko środowisku, jak również liczbę i odsetek skutecznie skontrolowanych przestępstw.
Jak przedstawiono w tabeli 6, liczba przestępstw przeciwko środowisku w okresie czternastu lat (2000-2013) wykazuje znaczne wahania, dlatego też nie można mówić o żadnym szczególnym wzroście tego rodzaju przestępstw, chociaż liczba wykrytych przestępstw przeciwko środowisku w 2009 r. wzrosła do 201, następnie spadła do 169 w 2010 r., a w 2013 r. ponownie wzrosła do 226. Najbardziej prawdopodobną przyczynę tak dużej liczby wykrytych przestępstw w 2009 r. można znaleźć w pracach organizacji pozarządowych, które zainicjowały krajową kampanię "Czysta Słowenia w jednym dniu". Organizatorzy zwrócili się do obywateli i właściwych organów o zwiększenie kontroli i zgłaszanie wykrytych przestępstw przeciwko środowisku (głównie nielegalnych składowisk odpadów), co wpłynęło na liczbę zgłoszonych przestępstw w 2009 r.

[107] Trudno jest uzyskać dostęp do danych i zrozumieć je. Ponadto, sprawozdania roczne Inspektoratu różnią się między sobą, a właściwy departament Inspektoratu jest prawie całkowicie niereagujący. Ponadto raporty i szablony tabel i wykresów zmieniają się co dwa lub trzy lata, dlatego bardzo trudno jest śledzić tę część oficjalnych statystyk.

Tabela 6 pokazuje, że w okresie od 2000 do 2013 r. nie wykryto przestępstw związanych z zanieczyszczeniem mórz i wód przez statki, przywozem i wywozem substancji niebezpiecznych, przenoszeniem chorób zakaźnych zwierząt i roślin, niszczeniem plantacji przez szkodliwy czynnik oraz produkcją szkodliwych leków do leczenia zwierząt.

Wykryte przez słoweńską policję przestępstwa przeciwko środowisku naturalnemu obejmują kłusownictwo rybne, skażenie lasów lub pasz, bezprawne zajmowanie nieruchomości oraz skażenie wody pitnej. Liczba przestępstw zmieniła się z jednego do pięciu rocznie. W tej grupie najczęściej popełnianym i najbardziej niebezpiecznym (tj. zagrażającym zdrowiu i życiu ludzi oraz innych żywych gatunków) przestępstwem jest skażenie wody pitnej. Słoweńska policja rejestruje średnio od dwóch do trzech przypadków zanieczyszczenia wody pitnej rocznie.

Niszczenie lasów jest przestępstwem, którego liczba początkowo malała, ale w 2011 r. znacznie wzrosła do 60 przestępstw, a w 2012 r. do 57. W 2000 r. policja wykryła 13 takich przypadków, podczas gdy w latach 2001, 2002 i 2003 było ich odpowiednio dziewięć, osiem i jedenaście. Od 2003 r. liczba tych przestępstw spadła do około dwóch rocznie. W 2010 r., podobnie jak w 2013 r., wykryto tylko jeden taki przypadek. Odwrotnie jest w przypadku nielegalnego nabywania lub używania substancji radioaktywnych lub innych niebezpiecznych substancji. Z dwóch przestępstw w 2000 r. i jednego przestępstwa w 2001 r. liczba ta wzrosła do 14 w 2006 r. i 29 w 2008 r. W ciągu ostatnich dwóch lat liczba ta ponownie się zmniejsza, tj. pięć przestępstw w 2009 r. i tylko dwa w 2010 i 2011 r. W ostatnich dwóch analizowanych latach, tj. 2012 i 2013, Policja nie wykryła takich przestępstw.

Tabela 6: Liczba przestępstw przeciwko środowisku, przestrzeni i zasobom naturalnym, którymi zajmowała się i badała policja słoweńska w okresie od 2000 do 2013 r.

Artykuł \ Rok	**2000**	**2001**	**2002**	**2003**	**2004**	**2005**	**2006**	**2007**	**2008**	**2009**	**2010**	**2011**	**2012**	**2013**
Obciążenie i zniszczenie środowiska i przestrzeni (332)	21	34	29	24	16	12	12	9	14	57	31	33	21	19
Zanieczyszczenie morza i wody przez statki (333)	/	/	/	/	/	/	/	/	/	0	0	1	0	0
Przywóz i wywóz substancji niebezpiecznych (334)	0	0	0	0	0	0	0	0	0	0	0			
Bezprawne nabywanie lub używanie substancji radioaktywnych lub innych substancji niebezpiecznych (335)	2	1	0	1	6	10	14	9	29	5	2	2	0	0
Zanieczyszczenie wody pitnej (336)	3	5	0	3	4	3	0	4	4	3	0	2	0	1
Barwienie środków spożywczych lub pasz (337)	1	1	2	1	2	0	0	0	0	1	1	0	1	1
Bezprawne zajmowanie nieruchomości (338)	1	2	3	3	3	2	3	2	4	3	5	27	6	26
Zniszczenie plantacji przez szkodliwy czynnik (339)	0	0	0	0	0	0	0	0	0	0	0	1	1	0
Niszczenie lasów (340)	13	9	8	11	5	0	2	4	2	2	1	60	57	1
Tortury zwierząt (341)	15	20	19	28	29	36	33	23	29	42	41	63	62	59
Kłusownictwo leśne (342)	67	57	92	78	68	66	66	60	59	79	86	0	0	105
Kłusownictwo rybne (343)	2	2	0	1	1	1	0	0	0	2	1	6	3	0
Nielegalne postępowanie z chronionymi zwierzętami i roślinami (344)	0	0	0	0	0	0	0	0	1	4	1	1	1	13
Przenoszenie chorób zakaźnych u zwierząt i roślin (345)	0	0	0	0	0	0	0	0	0	0	0	2	0	0
Produkcja szkodliwych leków do leczenia zwierząt (346)	0	0	0	0	0	0	0	0	0	0	0	2	0	0
Nienaukowa pomoc weterynaryjna (347)	0	0	0	0	0	0	0	1	0	0	0	0	1	0
Liczba wszystkich wykrytych wykroczeń	**125**	**131**	**155**	**152**	**136**	**137**	**133**	**112**	**145**	**201**	**169**	**196**	**156**	**226**
Liczba skutecznie skontrolowanych wykroczeń	/	80	82	71	67	66	56	40	67	101	70	103	54	106
Odsetek skutecznie skontrolowanych wykroczeń	/	61.1	52.9	46.7	49.3	48.2	42.1	35.7	47.2	50.3	41.4	52.6	34.6	46.9

Źródło: Policja (Policija) (2001; 2002; 2003; 2004; 2005; 2006; 2007; 2008; 2009; 2010; 2011; 2012; 2013; 2014).

Tortury zwierząt, kłusownictwo, obciążanie i niszczenie środowiska i przestrzeni stanowią trzy grupy przestępstw przeciwko środowisku, które wyróżniają się najbardziej i są najczęściej rejestrowanymi i badanymi rodzajami przestępstw przeciwko środowisku przez policję w Słowenii. Obciążanie i niszczenie środowiska i przestrzeni jest najbardziej ogólnym przestępstwem w grupie przestępstw przeciwko środowisku, przestrzeni i dobrom naturalnym. Przegląd danych statystycznych w latach 2000-2010 pokazuje zmiany w liczbie wykrytych przestępstw. Minimalna liczba przestępstw, tj. dziewięć, została wykryta w 2007 r., natomiast maksymalna liczba przestępstw, tj. 57, została wykryta w 2009 r. Słoweńska policja bada co roku średnio 23,7 przestępstw związanych z obciążeniem i zniszczeniem środowiska i przestrzeni.
Tortury zwierząt i kłusownictwo są najczęściej wykrywanymi i najmniej oskarżanymi o przestępstwa przeciwko środowisku. Słoweńska policja bada średnio 35,6 przypadków torturowania zwierząt i 63,1 przypadków kłusownictwa leśnego rocznie. W ciągu ostatnich trzech lat wzrosła liczba przestępstw związanych z kłusownictwem. Stanowi to problem, który zdecydowanie wiąże się z trudną sytuacją społeczną i kryzysem gospodarczym w kraju. Sprzedaż mięsa z dziczyzny i trofeów daje możliwość osiągnięcia zysku, co również przyczynia się do wzrostu. Wzrost liczby tych przestępstw jest niepokojący. Faktem jest, że policja ma do czynienia z coraz brutalniejszymi przypadkami tortur na zwierzętach i w sierpniu 2010 r. został wydany pierwszy w historii Słowenii wyrok więzienia za torturowanie psa.

Słoweńska policja bada średnio 155,3 przestępstw przeciwko środowisku, przestrzeni i zasobom naturalnym rocznie. Ponadto 43,24 procent przestępstw jest skutecznie kontrolowanych[108], a zarzuty karne wobec sprawców przekazywane są prokuraturze.

[108] Liczba przestępstw przeciwko środowisku, które są rejestrowane i badane przez Policję, nie jest zbyt wysoka w porównaniu z niektórymi innymi rodzajami przestępstw (np. kradzieże i rozboje). Dzięki dodatkowym analizom i narzędziom dotyczącym przestępczości można by zmniejszyć liczbę przestępstw przeciwko środowisku, a odsetek skutecznie skontrolowanych spraw mógłby wzrosnąć. Podobnie, przedstawione w powyższych tabelach statystyki dotyczące przestępstw przeciwko środowisku i drobnych przestępstw pokazują tendencje i zmiany konkretnych rodzajów przestępstw. Mapa kryminalna, która umożliwia przedstawienie wykrytych przestępstw ekologicznych na mapie Słowenii, jest bardziej odpowiednia i byłaby bardziej przydatna do analizy przestępczości i dalszej pracy policji. Do celów analizy i wykrywania konkretnych wzorów przestępstw należy stosować mapowanie przestępczości z wykorzystaniem Systemu Informacji Geograficznej.

Tabela 7: Liczba zarzutów karnych zgłoszonych przez Prokuraturę Generalną oraz liczba osób skazanych za przestępstwa przeciwko środowisku, przestrzeni i zasobom naturalnym w latach 2000-2010

Rok	Liczba zarzutów karnych	Dorosłe osoby	Osoby prawne	Liczba wyroków skazujących	Dorosłe osoby	Osoby prawne
2000*	/	/	/	/	/	/
2001	**32**	32	0	**29**	29	0
2002	**141**	140	1	**22**	22	0
2003	**112**	110	2	**32**	32	0
2004	**146**	146	0	**33**	33	0
2005	**200**	164	36	**29**	28	1
2006	**144**	142	2	**29**	29	0
2007	**118**	111	7	**38**	38	0
2008	**85**	81	4	**21**	21	0
2009	**48**	41	7	**39**	39	0
2010	**48**	48	0	**98**	98	0
2011	**65**	65	0	**98**	53	0
2012	**66**	66	0	**56**	56	0
2013	**59**	56	3	**40**	40	0

Źródło: Prokuratura Krajowa (VDT) (2002; 2003; 2004; 2005; 2006; 2007; 2008; 2009; 2010; 2011; 2012; 2013; 2014).

Uwaga: *Dane za rok 2000 nie są dostępne.

Tabela 7 przedstawia liczbę wniesionych oskarżeń karnych przeciwko dorosłym osobom fizycznym i prawnym oraz liczbę wyroków skazujących dla obu grup sprawców przestępstw przeciwko środowisku w Słowenii. Liczba wniesionych oskarżeń o przestępstwa przeciwko środowisku, przestrzeni i dobrom naturalnym nie jest szczególnie wysoka. W porównaniu z danymi Policji o ściganych przestępstwach przeciwko środowisku oraz o przestępstwach przeciwko środowisku zgłoszonych przez Inspekcję, liczba zgłoszonych przez Prokuraturę zarzutów karnych o przestępstwa przeciwko środowisku, przestrzeni i zasobom naturalnym jest stosunkowo wysoka. Zarzuty karne wobec osób prawnych również nie stanowią wyjątku. Szczególnie interesujące są dane z 2005 r., kiedy Prokuratura wniosła 36 zarzutów karnych wobec osób prawnych. Z drugiej strony, w latach 2001, 2002, 2004, 2010, 2011, 2012 i 2013 nie wniesiono żadnych zarzutów karnych wobec osób prawnych.

W latach 2001 - 2013 wniesiono średnio 97 zarzutów karnych przeciwko sprawcom naruszeń słoweńskiego prawa ochrony środowiska. Stosunek liczby zarzutów karnych do liczby wyroków skazujących wynosi w przybliżeniu dwa do jednego (97 rocznie wobec 43 rocznie). Można powiedzieć, że połowa

zgłoszonych zarzutów karnych zakończyła się sukcesem, czyli skazaniem. Na 62 zarzuty karne postawione osobom prawnym w latach 2005-2013 tylko jedna sprawa zakończyła się wyrokiem skazującym. Od 2005 r. żaden z podmiotów prawnych nie został skazany za przestępstwo przeciwko środowisku.
Z analizy dostępnych sprawozdań rocznych Inspektoratu za okres 2003-2010 oraz sprawozdań rocznych Policji za okres 2000-2013 wynika, że w odniesieniu do odchyleń w stosunku do środowiska właściwe organy zaobserwowały zwiększoną troskę o ochronę środowiska w Słowenii. Liczba otrzymanych sprawozdań rośnie i stanowi średnio dwie piąte wszystkich inspekcji. Znaczna część odchyleń wynika z niewiedzy inwestorów lub ich obchodzenia przepisów, w szczególności w zakresie ochrony przyrody i wód. Niepokojący jest fakt, że organy jednostek administracyjnych nie uwzględniają wymogów przepisów dotyczących ochrony środowiska, przyrody i wody w trakcie prowadzenia procedur administracyjnych (IRSOP, 2005; 2006; 2007; 2008; 2009; 2010; 2011). Separacja odpadów i recykling stanowiły w ostatnim okresie priorytet rządowy, co jest widoczne w odsetku przepisów wydanych w tej dziedzinie.

Przestępstwami przeciwko środowisku najczęściej zajmuje się Inspekcja Ochrony Środowiska i Planowania Przestrzennego. Policja jest na drugim miejscu. W ciągu ostatnich trzech lat wzrosła liczba kontroli zwykłych i nadzwyczajnych oraz liczba przepisów inspektoratów. Liczba ostrzeżeń gwałtownie spadła, ale wzrosła liczba przepisów dotyczących wykroczeń inspektoratów. Liczba wniesionych przez Inspektorat zarzutów karnych za przestępstwa przeciwko środowisku jest bardzo zróżnicowana (średnio wynosi sześć przestępstw rocznie). W Słowenii Inspektorat wydaje rocznie średnio 5 071 różnych ostrzeżeń, decyzji, przepisów i innych środków w przypadku naruszenia przepisów dotyczących środowiska. Interesujący jest fakt, że nielegalne składowanie odpadów stanowi około 50 procent wszystkich skarg i zgłoszeń naruszeń rocznie.
W ciągu ostatnich pięciu lat Inspektorat stwierdził, że najpoważniejszym problemem jest obszerne i bardzo zróżnicowane kontekstowo prawodawstwo, które podlega ciągłym zmianom, oraz wynikający z tego ogromny zakres prac. Policja informuje również o podobnych problemach występujących w związku z usystematyzowaniem przepisów dotyczących ochrony środowiska w Słowenii. Słoweńska policja bada średnio 155,3 przestępstw przeciwko środowisku, przestrzeni i zasobom naturalnym rocznie. 43,24 proc. przestępstw jest skutecznie kontrolowanych, a zarzuty karne wobec sprawcy są wnoszone do

prokuratury. Tortury zwierząt, kłusownictwo oraz obciążanie i niszczenie środowiska naturalnego i przestrzeni kosmicznej stanowią najbardziej znaczące przestępstwa oraz najczęściej rejestrowane i badane rodzaje przestępstw ekologicznych. W okresie od 2000 do 2013 r. liczba tych przestępstw przekroczyła jednorazowo 100 - w 2013 r. Policja wykryła 105 przypadków kłusownictwa leśnego.
W latach 2001-2013 wniesiono średnio 97 zarzutów karnych przeciwko sprawcom naruszeń słoweńskiego prawa ochrony środowiska. Tylko połowa wszystkich zgłoszonych zarzutów karnych kończy się pomyślnie, tj. wydaniem wyroku skazującego, a tylko w jednym przypadku osoba prawna została skazana za przestępstwa przeciwko środowisku.

Jeden z głównych problemów w Słowenii związany jest z faktem, że gminy (regiony i ludzie) są zależne od przemysłu i przedsiębiorstw na ich terenie. Często są to główni truciciele, ale przedstawiciele lokalni są pobłażliwi, współczujący i tolerancyjni wobec takich trucicieli ze względu na ich zależność od przychodów przedsiębiorstw (np. Helios, Cinkarna Celje, Belinka, Salonit Anhovo) oraz, między innymi, bardzo potrzebne miejsca pracy.

Pečar (1981: 40) wskazał, że jeśli jesteśmy trucicielami, nie mamy moralnego prawa domagać się zmian, ponieważ miałyby one wpływ na nasze działania. W sensie wiktymologicznym znajdujemy się w podobnej sytuacji, gdy mamy do czynienia z przestępstwem, które nie ma ofiary lub gdy ofiary pozwalają się wiktymizować ze względu na pewne korzyści i komfort, jakie przynosi im to zjawisko. Dlatego wielu Słoweńców popełnia wykroczenia przeciwko środowisku naturalnemu tylko ze względu na wygodę, prestiż i postrzegane korzyści, jak również w celu uniknięcia kosztów. Niestety, wiele osób, które dziś są sprawcami przestępstw ekologicznych, jutro będzie ich ofiarami (gdzie możliwa jest nawet samoofiara). Zachęcające jest jednak stwierdzenie, że rośnie świadomość społeczna w zakresie znaczenia i wagi ochrony środowiska.

5.4 Opinia publiczna na temat kwestii związanych z ochroną środowiska

5.4.1 Badania opinii publicznej w Słowenii - opinia publiczna na temat zagrożeń dla środowiska naturalnego i zagrożeń dla środowiska naturalnego

Opinie obywateli są powszechnie wyrażane w badaniach opinii publicznej. W Słowenii Centrum Badań Obronnych na Wydziale Nauk Społecznych w Lublanie jest jednym z instytutów badawczych odpowiedzialnych za prowadzenie takich badań. Wyniki wcześniejszych badań opinii publicznej w Słowenii dotyczących możliwych zagrożeń dla bezpieczeństwa, które zostały przeprowadzone w latach 1994, 1999, 2001, 2005, 2007 i 2009, zostały przedstawione w tabeli 8 poniżej. Mamy świadomość, że *postrzegane zagrożenia* (Sotlar i in., 2011) zgłaszane w badaniach, takich jak badania opinii publicznej, mogą znacznie różnić się od tzw. *rzeczywistych zagrożeń* (Sotlar i in., 2011), które faktycznie występują. Są one statystycznie rejestrowane i weryfikowane przez różne właściwe krajowe agencje, instytuty lub inne służby (np. Policję, Inspektorat, Prokuraturę i inne).

Tabela 8: Czynniki przyczyniające się do potencjalnych zagrożeń bezpieczeństwa w Republice Słowenii w latach 1994, 1999, 2001, 2003, 2005, 2007 i 2009 (N=1000)

Zagrożenia/rok	1994	1999	2001	2003	2005	2007	2009
Wypadki drogowe	/	3.21	3.24	3.16	3.12	3.34	3.22
Przestępczość	3.14	3.46	3.28	3.28	3.20	3.20	3.18
Narkotyki, narkotyki	2.95	3.45	3.41	3.28	3.21	3.17	3.12
Degradacja środowiska naturalnego	3.17	3.35	3.07	2.91	3.06	3.04	3.12
Sprzedaż nieruchomości należących do państwa	3.01	3.14	2.87	3.06	2.96	3.03	3.19
Ubóstwo	/	3.13	3.05	3.08	3.05	2.99	3.25
Niski wskaźnik urodzeń	2.25	3.29	3.00	3.09	3.14	2.98	2.60
Bezrobocie	/	3.35	3.14	3.26	3.24	2.97	3.46
Klęski żywiołowe i technologiczne	2.76	3.19	2.76	2.62	2.73	2.85	2.83
Samobójstwa	/	3.08	2.88	2.82	2.72	2.74	2.74
Problemy gospodarcze	3.08	3.22	2.99	2.92	2.85	2.69	3.14
Uchodźcy, nielegalni imigranci	2.68	2.98	2.74	2.59	2.49	2.52	2.47
Wewnętrzna niestabilność polityczna	2.89	2.94	2.53	2.59	2.45	2.51	2.61
Opóźnienia w dziedzinie nauki i techniki	2.66	2.83	2.33	2.47	2.55	2.41	2.67
Choroby zakaźne, AIDS, itp.	/	2.77	2.43	2.21	2.28	2.22	2.23
Konflikty na terytorium byłej Jugosławii	2.72	2.74	2.09	2.31	2.22	2.15	2.26
Skrajny nacjonalizm	2.48	2.53	2.20	2.14	2.15	2.07	2.14
Terroryzm	2.45	2.64	2.09	1.87	1.90	1.91	1.79
Zagrożenia wojskowe z innych krajów	2.36	2.21	1.79	1.76	1.68	1.70	1.68
Zależność energetyczna od obcych krajów**	/	/	/	/	/	/	2.62

Źródła: Dobovšek et al. (2009); Meško et al. (2007); Malešič et al. (2010).

*Uwaga: Tabela przedstawia średnią wartość w skali od 1 do 4 (1 = nie ryzyko, 4 = bardzo groźne).
**Pytanie o zależność energetyczną od obcych krajów pojawiło się po raz pierwszy w sondażu w 2009 roku.

Tabela 8 pokazuje, że w opinii ludności słoweńskiej od 1999 r. zagrożenia dla bezpieczeństwa stały się mniej istotne i mniej groźne. Do tej grupy zagrożeń należą: terroryzm, zagrożenia militarne ze strony innych państw, konflikty na terytorium byłej Jugosławii i skrajny nacjonalizm. Choroby zakaźne, takie jak AIDS i zapalenie wątroby, również nie są uznawane przez społeczeństwo za bardzo niebezpieczne dla nich i ich bezpieczeństwa. W przeszłości ważnym zagadnieniem był niski wskaźnik urodzeń, ale od 2007 roku wskaźnik dzietności rośnie i dlatego ten rodzaj zagrożenia bezpieczeństwa jest tylko umiarkowanie niebezpieczny. Interesujące jest to, że na początku 1999 r., kiedy to pytanie zostało po raz pierwszy uwzględnione w badaniu, społeczeństwo postrzegało samobójstwa jako średnie zagrożenie dla bezpieczeństwa.

Zagrożenia przedstawiane w mediach na co dzień oraz częściej spotykane zagrożenia (Sotlar i in., 2011: 18-19) są postrzegane jako zagrożenia średnie. Obejmują one również wewnętrzną niestabilność polityczną, opóźnienia w dziedzinie nauki i technologii, wypadki drogowe, przestępczość, narkotyki i narkotyki, sprzedaż mienia państwowego, problemy gospodarcze, degradację środowiska oraz klęski żywiołowe i technologiczne. Średnie zagrożenia dla bezpieczeństwa obejmują również zależność energetyczną od obcych krajów. Pytanie to pojawiło się po raz pierwszy w sondażu z 2009 roku. Społeczeństwo słoweńskie postrzegało bezrobocie jako silne zagrożenie (M > 3,4) dla bezpieczeństwa.

Przy bliższym przyjrzeniu się czynnikom ryzyka dla bezpieczeństwa, takim jak *degradacja środowiska* oraz *klęski żywiołowe i technologiczne* w Republice Słowenii, dane z tabeli 8 pokazują, że:

1) Oba czynniki ryzyka zostały sklasyfikowane w badaniach opinii publicznej w latach 1994-2009 jako średnie zagrożenie dla bezpieczeństwa;
2) Według słoweńskiej opinii publicznej katastrofy naturalne i technologiczne są mniej groźne niż degradacja środowiska;
3) z wyjątkiem 1999 r., kiedy to klęski żywiołowe i technologiczne jako zagrożenie dla bezpieczeństwa miały wyższą rangę, klęski żywiołowe i technologiczne wahają się od M = 2,62 do M = 2,85 (tzn. M = 2,7) w

skali od 1 do 4. Możemy stwierdzić, że ludzie są świadomi potencjalnych zagrożeń związanych z klęskami żywiołowymi i technologicznymi, ale rozumieją również, że są one rzadkie (z wyjątkiem powodzi, które niedawno wystąpiły na słoweńskich obszarach zagrożonych powodzią), a zatem klasyfikowane jako średnie zagrożenie dla bezpieczeństwa;

4) pod względem degradacji środowiska naturalnego, która jest jednym z czynników ryzyka dla bezpieczeństwa, ludność słoweńska postrzegała je jako nieco poważniejsze zagrożenie dla bezpieczeństwa, ale mimo to zaklasyfikowała je do kategorii średnich zagrożeń dla bezpieczeństwa (jego średnia pozostałość jest nieco wyższa i waha się od M = 2,91 w 2003 r. do M = 3,35 w 1999 r., czyli M = 3,1). Choć niewielka, od 2003 r. zauważalna jest tendencja rosnącego wskaźnika ryzyka degradacji środowiska jako czynnika zagrażającego bezpieczeństwu; oraz
5) Słoweńskie badanie opinii publicznej z 2009 r. zawierało następujące pytanie odnoszące się do wpływu zmian w środowisku na bezpieczeństwo: "Czy obawiasz się, że zmiany w środowisku naturalnym wynikające z ludzkich zachowań mogą mieć decydujący wpływ na bezpieczeństwo w przyszłości? ". Wyniki ankiety wykazały, że 859 (86,1%) respondentów odpowiedziało twierdząco, a 139 (13,9%) negatywnie. Wyniki badania opinii publicznej w Słowenii w 2009 r. pokazują, że ponad trzy czwarte społeczeństwa słoweńskiego uważa, że celowe i bezprawne interwencje człowieka w środowisko oraz zmiany wynikające z takich aktów mogą w przyszłości wpłynąć na jego bezpieczeństwo.

Zagrożenia dla środowiska są nie tylko niebezpieczne dla środowiska i ludzi, ale również stanowią ważny aspekt zagrożeń dla bezpieczeństwa narodowego. Z krajowego punktu widzenia, jeśli chodzi o relacje między środowiskiem a bezpieczeństwem, kluczowe znaczenie ma pytanie o bezpośrednie i pośrednie oddziaływanie środowiska na bezpieczeństwo narodowe. Przestępstwa przeciwko środowisku należą do czynników ryzyka dla bezpieczeństwa indywidualnego, krajowego i międzynarodowego, ponieważ akty bezprawnego i nadmiernego wyczerpania i degradacji zasobów naturalnych doprowadziły do ich niedoboru. Zainteresowanie i świadomość znaczenia i powagi badanych zagrożeń dla środowiska i innych kwestii rośnie wśród społeczeństwa znacznie szybciej niż w dziedzinie badań. Społeczeństwo słusznie oczekuje, że państwo odpowiednio zareaguje, promując ochronę środowiska, a tym samym ograniczając zagrożenia dla bezpieczeństwa. W epoce nowoczesnej, charakteryzującej się globalizacją, bezpieczeństwo ma wymiar uniwersalny.

W Słowenii w ciągu ostatnich kilku lat rośnie liczba badań naukowych dotyczących przestępstw przeciwko środowisku i związanych z nimi kwestii. Zielona kryminologia stanowi jedną z ważnych więzi pomiędzy systemem sądownictwa karnego, jego podsystemami, innymi naukami i wszystkimi innymi zainteresowanymi stronami. Łączy on i łączy różne rodzaje wiedzy naukowej i doświadczenia, które dotyczą zagadnień związanych z ochroną środowiska. Studia przypadków, prowadzone ankiety, wyniki badań, analizy i dyskusje naukowe mogą jedynie pomóc właściwym organom i innym grupom interesów w walce z przestępczością przeciwko środowisku, podczas gdy szkody w środowisku stanowią stale rosnące zagrożenie. Świadomość wpływu przestępczości ekologicznej na bezpieczeństwo narodowe i jej potencjalnych konsekwencji ułatwia stworzenie systemu bezpieczeństwa zdolnego do reagowania w sytuacjach kryzysowych. Środki zapobiegawcze mające na celu powstrzymanie potencjalnych zagrożeń dla środowiska są mniej pretensjonalne, skomplikowane, kosztowne i wcale nie zagrażające. Reaktywne i proaktywne reakcje na przestępstwa przeciwko środowisku w Słowenii omówiono w następnym rozdziale. Przedstawiane są również opinie słoweńskich ekspertów, którzy na co dzień zajmują się sprawami związanymi z przestępczością ekologiczną.

5.4.2 Opinie ekspertów w sprawie przestępczości ekologicznej w Słowenii

Celem tych badań było uzyskanie kompleksowego obrazu badanego problemu (tj. dochodzenia i reakcji na przestępstwa przeciwko środowisku w Słowenii). W związku z tym metoda wywiadów ustrukturyzowanych została wykorzystana do zebrania danych na temat stanowisk dotyczących przestępstw przeciwko środowisku zajmowanych przez każdą z grup ekspertów, którzy regularnie zajmują się zagrożeniami środowiskowymi i/lub ochroną środowiska w trakcie swojej pracy. W tym celu przeprowadziliśmy wywiady z 25 osobami z różnych części Słowenii, które pracują jako członkowie organizacji pozarządowych, inspektorzy ochrony środowiska, policjanci, śledczy, prokuratorzy, sędziowie, dziennikarze, strażacy, przedstawiciele agencji ochrony ludności, naukowcy akademiccy, urzędnicy państwowi z właściwych ministerstw oraz nauczyciele w szkołach podstawowych i średnich. Byliśmy zainteresowani ich poglądami na temat przestępstw przeciwko środowisku, ich różnych rodzajów, ofiar i potencjalnych metod skutecznego reagowania na przestępstwa przeciwko środowisku w Słowenii. Respondentom zadano pięć następujących grup pytań:

1) *Pytanie pierwsze:*

   1.1: Jaki problem stanowią Państwa zdaniem zagrożenia dla środowiska (np. zanieczyszczenie i zniszczenie środowiska) dla społeczeństwa słoweńskiego? Gdzie umieściłbyś je na 10-stopniowej skali (od 1 = brak problemu do 10 = bardzo ważny problem)?

   1.2: Co rozumiesz pod pojęciem przestępstwa przeciwko środowisku naturalnemu?

   1.3: Czy kiedykolwiek spotkałeś się z przestępczością ekologiczną? Jeśli tak, to gdzie?

2) *Pytanie drugie*:

   2.1: Co pana zdaniem budzi największy niepokój i jest najbardziej problematyczne w dziedzinie przestępczości ekologicznej w Słowenii?

   2.2: Jakie rodzaje zagrożeń dla środowiska (rodzaje przestępstw przeciwko środowisku) i/lub rodzaje ochrony środowiska napotykasz w zakresie swojej pracy?

3) *Pytanie trzecie*:

   3.1: Czy uważasz, że możemy rozmawiać o ofiarach przestępstw ekologicznych w Słowenii? Dlaczego tak uważasz?

   3.2: Kto (tzn. jakie grupy ludzi, zwierząt, roślin) jest według Ciebie najczęściej narażony na przestępczość ekologiczną i staje się jej ofiarą?

4) *Pytanie czwarte*:

   4.1: Jaka jest Twoja opinia na temat formalnych odpowiedzi państwa (ustawowych, prawnych) przeciwko naruszycielom prawa ochrony środowiska?

   4.2: Jaka jest Twoja opinia na temat nieformalnych reakcji społeczeństwa (niepisanych zasad społeczeństwa) na łamanie przepisów dotyczących ochrony środowiska?

   4.3: Czy uważasz, że właściwe agencje rządowe współpracują ze sobą w sprawach dotyczących środowiska i ich sprawców? Jeśli tak, to w jaki sposób? Jak oceniłby Pan efektywność współpracy pomiędzy organizacjami rządowymi i pozarządowymi?

5) *Pytanie piąte*:

   Jakie rodzaje i metody zapobiegania przestępczości środowiskowej byłyby, pana zdaniem, użyteczne i skuteczne dla społeczeństwa słoweńskiego i środowiska naturalnego?

Było w nim pięć kwestii demograficznych. Wywiady zostały przeprowadzone we wrześniu, październiku i listopadzie 2011 roku. W trakcie badania prowadzono dziennik badawczy, w którym zapisywano wszystkie wywiady wraz z protokołem określającym daty i miejsca ich przeprowadzenia, w tym listę osób, z którymi przeprowadzono wywiady. Anonimowość rozmówców została zapewniona. Nagranie magnetofonowe nie było wykorzystywane podczas wywiadów, ponieważ mogło zakłócać pracę osób, które były bardziej ostrożne w udzielaniu odpowiedzi, jak wykazały badania pilotażowe. Wszystkie odpowiedzi były rejestrowane ręcznie, a następnie przepisywane w formie elektronicznej. Pozwoliło to na zbudowanie baz danych. Podczas analizy wykorzystaliśmy pakiety statystyczne narzędzi programu Excel do elektronicznych arkuszy kalkulacyjnych i analizowanych tekstów lub statystycznie przetworzonych danych językowych w badaniach socjologicznych.

5.4.2.1 Próba ekspertów, z którymi przeprowadzono wywiady

Tabela 9 przedstawia dane demograficzne dotyczące próby respondentów, którzy uczestniczyli w badaniu. Próba obejmuje 25 respondentów; 16 (64%) mężczyzn i 9 (36%) kobiet.

Tabela 9: Opis próbki

		f	%
Płeć	**Mężczyzna**	16	64.0
	Kobieta	9	36.0
Wiek	**<= 30**	5	20.0
	31 - 40	5	20.0
	41 - 50	6	24.0
	=>51	8	32.0
	Brakująca odpowiedź	1	4.0
Edukacja	**Szkoła średnia**	2	8.0
	Kolegium	1	4.0
	B.A.	15	60.0
	M.A.	4	16.0
	Doktorze.	3	12.0

Z tabeli 9 wyraźnie wynika, że według struktury wiekowej respondentów pięć (20%) osób miało 30 lat lub mniej, pięć (20%) osób miało 31-40 lat, sześć (24%) osób miało 41-50 lat, a osiem (32%) osób miało 51 lat lub więcej. Szczególnie interesujący jest wysoki odsetek starszych respondentów oraz fakt, że jeden z nich (sędzia sądu rejonowego) odmówił podania informacji o swoim wieku z powodu rzekomego braku anonimowości.

Dane dotyczące wykształcenia przedstawione w tabeli 9 wskazują, że aż 15 (60%) ankietowanych posiada stopień licencjata. Odsetek innych kwalifikacji jest znacznie niższy.

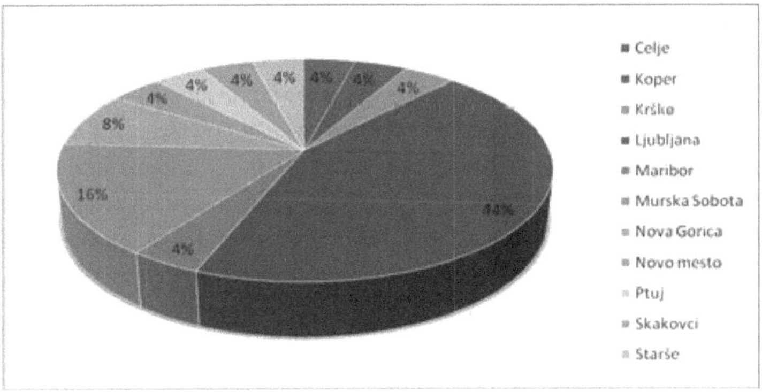

Rysunek 8: Lokalna dystrybucja próby respondentów

Rysunek 8 przedstawia lokalny rozkład próby respondentów w niniejszym badaniu. Fakt, że duża liczba respondentów (11 respondentów, czyli 44%) pochodzi z obszaru Lublany, nie jest zaskoczeniem, ponieważ większość właściwych organów i organizacji pozarządowych jest scentralizowana w stolicy Słowenii.

5.4.2.2 Interpretacja wyników

Respondenci uważają, że zagrożenia dla środowiska są poważnym problemem z kilku powodów: 1) rozmiar spowodowanych szkód, które najczęściej nie mogą być naprawione na późniejszym etapie; 2) osoby i inne żywe istoty, które są dotknięte szkodą; oraz 3) ponieważ jest to problem przetrwania.

W zakresie umieszczania zagrożeń środowiskowych w 10-stopniowej skali, średnia wartość takiej oceny w Słowenii wynosi 5,56 (min=2; max=10). Wielu respondentów (40%) uważa, że zagrożenia środowiskowe w Słowenii nie stanowią poważnego problemu, jak w innych częściach świata, ale ostrzegają, że takie problemy narastają. Respondenci podkreślają, że mamy do czynienia z problemem antropocentrycznej relacji między ludźmi a środowiskiem i że ludzie w większości przypadków wykorzystują środowisko w celu generowania zysków. Stopień tolerancji dla takich czynów, jaki wykazuje ludność słoweńska, jest nadal zbyt wysoki.

Rozmówcy rozumieją, że termin "przestępstwo przeciwko środowisku" obejmuje wszystkie rodzaje zagrożeń dla środowiska i degradacji środowiska (tj. wykroczenia i przestępstwa zdefiniowane w przepisach o ochronie środowiska). Dwie trzecie (17) ankietowanych ściśle przestrzega prawnej definicji przestępstwa przeciwko środowisku, a jedna trzecia (8) ankietowanych rozszerza pojęcie przestępstwa przeciwko środowisku na wszystkie przestępstwa przeciwko środowisku, które są niedopuszczalne przez społeczeństwo (tj. socjologiczna definicja przestępstwa przeciwko środowisku). W Słowenii oczywista jest zależność między obiema definicjami przestępstw przeciwko środowisku i wpływem definicji socjologicznej na prawną definicję przestępstwa przeciwko środowisku.

Ponad dwie trzecie respondentów (72%) doświadcza na co dzień przestępstw przeciwko środowisku naturalnemu podczas pracy. Jedna trzecia (28%) respondentów rzadziej spotyka się z przestępstwami przeciwko środowisku, gdy zajmuje się indywidualnymi kwestiami (np. nauczyciele, naukowcy, badacze) i sprawami (np. prokuratorzy i sędziowie).

Respondenci uważają, że w dziedzinie przestępstw przeciwko środowisku w Słowenii najbardziej problematyczne są następujące rodzaje przestępstw przeciwko środowisku i inne powiązane rodzaje przestępstw:

1) odpady (nielegalne spalanie, składowanie i przemyt odpadów; odpady radioaktywne);
2) zanieczyszczenie wody i wód gruntowych w wyniku zrzutów i stosowania zraszaczy i nawozów;
3) zanieczyszczenie gleby, powietrza i hałasu;
4) okrucieństwo wobec zwierząt;
5) przestępstwo ekologiczne "białych kołnierzyków", które jest wykrywane przez organy ścigania, które jednak często nie są w stanie przystąpić do sprawy (tj. mają trudności z uzyskaniem dowodów) lub nie posuwają się daleko z dochodzeniem z powodu lobbingu i wpływów politycznych;
6) zorganizowanej przestępczości przeciwko środowisku i innych

poważnych rodzajów przestępczości przeciwko środowisku, ponieważ właściwe organy słoweńskie nie są w stanie ich wykryć; oraz

7) stare nielegalne tereny objęte dumpingiem, które pozostały w Słowenii po uzyskaniu przez nią niepodległości (tj. od poprzedniego reżimu politycznego).

Poza wymienionymi wyżej rodzajami przestępstw przeciwko środowisku, które zdaniem respondentów uważane są za najbardziej problematyczne w Słowenii, eksperci wskazali również na kilka innych zjawisk związanych z przestępstwami przeciwko środowisku, które ich zdaniem stanowią powód do poważnego zaniepokojenia:

1) niska świadomość ekologiczna osób i firm (osób prawnych) w zakresie ochrony środowiska;
2) media i politycy wprowadzający w błąd opinię publiczną co do powagi i częstotliwości występowania przestępstw przeciwko środowisku naturalnemu oraz zmniejszający wagę problemu poprzez odwoływanie się do "zieloności" Słowenii (cytat z wywiadu): *"...problem leży w braku dyskursu na temat szkodliwości codziennych nawyków kapitalistycznych dla środowiska"*);
3) niekompetencja i bezradność poszczególnych departamentów rządowych;
4) ogromne szkody wyrządzone środowisku naturalnemu i państwu lub jego obywatelom oraz fakt, że niezwykle trudno jest naprawić zniszczone środowisko i że powrót do pierwotnego stanu środowiska jest najczęściej niemożliwy;
5) niewystarczającą kontrolę sprawowaną przez właściwe agencje (inspektorów) nad osobami prawnymi; oraz
6) nieodpowiednie ramy prawne regulujące ochronę środowiska.

Wywiadowcom zadano następujące pytanie: "Jakie rodzaje zagrożeń dla środowiska (rodzaje przestępstw przeciwko środowisku) i/lub formy ochrony środowiska napotykasz w pracy? ". Ich odpowiedzi zostały przedstawione w tabeli 10 poniżej i pokazują rodzaje przestępstw przeciwko środowisku, z którymi respondenci najczęściej spotykają się w swojej pracy. Z danych wynika, że rodzaj przestępstwa ekologicznego, którym najczęściej się zajmujemy, dotyczy odpadów, głównie nielegalnego składowania i handlu odpadami, spalania odpadów i innych form niewłaściwej gospodarki odpadami. Nie mniej niż 60% (15) respondentów stwierdziło, że musi zajmować się kwestiami związanymi z odpadami w swojej pracy. Dane te są zgodne z danymi zarejestrowanymi przez Inspekcję (IRSOP, 2010), gdzie naruszenia związane z unieszkodliwianiem odpadów stanowią 55% wszystkich zgłoszonych naruszeń. Oczywiste jest, że drugim najczęściej spotykanym rodzajem przestępczości środowiskowej jest nadmierna emisja zanieczyszczeń do wody i wód gruntowych, z którą w trakcie swojej pracy boryka się 56% (14) respondentów, a nadmierna emisja do powietrza 36% (9) respondentów.

Tabela 10: Najczęstsze rodzaje przestępstw przeciwko środowisku

Rodzaje przestępstw przeciwko środowisku	f	%
Odpady (nielegalne usuwanie odpadów i handel nimi, spalanie odpadów i niewłaściwa gospodarka odpadami)	15	60
Nadmierna emisja zanieczyszczeń do wody i wód gruntowych	14	56
Nadmierna emisja do powietrza	9	36
Wszystkie rodzaje przestępstw przeciwko środowisku (przestępstwa określone w kodeksie karnym (KZ-1; 2008; 2009; 2011) oraz wykroczenia określone w ustawie o ochronie środowiska (ZVO-1-UPB1; 2006; 2008; 2009) i innych aktach)	8	32
Nielegalna eksploatacja surowców mineralnych	3	12
Interwencje w chronionych siedliskach przyrodniczych (jazda pojazdami mechanicznymi)	3	12
Ogólne formy ochrony środowiska i podnoszenia świadomości	3	12
Tortury na zwierzętach	2	8
Wszelkie formy pominięcia obowiązków (tj. przestępstwa państwa)	2	8
Nielegalny lobbing w trakcie procesu systematycznej zmiany przepisów dotyczących ochrony środowiska	2	8
Pozwolenia na budowę i nielegalne zmiany w układzie przestrzennym	2	8
Przestępczość zorganizowana i biała przestępczość przeciwko środowisku	2	8
Promieniowanie elektromagnetyczne	1	4
Zabójstwa ryb	1	4

Interesujący jest fakt, że 32% (8) respondentów w trakcie swojej pracy spotyka się ze wszystkimi rodzajami przestępstw przeciwko środowisku wymienionymi w kodeksie karnym (KZ-1; 2008; 2009; 2011; 2012), ustawie o ochronie środowiska (ZVO-1-UPB1; 2006; 2008; 2009) i innych aktach prawnych. Jeżeli porównamy te dane z oficjalnymi statystykami policyjnymi, zauważymy, że w latach 2000-2010 nie wykryto czterech grup rodzajów przestępstw ekologicznych (przestępstwa związane z zanieczyszczeniem mórz i wód przez statki; przywóz i wywóz substancji niebezpiecznych; przenoszenie chorób zakaźnych zwierząt i roślin; niszczenie plantacji przez szkodliwy czynnik;

produkcja szkodliwych leków do leczenia zwierząt). W tym momencie można by zadać pytanie, czy te rodzaje przestępstw przeciwko środowisku rzeczywiście występują, czy też są to rodzaje przestępstw przeciwko środowisku trudne do udowodnienia i dlatego też nigdy nie są rejestrowane w oficjalnych statystykach, czy też szara strefa przestępstw przeciwko środowisku jest tak rozległa, że niektóre szczególne rodzaje przestępstw nie są wykrywane i przetwarzane.

Do rzadziej omawianych rodzajów przestępstw przeciwko środowisku należą: zabijanie ryb, nadmierne promieniowanie elektromagnetyczne, torturowanie zwierząt, ingerowanie w chronione środowisko naturalne, nielegalna eksploatacja surowców mineralnych oraz pomijanie obowiązków właściwych organów (tj. przestępstwa przeciwko środowisku popełniane przez państwo). Szczególnie widoczne są dane dotyczące wykrywania przypadków nielegalnego lobbingu w procesie systematycznej zmiany przepisów dotyczących ochrony środowiska, nielegalnych pozwoleń na budowę i nielegalnych zmian w układach przestrzennych, a także przypadków zorganizowanej przestępczości ekologicznej i przestępczości "białych kołnierzyków".

Trzech (12%) respondentów nie zajmuje się bezpośrednio zagrożeniami dla środowiska i przestępczością ekologiczną. Przeciwnie, nauczyciele i naukowcy zajmują się ogólnymi formami ochrony środowiska i podnoszenia świadomości, o czym poinformował jeden z nauczycieli szkoły podstawowej:

> *W pracy nie mam bezpośrednio do czynienia z przestępczością ekologiczną. Staramy się przedstawiać uczniom tematy dotyczące zanieczyszczenia i degradacji środowiska oraz podkreślać znaczenie ochrony środowiska; mówimy o tym, jak musimy się zachowywać, aby chronić środowisko. Jesteśmy również zaangażowani w projekt "eko-szkoły", który naprawdę daje wiele możliwości i form kształcenia i podnoszenia świadomości dzieci, a nawet nauczycieli.*

Ofiary przestępstw ekologicznych w Słowenii są jednym z gorących tematów dyskusji, zwłaszcza jeśli chodzi o obszary szczególnie narażone lub zagrożone, takie jak dolina Mežica, Idrija, równiny Sorško polje, Kranjsko polje i Krško polje, Lublana i jej okolice, dorzecze Savinjska oraz równiny Dravsko polje i Panonsko polje wzdłuż rzek Drava i Mura.

Dziewięćdziesiąt dwa procent (23) ankietowanych (większość) uważa, że można mówić o ofiarach przestępstw ekologicznych w Słowenii. Respondenci uważają, że problem ofiar przestępstw ekologicznych jest szczególnie związany z problemem zanieczyszczeń pochodzących z fabryk i korporacji, pojawieniem się masowych ofiar przestępstw ekologicznych oraz jakością ich życia w zdegradowanych środowiskach. W tym kontekście możemy mówić o zjawiskach niesprawiedliwości ekologicznej i przestępczości ekologicznej popełnianej przez państwo, ponieważ państwo nie zrobiło wiele, aby chronić swoich obywateli w pewnych obszarach (np. Mežica, Idrija, Zasavje, Anhovo).

Szczególnie widoczne jest przekonanie, że ludzie są upośledzeni lub padają ofiarami przestępstw ekologicznych z powodu niszczenia środowiska i zabijania zwierząt. Antropocentryczne spojrzenie na relacje między ludźmi a środowiskiem jest nadal obecne i bardzo często ludzie są na pierwszym planie, tzn. wyprzedzają środowisko. Niezwykle rzadko zdarza się, aby na pierwszym miejscu stawiane było środowisko przez pewne grupy społeczne (tj. organizacje pozarządowe) lub osoby o wysokim poziomie etyki ekologicznej i uczciwości. Sytuację tę można opisać za pomocą oświadczenia udzielonego przez przesłuchiwanego śledczego:

> *...możemy mówić o "bezpośrednich" ofiarach i ogólnym postrzeganiu kwestii ochrony środowiska. Mam tu na myśli fakt, że kiedy niszczymy środowisko naturalne, grożymy sobie. Z drugiej strony węższa definicja terminu "ofiara przestępstwa ekologicznego" ma zastosowanie jedynie do środowiska naturalnego i jego degradacji. Jednocześnie dotknięte są jednak również rośliny, zwierzęta i ludzie, którzy są częścią środowiska.*

Tabela 11: Ofiary przestępstw przeciwko środowisku

Ofiary przestępstw ekologicznych	f	%
Ludzie	22	88
Zwierzęta	19	76
Rośliny	18	72

Tabela 11 potwierdza powyższe argumenty, ponieważ aż 88% (22) respondentów uważa, że ludzie są najczęstszymi i najbardziej narażonymi ofiarami przestępstw ekologicznych. Zwierzęta są drugą najczęściej wymienianą ofiarą (76%), natomiast rośliny (72%) są ostatnimi.

W Słowenii głównym problemem związanym z nastawieniem ludzi do środowiska naturalnego jest nadal uzależnienie ludzi od przemysłu. Ludzie tolerują zanieczyszczających, ponieważ są zależni od ich działalności. Zostało to podkreślone w jednym z wywiadów:

> *W Słowenii nie mówimy o ofiarach przestępstw ekologicznych, ponieważ jeszcze ważniejsze jest, aby ludzie mieli zatrudnienie i mogli otrzymać pracę (tzn. ukryte ofiary), ale nikt nie pyta o to, w jakim środowisku pracy pracują ci ludzie i jak niebezpieczne jest to dla ich zdrowia. Konsekwencje tego typu przestępstw ekologicznych będą widoczne dopiero za kilka lat lub dziesięcioleci, kiedy wszyscy "zapłacimy" bardzo wysoką cenę (np. następne pokolenia), ponieważ nie chronimy środowiska naturalnego dzisiaj i nadal na pierwszym miejscu stawiamy gospodarkę i produkcję.*

Wszyscy respondenci uważają, że formalne odpowiedzi (ustawowe, prawne) podejmowane przez państwo przeciwko podmiotom naruszającym prawo ochrony środowiska powinny być zdefiniowane przez ustawodawstwo. Respondenci wyrazili następujące poglądy na temat formalnych reakcji w dziedzinie przestępstw przeciwko środowisku w Słowenii:

1) brak praktyki, kwalifikacji i doświadczenia;
2) system prawny, który jest jeszcze w fazie tworzenia, luki prawne i zbyt wolne tempo wdrażania (np. "*...naprawa środowiska i jego powrót do stanu pierwotnego powinien być obowiązkowy, niezależnie od tego, która agencja rządowa byłaby za to odpowiedzialna...*");
3) policja powinna mieć więcej władzy i autorytetów;
4) brak inspektorów ochrony środowiska;
5) państwo pełni podwójną rolę - jest sprawcą przestępstw ekologicznych i jednocześnie strażnikiem środowiska;
6) operacyjny system monitorowania nie jest ustanowiony na szczeblu krajowym (tzn. nie funkcjonuje); oraz
7) Problemem pozostaje powielanie lub podział kompetencji między organami krajowymi (tj. policją i inspektoratem).

Ochrona środowiska naturalnego powinna być krajowym priorytetem, co podkreśla urzędnik rządowy, działający w dziedzinie zapobiegania korupcji:

> *W Słowenii problem związany z oceną polityki ochrony środowiska w porównaniu z innymi politykami (np. gospodarczymi, społecznymi itp.) jest szczególnie istotny, ponieważ jest to obszar słabo rozwinięty.*

Ostatnio przepisy Unii Europejskiej przyczyniły się do zwiększenia znaczenia i rozwoju polityki ochrony środowiska w Słowenii, która wreszcie staje się priorytetem.

Rysunek 8 podsumowuje nieformalne reakcje na przestępstwa przeciwko środowisku w Słowenii, doświadczone lub postrzegane przez respondentów. Najczęstsze odpowiedzi obejmują organizacje pozarządowe (26 %) i inicjatywy obywatelskie (25 %), a w dalszej kolejności sprawozdania obywateli dotyczące naruszeń (22 %). Obsługa medialna (16 %), która zazwyczaj wiąże się z działalnością organizacji pozarządowych i inicjatyw obywatelskich, jest mniej powszechna.

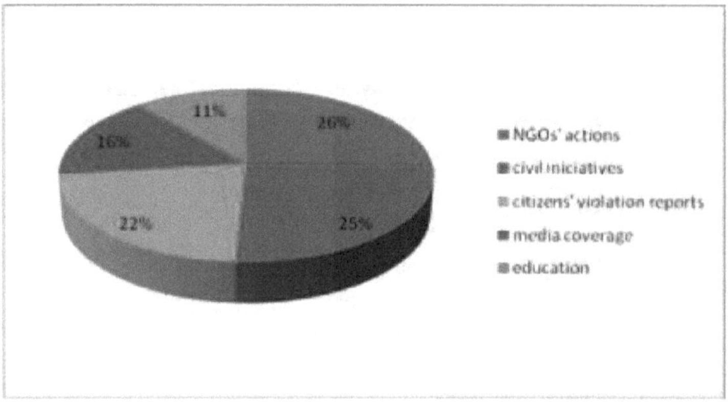

Rysunek 9: Nieformalne reakcje na przestępstwa przeciwko środowisku w Słowenii

Wywiadowcy włączyli również edukację jako jedną z ważnych form nieformalnych odpowiedzi. Respondenci wyrazili następujące poglądy na temat nieformalnych reakcji w dziedzinie przestępczości przeciwko środowisku w Słowenii:

1) Nieformalne reakcje są natychmiastowe, ale wciąż niewystarczające, chociaż poszczególne działania są czasami przesadzone tylko z powodu chęci zwrócenia uwagi i braku zaufania do systemu wymiaru sprawiedliwości w sprawach karnych;
2) Reakcje nieformalne zależą od świadomości jednostki (tj. etyki ekologicznej);
3) ludzie w Słowenii są nadal selektywnie tolerancyjni; oraz
4) Organizacje pozarządowe są nadal zależne od środków otrzymanych od

państwa i elit politycznych.

Tabela 12, w której przedstawiono opinie ekspertów na temat współpracy między odpowiednimi agencjami i organizacjami rządowymi oraz na temat współpracy między organizacjami rządowymi i pozarządowymi, wyraźnie pokazuje, że wszystkie zainteresowane organizacje nie współpracują w wystarczającym stopniu i mogą wzmocnić swoją współpracę przy reagowaniu na przestępstwa przeciwko środowisku i związane z nimi kwestie w przyszłości.

Rozmówcy to podkreślali: 1) reakcja organów krajowych jest zbyt powolna; 2) agencje krajowe często działają w ramach planów rocznych (np. Inspektorat), co skutkuje niewystarczającą kontrolą rządową (a (niewystarczająca) niewielka liczba inspektorów częściowo przyczynia się do tego problemu); oraz 3) współpraca w ostatnich latach rzeczywiście uległa poprawie. W szczególności powoli poprawia się powracający problem w zakresie interakcji i współpracy między policją a inspektoratem.

Tabela 12: Współpraca między organizacjami w zakresie rozwiązywania problemów związanych z ochroną środowiska

Opinia na temat współpracy	Współpraca między agencjami i organizacjami rządowymi		Współpraca między organizacjami rządowymi i pozarządowymi	
	F	%	F	%
Tak, współpracują	6	24	2	8
Nie, oni nie współpracują	3	12	3	12
Niewystarczająca współpraca	13	52	18	72
Brak odpowiedzi	3	12	2	8

Jeśli chodzi o współpracę między organizacjami rządowymi i pozarządowymi, respondenci uważają, że potrzebne jest partnerstwo. Przedstawiciele obu grup krytycznie odnoszą się do współpracy ze swoimi odpowiednikami (np. organizacje pozarządowe czasami skarżą się, że właściwe władze odsuwają je na bok lub nie biorą pod uwagę ich opinii i przedstawionych faktów; przedstawiciele agencji rządowych uważają, że organizacje pozarządowe są raczej irytujące, ponieważ przyciągają uwagę mediów, co często powoduje więcej szkód niż pożytku, ponieważ postępowanie przygotowawcze jest jasno określone w przepisach). Ze względu na opisany stan rzeczy, współpraca między tymi dwiema grupami powinna być ustanowiona przepisami

ustawowymi.
Na pytanie o zapobieganie przestępczości przeciwko środowisku i metody, które byłyby przydatne i skuteczne w Słowenii, zaskakująco wysoki odsetek (68% [17]) respondentów nadal uważa, że skuteczne, natychmiastowe i bardziej rygorystyczne działania wdrażane przez właściwe organy stanowią najlepszą formę zapobiegania przestępczości przeciwko środowisku. Mamy tu na myśli sytuację, w której surowe karanie i konsekwentne egzekwowanie sankcji (karnych) powinno funkcjonować jako ogólna forma zastraszania (tj. forma szczególnej prewencji). Należy zauważyć, że prawie połowa (48 %) respondentów uważa, że ogólnie rzecz biorąc w Słowenii potrzebne są wyższe grzywny i bardziej rygorystyczne przepisy. Według respondentów ta grupa środków zapobiegawczych obejmuje również lepszą współpracę między właściwymi organami (32%), wzrost liczby inspektorów ochrony środowiska (16%) oraz wzmocnienie współpracy między właściwymi organami a organizacjami pozarządowymi (1%).

Druga grupa proponowanych działań mających na celu zapobieganie przestępczości ekologicznej obejmuje edukację i szkolenia (64%) ogółu społeczeństwa, jak również poszczególnych grup (np. starsze pokolenia, które nie były w stanie uczyć się o ochronie środowiska i segregacji odpadów w szkołach podstawowych; dodatkowe szkolenia władz rządowych) oraz podnoszenie świadomości (48%). Respondenci uważają, że relacje w mediach (20%) (np. dziennikarstwo śledcze i regularne doniesienia mediów na temat sprawców naruszeń przepisów dotyczących ochrony środowiska, tzw. lincz medialny). Środki te odgrywają ważną rolę w zapobieganiu przestępczości ekologicznej.
Wreszcie, respondenci uważają, że wzmocnienie polityki ochrony środowiska na poziomie krajowym, na co zwróciło uwagę 12% (3) respondentów, jak również uregulowanie problemu wynikającego z nadmiaru i fragmentacji prawodawstwa w zakresie ochrony środowiska, są również ważne dla środowiska słoweńskiego. Dwanaście procent respondentów uważa, że konieczne jest uproszczenie i systematyczne organizowanie aktów prawnych i przepisów regulujących sferę ochrony środowiska.

Na podstawie powyższej analizy możemy stwierdzić, że do skutecznego konkurowania w tej "grze o przetrwanie" niezbędne jest podejście multidyscyplinarne oraz połączenie różnych proaktywnych i reaktywnych metod reagowania na przestępstwa przeciwko środowisku.

5.5 Omówienie wyników

Na podstawie porównawczej perspektywy kryminologii i sądownictwa karnego w zakresie przestępstw przeciwko środowisku utworzono cztery grupy pytań badawczych, na podstawie definicji kryminologii Sutherlanda (1949; w Sutherland i Cressey, 1974). Zostały one zweryfikowane na podstawie powyższych danych i ustaleń.

Teza Sutherlanda (1949; w Sutherland i Cressey, 1974), że kryminologia obejmuje badania nad tworzeniem prawa, stanowi pierwszą tezę: *Czy istnieje jakiś szczególny wzorzec tworzenia prawa stosowany jako odpowiedź na pojawienie się odchyleń od środowiska naturalnego w Republice Słowenii, który jest typowy? Dlaczego nasilają się/zmieniają czyny przestępcze przeciwko środowisku?*

W Republice Słowenii prawo ochrony środowiska obejmuje wszystkie rodzaje ochrony środowiska, które pochodzą z następujących źródeł: 1) akty prawne; 2) rozporządzenia; 3) orzeczenia sądowe; 4) ustawodawstwo, rozporządzenia i traktaty Unii Europejskiej; oraz 5) międzynarodowe prawodawstwo w zakresie ochrony środowiska. W słoweńskim postępowaniu sądowym ochrona środowiska opiera się na słoweńskiej konstytucji, ale jest regulowana ustawami na poziomie systemowym. W odniesieniu do ustaw, Kodeks Karny (KZ-1, 2008; 2009; 2011; 2012) definiuje obszar przestępczości *przeciwko* środowisku w rozdziale 32 zatytułowanym *Przestępstwa przeciwko środowisku, przestrzeni i zasobom naturalnym*. Pomimo wczesnych prób zdefiniowania przestępstw przeciwko środowisku i prawa ochrony środowiska, Słowenia nadal nie posiada całkowicie zorganizowanego systemu sądownictwa karnego w zakresie ochrony środowiska. Główną tego przyczyną jest fakt, że prawodawstwo w zakresie ochrony środowiska jest nadal uzupełniane i koordynowane - proces systematyzacji prawodawstwa w zakresie ochrony środowiska jest nadal w toku. Taki ciągły rozwój prawodawstwa dotyczącego ochrony środowiska w połączeniu z brakiem orzecznictwa musi być brany pod uwagę. Pomimo ciągłych zmian w ustawodawstwie, zwłaszcza w przepisach karnych w dziedzinie ochrony środowiska, pozostaje ono szkicowe, a czasem niejasne. Poszczególne niedociągnięcia nie zostały usunięte pomimo zaangażowania i koordynacji słoweńskiego ustawodawstwa z ustawodawstwem Unii

Europejskiej.
Niedokończone procesy usystematyzowania ochrony środowiska w systemie sądownictwa karnego są główną przyczyną, dla której Słowenia ma niewiele propozycji dotyczących opracowywania prawa ochrony środowiska na poziomie krajowym. Prawie wszystkie dyrektywy i rozporządzenia, wprowadzające poprawki i zmiany w prawodawstwie dotyczącym ochrony środowiska, pochodzą z UE, a Słowenia, jako jej państwo członkowskie, bierze je pod uwagę i włącza do przyszłego prawodawstwa dotyczącego ochrony środowiska. Czyste i bezpieczne środowisko ludzkie jest priorytetem dla Unii Europejskiej, co znajduje również odzwierciedlenie w modelu tworzenia prawa stosowanym w odpowiedzi na przestępstwa przeciwko środowisku w Słowenii. Analiza prawodawstwa w zakresie ochrony środowiska pokazuje, że dziedzina ochrony środowiska jest wzajemnie i nierozerwalnie powiązana, przede wszystkim ze względu na fakt, że przepisy karne prawodawstwa w zakresie ochrony środowiska i skuteczne funkcjonowanie systemu sądownictwa karnego zależą od występowania przestępstw przeciwko środowisku. Potwierdzeniem takiej relacji jest również silna interdyscyplinarna dziedzina odchyleń od środowiska, łącząca nauki społeczne i przyrodnicze. Przegląd przepisów zawartych w rozdziale 32 kodeksu karnego ujawnił stosunkowo kompleksową regulację sądownictwa karnego w zakresie ochrony środowiska. Problemy wynikają z nieudanego wdrażania i nieskutecznego egzekwowania bardzo dobrych norm wymiaru sprawiedliwości w sprawach karnych dotyczących ochrony środowiska, co obciąża i komplikuje skuteczne funkcjonowanie systemu wymiaru sprawiedliwości w sprawach karnych. Obfitość i rozdrobnienie przepisów ustawowych i wykonawczych są szczególnie istotne. Problem ten przejawia się w pracy inspektorów i policji, a także prokuratury i sądownictwa.

Unia Europejska i jej państwa członkowskie stoją w obliczu podobnych problemów związanych z nieudaną transpozycją, niewystarczającym wdrożeniem i egzekwowaniem sankcji prawa ochrony środowiska. Unia stoi w obliczu całkowicie sprzecznych tendencji. Z jednej strony jesteśmy świadkami tak zwanej *europeizacji* i globalizacji kluczowych norm środowiskowych podejmowanych przez UE bez towarzyszącego im skutecznego wdrażania i egzekwowania sankcji. Z drugiej strony, następuje deregulacja systemu kar w państwach członkowskich. Wdrażanie sankcji (karnych) na terytorium europejskim jest w praktyce niezwykle nieskuteczne. Oczekiwany wkład w ochronę środowiska nie został osiągnięty (tj. zjawisko prawa placebo) (Comte and Krämer, 2004). Dlatego też konieczne jest nie tylko znalezienie rozwiązania problemu związanego z nieefektywną transpozycją, jak również wdrażaniem i egzekwowaniem ochrony środowiska na szczeblu krajowym, ale również oparcie się na multidyscyplinarnym podejściu nauk społecznych i przyrodniczych. Uznanie, że prawo ochrony środowiska osiągnęło swoje granice, kiedy nie było już wystarczająco skuteczne, wywołało reakcję i rozwój nauk społecznych w dziedzinie ochrony środowiska.

Aby odpowiedzieć na drugie pytanie, tj. "*Dlaczego nasilają się/zmieniają czyny przestępcze przeciwko środowisku?*", musimy zrozumieć, że istnieje różnica między prawem karnym a socjologicznym podejściem do definiowania przestępstw przeciwko środowisku. Pierwsze z nich definiuje poszczególne parametry, które są określane prawnie, w oparciu o praktykę; drugie podejście definiuje sprawy karne, które mogą być albo zdefiniowane w istniejących przepisach prawa karnego, albo nie (działania moralnie niedopuszczalne). Definicja socjologiczna poszerza pojęcie przestępstwa przeciwko środowisku bardziej niż definicja prawa karnego; obejmuje ona również ogólne zachowania niespołeczne, co jest sprzeczne z obowiązującymi normami zachowania, ale niekoniecznie jest karalne. Granica pomiędzy szkodą w środowisku a przestępczością w dziedzinie ochrony środowiska jest wyznaczana przez krajowe (bardzo rzadko międzynarodowe) przepisy dotyczące ochrony środowiska (przedstawione na Rys. 2). Odnosimy się tu do wzajemnych zależności między obiema definicjami przestępstw przeciwko środowisku (prawną i socjologiczną) oraz do wpływu socjologicznej definicji przestępstwa przeciwko środowisku na prawną definicję przestępstwa przeciwko środowisku. To ostatnie widoczne jest w zmianach wprowadzanych do ustawodawstwa i poszerzaniu zakresu regulowanych przestępstw przeciwko środowisku; w konsekwencji, jest również widoczne w zwiększaniu liczby przestępstw przeciwko środowisku. Poza zmianami wprowadzonymi do ustawodawstwa dotyczącego ochrony środowiska i wzrostem liczby przepisów karnych określających rodzaje przestępstw przeciwko środowisku, na liczbę przestępstw przeciwko środowisku wpływa również ciągła zmiana rodzajów przestępstw przeciwko środowisku oraz dążenie do osiągnięcia zysku. Zwiększone obciążenie pracą i potrzeba większej liczby inspekcji mają również wpływ na liczbę przestępstw przeciwko środowisku.

Analizy pokazują, że liczba wykroczeń w zakresie ochrony środowiska wykrytych i zbadanych przez Inspektorat powoli wzrasta w Słowenii. Ponadto liczba przestępstw przeciwko środowisku ściganych przez policję stale się różni i w 2013 r. znacznie wzrosła w porównaniu z 2012 r. (ze 156 w 2012 r. do 226 w 2013 r.). Nie możemy jednak powiedzieć, że liczba popełnianych przestępstw przeciwko środowisku w Słowenii rośnie bez przedstawienia głównych przyczyn zmian w liczbie przestępstw przeciwko środowisku.

Druga teza powstała na podstawie stwierdzenia Sutherlanda (1949; w Sutherland i Cressey, 1974), że kryminologia obejmuje badania nad łamaniem prawa: *Jakie są powody, które skłaniają jednostkę do łamania prawa ochrony środowiska? Jakie są najczęstsze rodzaje czynów przestępczych wobec środowiska, przestrzeni, dóbr naturalnych i innych zboczeńczych działań jednostki wobec środowiska? Czy możemy mówić o specjalnej grupie sprawców przestępstw przeciwko środowisku?*

Podobnie jak w przypadku innych rodzajów przestępstw, powody, dla których ludzie popełniają przestępstwa przeciwko środowisku są bardzo zróżnicowane; obejmują one wszystko, począwszy od nieumyślnego, niedbałego lub nieświadomego naruszenia przepisów dotyczących ochrony środowiska, aż do planowanego generowania zysków, obniżenia kosztów operacyjnych lub trudności finansowych. Przestępczość ekologiczna jest przestępstwem nawyków antropocentrycznych i przestępczością produkcji kapitalistycznej, która odbywa się w warunkach określonych przez zglobalizowane nowoczesne społeczeństwo. Na ogół dzieje się tak dlatego, że ludzie zachowują się wobec środowiska naturalnego zgodnie z ludzką perspektywą, zachowując się tak, jakby byli biologicznie, mentalnie i moralnie wyżsi od natury i jakby mieli prawo dążyć do zysków i komfortu bez względu na konsekwencje swoich działań.
Środowisko i jego zasoby naturalne stanowią szansę (źródło zysku) dla przestępców. Jeśli środowisko nie istniało, nie mogło dojść do przestępstwa ekologicznego. Kiedy mamy do czynienia z przestępstwami przeciwko środowisku, mamy wyraźnie do czynienia z oskarżeniami, które są skierowane przeciwko środowisku, a w konsekwencji przeciwko ludziom. Jak podkreślano w trakcie analizy teorii kryminologicznych dotyczących przestępczości przeciwko środowisku, debaty na temat kwestii środowiskowych w ramach teorii socjologicznych, politycznych, ekonomicznych i biologicznych odzwierciedlają brak pewności co do istnienia sprzeczności pomiędzy rozwojem i postępem społecznym (i istnieniem) z jednej strony, a kwestiami środowiskowymi z drugiej.

Jak pokazuje perspektywa antropocentryczna (skoncentrowana na człowieku), analiza przejawów i rodzajów przestępstw przeciwko środowisku, jak również rodzajów przestępstw przeciwko środowisku wykrytych w Słowenii, środowisko w większości przypadków stanowi dla człowieka sposób na generowanie zysków (np. eksploatacja zasobów naturalnych, kłusownictwo) lub unikanie kosztów zalecanych przez państwo lub społeczeństwo (np. nielegalne usuwanie odpadów, uwalnianie substancji toksycznych). Potwierdza to również przewaga teorii kryminologicznych zajmujących się interpretacją przestępstw popełnianych przez bogatych i potężnych. Innymi słowy, do dominujących rodzajów przestępczości należą przestępstwa korporacyjne i przestępczość gospodarcza (np. teoria zysku, teoria socjobiologiczna, teoria legalności, teoria racjonalnego zanieczyszczania środowiska, teoria kryminologii krytycznej).

Na podstawie etiologii przestępczości przeciwko środowisku można stwierdzić, że podstawowa przyczyna popełniania przestępstw przeciwko środowisku leży w naturze ludzkiej i jest związana z antropocentrycznym nastawieniem do środowiska. Podstawowa przyczyna popełniania przestępstw ekologicznych leży w samej naturze, ponieważ środowisko stanowi źródło przetrwania i okazję do generowania zysków (lub unikania kosztów). Podstawowe motywy zbrodni ekologicznych to zysk i rozwój człowieka. Przestępcy tylko rzadko mają różne powody do popełniania przestępstw ekologicznych, takich jak okrucieństwo wobec zwierząt. We współczesnym, zglobalizowanym społeczeństwie o rozwiniętym systemie przemysłowym i zorientowanym na gospodarkę rynkową, przestępczość ekologiczna występuje w wyniku oddziaływań wynikających z warunków i okoliczności społecznych (tj. środowisko jako źródło przetrwania), a także czynników ekonomicznych (tj. środowisko jako źródło zysku).

W odniesieniu do częstotliwości występowania przestępstw przeciwko środowisku, z analizy oficjalnych baz danych statystycznych prowadzonych przez Słoweński Inspektorat i Policję wynika, że do najczęstszych rodzajów przestępstw przeciwko środowisku należą: zanieczyszczenie wody i gleby; skażenie wody pitnej; nielegalne składowanie odpadów i handel nimi; nielegalna eksploatacja surowców mineralnych; tortury zwierząt; nielegalne kłusownictwo i rybołówstwo; jazda pojazdami mechanicznymi w środowisku naturalnym; zanieczyszczenie lasów lub pasz; bezprawne zajmowanie nieruchomości; niszczenie lasów; bezprawne nabywanie lub używanie substancji radioaktywnych lub innych niebezpiecznych substancji. Tortury na zwierzętach, kłusownictwo, obciążanie i niszczenie środowiska i przestrzeni to trzy grupy przestępstw kryminalnych przeciwko środowisku, które są najczęściej obserwowane przez policję w Słowenii. Są one najczęściej nagrywanymi i badanymi rodzajami przestępstw przeciwko środowisku.

Wyniki badania dotyczącego przestępstw przeciwko środowisku w Słowenii pokazują, że ponad dwie trzecie respondentów styka się z przestępstwami przeciwko środowisku podczas pracy niemal codziennie. Jedna trzecia respondentów rzadziej obserwuje przestępstwa przeciwko środowisku naturalnemu, szczególnie w odniesieniu do indywidualnych kwestii (np. nauczyciele, naukowcy, badacze) i spraw (np. prokuratorzy i sędziowie). Respondenci uważają, że do najbardziej problematycznych rodzajów przestępstw ekologicznych w Słowenii należą: 1) odpady; 2) zanieczyszczenie wody i wód gruntowych; 3) zanieczyszczenie gleby, powietrza i hałas; 4) okrucieństwo wobec zwierząt; oraz 5) przestępczość w zakresie ochrony środowiska i zorganizowana przestępczość w zakresie ochrony środowiska. Porównując oficjalne dane statystyczne i społeczne postrzeganie przestępczości ekologicznej, możemy zaobserwować podobne wyniki.

Odpowiedź na trzecie pytanie drugiej tezy jest pozytywna. Rzeczywiście można mówić o specjalnych grupach sprawców czynów przestępczych przeciwko środowisku. Należy podkreślić, że środowisko naturalne jest systemem wzajemnie powiązanym, dlatego też akty przestępczości ekologicznej są ze sobą powiązane. Pomimo faktu, że każdy rodzaj przestępstwa ekologicznego ma swoją specyfikę i jest definiowany za pomocą innej kombinacji teorii kryminologicznych, a w konsekwencji dotyczy różnych ofiar, niemożliwe jest wyznaczenie precyzyjnych granic i uniknięcie wzajemnych interakcji i wpływów między nimi. W Słowenii wyróżniamy pięć grup rodzajów przestępstw przeciwko środowisku w zależności od tego, *kto* jest ich sprawcą: 1) przestępstwa przeciwko środowisku popełnione przez osobę fizyczną; 2) przestępstwa przeciwko środowisku popełnione przez osoby bogate i silne; 3) przestępstwa przeciwko środowisku popełnione przez poszczególne grupy; 4) przestępstwa przeciwko środowisku popełnione przez państwo lub organy władzy; oraz 5) międzynarodowe przestępstwa przeciwko środowisku, które mogą być powiązane ze wszystkimi innymi rodzajami przestępstw przeciwko środowisku (zob. rysunek 4).

Trzecia teza została opracowana na podstawie stwierdzenia Sutherlanda (1949; w Sutherland i Cressey, 1974), że kryminologia obejmuje badania nad przestępcami: *Jakie są rodzaje formalnych i nieformalnych reakcji społeczeństwa na łamanie prawa ochrony środowiska? Czy i w jaki sposób właściwe agencje współpracują przy rozwiązywaniu problemów środowiskowych i ich sprawców?*

Formalne reakcje (ustawowe, prawne) społeczeństwa na naruszanie przepisów dotyczących ochrony środowiska muszą być jasno określone w aktach prawnych. Wyniki badania pokazują, że słoweńskie agencje rządowe muszą zmierzyć się z następującymi problemami: 1) brak praktyki, kwalifikacji i doświadczenia; 2) system prawny, który jest jeszcze w fazie tworzenia, luki prawne i zbyt powolne wdrażanie; 3) niewystarczająca liczba inspektorów ochrony środowiska; 4) brak operacyjnego systemu monitorowania na poziomie krajowym; oraz 5) powielanie lub podział kompetencji między organami krajowymi (tj. policją i inspektoratem). Wszystkie te fakty zdecydowanie wpływają na jakość i efektywność pracy wykonywanej przez kompetentne agencje i urzędników w stosunku do osób łamiących prawo przy próbie ochrony środowiska.

Najczęstsze nieformalne reakcje na przestępstwa przeciwko środowisku w Słowenii obejmują organizacje pozarządowe, inicjatywy obywatelskie, sprawozdania obywateli dotyczące naruszeń, relacje w mediach i edukację. Zgodnie z opinią ekspertów, nieformalne odpowiedzi w Słowenii są następujące: 1) natychmiastowe, które jednak nadal są niewystarczające, choć poszczególne działania są czasem przesadzone tylko z powodu chęci zwrócenia uwagi i braku zaufania do systemu wymiaru sprawiedliwości w sprawach karnych; 2) uzależnione od poziomu świadomości jednostek (tj. etyki ekologicznej); 3) uzależnione od tego, że ludzie w Słowenii są nadal wybiórczo tolerancyjni; oraz 4) uzależnione od tego, że organizacje pozarządowe w Słowenii nadal są uzależnione od środków otrzymanych od państwa i elit politycznych.

Wyniki pokazują, że w Słowenii agencje rządowe i organizacje pozarządowe nie współpracują w wystarczającym stopniu i mogą w przyszłości zacieśnić współpracę w zakresie reagowania na przestępstwa i problemy związane z ochroną środowiska. Dwie główne przyczyny takiej sytuacji leżą w tym, że agencje krajowe reagują zbyt wolno i często działają w ramach planów rocznych (np. Inspektorat), co skutkuje niewystarczającą kontrolą rządową. Jest to szczególnie problematyczna forma interakcji i współpracy pomiędzy Policją a Inspektoratem, która powoli ulega poprawie.

Czwarta teza została również opracowana na podstawie stwierdzenia Sutherlanda (1949; w Sutherland i Cressey, 1974), że kryminologia obejmuje badania nad społeczną odpowiedzią na łamanie prawa i prawodawców: *Jakie rodzaje i metody zapobiegania przestępczości ekologicznej byłyby użyteczne i skuteczne dla społeczeństwa słoweńskiego i środowiska naturalnego?*

Rozwiązania współczesnych problemów ochrony środowiska nie można znaleźć jedynie w bardziej restrykcyjnych przepisach dotyczących ochrony środowiska. Przeciwnie, polega to na redefiniowaniu naszego stosunku do natury w ogóle. Niestety, nasza kultura, wartości i postrzeganie natury wymagają ponownego zbadania. Ludzie muszą zastąpić antropocentryczne postrzeganie środowiska naturalnego przez eko-centryczne i przejść od zachowań reaktywnych do proaktywnych (tj. zapobiegawczych).

Wyniki dotyczące rodzajów i metod zapobiegania przestępczości ekologicznej, które byłyby użyteczne i skuteczne w środowisku słoweńskim, ujawniają opinie ekspertów na temat różnych form zapobiegania przestępczości ekologicznej. Nadal trzymają się one tradycyjnych metod reagowania na przestępczość i zapobiegania jej oraz przypominają o znaczeniu częstszego i bardziej konsekwentnego wdrażania takich metod. Eksperci podkreślają w szczególności, co następuje: 1) skuteczne, natychmiastowe i bardziej rygorystyczne działania właściwych organów; 2) wyższe grzywny i bardziej rygorystyczne przepisy w ogóle; 3) lepsza współpraca między właściwymi organami; 4) zwiększenie liczby inspektorów ochrony środowiska; 5) zacieśnienie współpracy między właściwymi organami a organizacjami pozarządowymi; 6) edukacja (całej ludności, jak również poszczególnych grup) i podnoszenie świadomości; 7) stała obecność w mediach;[109] 8) wzmocnienie polityki ochrony środowiska na poziomie krajowym; oraz 9) uregulowanie

[109] Dziennikarze informujący o kwestiach środowiskowych nie mogą unikać wpływu czynników społecznych, politycznych i kulturowych. Czasami media nie traktują poważnie swojej drugorzędnej roli związanej z podnoszeniem świadomości społecznej.

kwestii związanych z nadmiarem i rozdrobnieniem przepisów dotyczących ochrony środowiska.

Naszym zdaniem sytuacyjne metody prewencji kryminalnej powinny zostać dodane do wyżej wymienionej grupy metod prewencji kryminalnej w zakresie ochrony środowiska. Przenoszenie sytuacyjnych technik zapobiegania przestępczości na przestępstwa przeciwko środowisku wiąże się z opracowaniem modeli, które eliminują możliwości popełnienia przestępstwa (np. przeprojektowanie strategii egzekwowania prawa w celu wyeliminowania możliwości popełnienia przestępstwa charakterystycznych dla danego sektora; poprawa skuteczności egzekwowania prawa w oparciu o pojawiającą się wiedzę na temat charakterystyki przestępców oraz zwiększenie liczby szkoleń technicznych). Metody zapobiegania przestępczości sytuacyjnej starają się identyfikować i interweniować w sytuacjach, w których występują przestępstwa przeciwko środowisku i możliwości wyrządzenia szkód w środowisku, w celu odsunięcia przestępców lub celów od siebie poprzez zastosowanie pięciu grup (zwiększenie postrzeganego ryzyka; zwiększenie postrzeganego wysiłku; zmniejszenie postrzeganych nagród; zmniejszenie postrzeganych prowokacji; oraz usunięcie wymówek związanych z przestępczością) (Clarke i Eck, 2008).

Ogólny wniosek wyciągnięty na podstawie każdej idei, teorii i analizy omówionej w tym rozdziale jest prosty: ochrona środowiska powinna być krajowym priorytetem, a społeczeństwo powinno być całkowicie nietolerancyjne wobec wszystkich rodzajów przestępstw przeciwko środowisku. Perspektywa ekologiczna musi stać się wartością społeczną, a ochrona środowiska naturalnego musi stać się krajowym priorytetem. Aby osiągnąć ten cel, należy zastosować kombinację reaktywnych i proaktywnych metod w odniesieniu do kwestii środowiskowych (np. szkód, przestępczości, zagrożeń), łącząc jednocześnie podejście "odgórne" (przyjmowanie i wdrażanie bardziej rygorystycznych przepisów) i "oddolne" (wdrażanie programów podnoszenia świadomości i edukacyjnych). Należy przeprowadzić dogłębną analizę każdego konkretnego przypadku lub problemu, aby móc opracować odpowiednie reaktywne i proaktywne środki.

Sposób, w jaki ludność słoweńska musi osiągnąć ten cel, jest mniej bezpośredni, ponieważ wiąże się on ze zrównoważonym rozwojem w czystym i chronionym środowisku. Edukacja, współpraca i konformacja będą potrzebne na wszystkich poziomach, szczególnie na poziomie krajowym, tj. między organizacjami rządowymi i pozarządowymi, oraz na poziomie akademickim, tj. między naukami społecznymi i przyrodniczymi. W ślad za tym pójdzie edukacja i podnoszenie świadomości społeczeństwa. Pierwsze kroki są obiecujące; zidentyfikowaliśmy problem (tj. przestępczość ekologiczną) i zaczęliśmy go szczegółowo badać. Ponadto udało nam się stworzyć (i nadal rozwijamy) nową gałąź kryminologiczną, której rolą jest badanie zjawisk szkodliwości środowiskowej, które zostały już uznane za przestępstwo lub są postrzegane jako zagrożenie przez społeczeństwo, w tym poszczególnych procesów związanych z tymi zjawiskami, co zostało omówione w końcowej części niniejszej pracy. Oprócz edukacji i etyki ekologicznej (tzn. podnoszenia świadomości), najlepszym rozwiązaniem jest rozwinięcie całkowitej nietolerancji wobec wszystkich rodzajów szkód środowiskowych i przestępczości. Ochrona środowiska musi stać się (numer jeden) priorytetem krajowym.

6 Wniosek

"Człowiek jest miarą wszystkiego.
Protagoras

Dziś, w dobie elektroniki, cyberprzestrzeni i robotów, mamy do czynienia z zanieczyszczeniem środowiska, degradacją i zniszczeniem jako "produktem ubocznym" kapitalistycznego społeczeństwa i generowaniem maksymalnych zysków. Potrzeby ludzkie i układ środowiska człowieka ingerują w istniejące środowisko naturalne i powodują szkody w nim. Przestępczość ekologiczna jest przestępstwem dawnych nawyków antropocentrycznych, określonych na podstawie zorientowanej na człowieka perspektywy filozoficznej. Często trudno jest ustalić granice między szkodami wyrządzonymi środowisku naturalnemu a przestępstwami przeciwko środowisku, dlatego też są one często określane przez krajowe (bardzo rzadko międzynarodowe) przepisy dotyczące ochrony środowiska. Odnosząc się do pojęcia "przestępstwa przeciwko środowisku", omawiamy wzajemne oddziaływanie między prawnymi i socjologicznymi definicjami przestępstw przeciwko środowisku oraz wpływ definicji socjologicznej na definicję prawną. To ostatnie widoczne jest w stale zmieniającym się ustawodawstwie i poszerzaniu się dziedziny przestępstw przeciwko środowisku. W związku z tym mamy do czynienia ze wzrostem liczby aktów przestępczych przeciwko środowisku. Oczywiste jest, że przekonanie, iż liczba przestępstw przeciwko środowisku wzrasta jedynie z powodu faktycznego wzrostu liczby popełnianych przestępstw przeciwko środowisku, jest błędne. Stwierdzenie to można zilustrować, patrząc na przypadek Słowenii, która zmieniła swoje prawo karne w zakresie ochrony środowiska i znacznie rozszerzyła zakres przestępstw przeciwko środowisku dwa razy w ciągu zaledwie czterech lat, tj. w latach 2008-2012. Ponadto, ze względu na brak dostosowanej terminologii i jednolitej, uznawanej na całym świecie definicji, mamy do czynienia z problemami pojawiającymi się na wszystkich innych poziomach dyskusji, badań, analiz, karania i zapobiegania przestępczości ekologicznej. Pomimo silnego wpływu obu definicji przestępstw, wąskiej definicji prawnej i szerszej definicji socjologicznej, klasyfikacja rodzajów przestępstw przeciwko środowisku, ich porównywanie i argumentacja są, naszym zdaniem, bardziej logiczne, jeśli opierają się na ramach prawnych. Uważamy, że definicja przestępstwa przeciwko środowisku może być ujednolicona, szeroko akceptowana i stosowana do celów badań porównawczych lub innych celów tylko wtedy, gdy jest prosta, jasna i zrozumiała.

Postępując zgodnie z powyższą propozycją dotyczącą przyjęcia prostej definicji z punktu widzenia kryminologii i wymiaru sprawiedliwości w sprawach karnych, przestępstwo przeciwko środowisku można by opisać jako każde tymczasowe lub stałe działanie lub zaniechanie określone i zdefiniowane jako odbiegające od (między)narodowych przepisów prawnych, które powoduje jakikolwiek rodzaj szkody (sztuczna zmiana, pogorszenie, obciążenie, degenerację lub zniszczenie) dla jednego lub więcej z ośmiu elementów (powietrze, woda, miękka gleba, materiały mineralne, ludzie, gatunki zwierząt, gatunki roślin i mikroorganizmy), które składają się na środowisko naturalne lub przerywają naturalne zmiany środowiska. Gwałcicielem może być każdy lub każdy z nas (korporacje, firmy, grupy, osoby prywatne, państwo itp.). Przestępstwa przeciwko środowisku mają wyjątkowy charakter, ponieważ oprócz tego, że wyrządzają szkodę środowisku naturalnemu, szkodzą również bezpośrednio lub pośrednio (biotyczne i abiotyczne elementy naturalne) ludziom.

Podstawową przyczyną popełniania przestępstw przeciwko środowisku jest antropocentryczne podejście do środowiska naturalnego właściwe dla ludzkiej natury. Podstawową przyczyną popełniania przestępstw przeciwko środowisku naturalnemu jest sama natura, ponieważ środowisko stanowi zarówno źródło przetrwania, jak i okazję do generowania zysków (lub unikania kosztów). We współczesnym zglobalizowanym społeczeństwie o rozwiniętym systemie przemysłowym i zorientowanym na gospodarkę rynkową, przestępczość ekologiczna występuje pod wpływem warunków i okoliczności społecznych (tj. środowisko jako źródło przetrwania) oraz czynników ekonomicznych (tj. środowisko jako źródło zysku). W Słowenii do najbardziej problematycznych rodzajów przestępczości środowiskowej należą: odpady; zanieczyszczenie wody i wód gruntowych; zanieczyszczenie gleby, powietrza i hałasu; okrucieństwo wobec zwierząt i kłusownictwo leśne; przestępczość ekologiczna w białych kołnierzykach i zorganizowana przestępczość ekologiczna. Polegając na wiedzy i informacjach na temat rodzajów, przyczyn i sprawców przestępstw przeciwko środowisku, znacznie łatwiej jest zrozumieć, dlaczego określone grupy popełniają przestępstwa przeciwko środowisku, jakie są ich cechy charakterystyczne, a także jak i gdzie można je wytropić. Na podstawie tej wiedzy przygotowanie metod odstraszania i zapobiegania przestępczości ekologicznej jest również znacznie łatwiejsze.

Przestępczość przeciwko środowisku stanowi obecnie ogromne wyzwanie dla teorii i praktyki wymiaru sprawiedliwości w sprawach karnych. Mówiąc o przestępczości ekologicznej, mówimy o bardzo różnorodnych zjawiskach, które pozostają mniej lub bardziej nieznanym rodzajem przestępczości. W niektórych aspektach ten rodzaj przestępczości różni się od innych przestępstw, z którymi mają do czynienia kryminolodzy, badacze i inni eksperci. Analizy pokazują, że zajmując się przestępstwami przeciwko środowisku i wykonując wszelkiego rodzaju badania, należy mieć świadomość konkretnych faktów związanych z przestępstwami przeciwko środowisku, ich cech i innych kwestii z nimi związanych. Przestępczość przeciwko środowisku jest nowym, różnorodnym i wciąż zmieniającym się rodzajem przestępczości, która jest związana z rozwojem i postępem technicznym. Jest to przestępstwo trudne do wykrycia i powstrzymania, często popełniane podczas wykonywania działalności zawodowej lub gospodarczej. Jest to przestępstwo, w którym granice między legalnymi i nielegalnymi praktykami są często niejasne, a także przestępstwo, które powoduje różne kwestie środowiskowe, takie jak niesprawiedliwość środowiskowa, rasizm środowiskowy, pranie brudnych pieniędzy i udział przestępczości zorganizowanej w kradzieżach dóbr naturalnych. Kolejny problem związany z przestępstwami przeciwko środowisku pojawia się ze względu na okres czasu pomiędzy momentem popełnienia przestępstwa lub innych naruszeń a momentem, w którym ich konsekwencje stają się widoczne. Przestępczość ekologiczna jest specyficzna z jednej strony ze względu na jej sprawców, ich motywy i wybrany sposób działania, a z drugiej strony ze względu na to, że występują w niej dwie różne ofiary. W dziedzinie przestępczości ekologicznej mamy do czynienia z szerszą koncepcją terminu "ofiara". Przestępczość ekologiczna jest specyficzna, ponieważ wiąże się ze szczególnymi cechami dwóch różnych ofiar. Czyny przestępcze przeciwko środowisku zazwyczaj nie dotykają bezpośrednio ofiar ludzkich, jak to ma miejsce w przypadku klasycznych form przestępczości. Pierwszą ofiarą czynu przestępczego w zakresie przestępstw przeciwko środowisku jest środowisko, które następnie zagraża człowiekowi. Na podstawie analiz można zidentyfikować osiem grup ofiar środowiskowych: powietrze, woda, miękka gleba, materiały mineralne, ludzie, gatunki zwierząt, rośliny i mikroorganizmy. Ludzie są najbardziej chronioną i znaną grupą ofiar środowiskowych. Pomimo tego, że bardzo trudno będzie pokonać konserwatywną definicję ofiary, jesteśmy świadkami pewnych zmian w mentalności antropocentrycznej. Obecnie naruszenia wobec zwierząt są głośno i szeroko karane (sprawiedliwość gatunkowa), podobnie jak naruszenia wobec gatunków roślin (sprawiedliwość ekologiczna). Społeczeństwo na co dzień dyskutuje o naruszeniach środowiska, dlatego też opisana klasyfikacja ofiar środowiskowych nie wydaje się zbyt ambitna i nierealistyczna.

Przegląd kryminologicznych i socjologicznych teorii i modeli podkreśla problem związany z oddzieleniem człowieka od natury oraz wpływ na tę relację perspektywy skupionej na człowieku. Biologiczna, psychiczna i moralna wyższość człowieka nad naturą jest szczególnie istotna. Przewaga teorii kryminologicznych zajmujących się interpretacją przestępstw przeciwko środowisku, których celem jest osiągnięcie zysku (np. teoria zysku, teoria legitymacji, teoria racjonalnego zanieczyszczania, teoria kryminologii krytycznej), potwierdza, że ludzkie spojrzenie na środowisko koncentruje się (w większości przypadków) na sposobach generowania zysków lub unikania kosztów określonych przez państwo lub społeczeństwo. Środowisko i jego zasoby naturalne stanowią źródło zysku. Jeśli środowisko nie istniało, nie mogło dojść do przestępstwa ekologicznego. Kiedy mamy do czynienia z przestępstwami przeciwko środowisku naturalnemu, mamy wyraźnie do czynienia z oskarżeniami, które są skierowane przeciwko środowisku, a w konsekwencji przeciwko ludziom, podstawowym wartościom ludzkim i życiu. Podobnie, dyskusje dotyczące sprzeczności między rozwojem społecznym, postępem i kwestiami ochrony środowiska wydają się być nieskończone. Chociaż model racjonalnego zanieczyszczającego wyjaśnia zachowanie organizacyjne i jego nieodpowiedniość dla prawodawstwa dotyczącego ochrony środowiska tylko częściowo, jest on ważny dla zrozumienia zachowania sprawców przestępstw przeciwko środowisku. Uważamy, że podstawowa przyczyna popełniania przestępstw przeciwko środowisku naturalnemu leży w ludzkiej naturze i jest związana z dawnymi antropocentrycznymi postawami wobec środowiska. Podstawowy powód można znaleźć w samej naturze, ponieważ środowisko stanowi zarówno źródło przetrwania, jak i okazję do generowania zysków. Zysk i rozwój ludzki są głównymi motywami przestępczości ekologicznej. Przypadki, w których przestępcy mają inne powody do popełniania przestępstw ekologicznych, takich jak okrucieństwo wobec zwierząt, są niezwykle rzadkie. Przestępczość ekologiczna występuje pod wpływem warunków i okoliczności społecznych (tj. środowisko jako źródło przetrwania) oraz czynników ekonomicznych (tj. środowisko jako źródło zysku).

Ze względu na brak badań nad przestępczością przeciwko środowisku, jej przyczynami i sprawcami, trudno jest przyjąć założenia dotyczące innych przyczyn popełniania przestępstw przeciwko środowisku. Będzie to możliwe, przynajmniej w Słowenii, tylko wtedy, gdy będziemy mieli rzeczywistą bazę danych osób skazanych za przestępstwa przeciwko środowisku.

W Słowenii prawodawstwo w zakresie ochrony środowiska jest dość specyficzną kwestią. Stwierdziliśmy, że nie ma typowych wzorców tworzenia prawa, które byłyby wykorzystywane jako odpowiedź na przestępczość ekologiczną w Słowenii. Słowenia jest członkiem Unii Europejskiej i w związku z tym opracowuje swoje ustawodawstwo zgodnie z dyrektywami i rozporządzeniami UE. Wciąż trwający proces systematyzacji ochrony środowiska w systemie sądownictwa karnego jest jedną ze szczególnych cech Słowenii. Ponadto trzeba będzie zrobić więcej, aby zapewnić skuteczne wdrażanie i egzekwowanie przepisów dotyczących ochrony środowiska, unikając jednocześnie obfitości i rozdrobnienia przepisów ustawowych i wykonawczych.

Kolejnym faktem, którego nie wolno pominąć, jest fakt, że przestępstwa przeciwko środowisku naturalnemu stanowią ogromne zagrożenie dla jednostki, a także dla bezpieczeństwa krajowego i globalnego. Przestępczość ekologiczna zajmuje wysokie miejsce w skali czynników ryzyka dla bezpieczeństwa, ponieważ akty bezprawnego i nadmiernego wyczerpania i degradacji zasobów naturalnych doprowadziły do ich niedoboru. Z perspektywy krajowej, jeśli chodzi o relacje pomiędzy środowiskiem a bezpieczeństwem, szczególnie istotna jest kwestia bezpośredniego i pośredniego wpływu środowiska na bezpieczeństwo narodowe. Przestępczość ekologiczna i jej niszczycielskie skutki przenikają do wszystkich sfer natury i życia, powodując zniszczenia i zniszczenia. Powrót do pierwotnego stanu środowiska często nie jest już możliwy, a konsekwencje przestępczości ekologicznej są widoczne we wszystkich ośmiu elementach środowiska. Naturalna równowaga jest niezbędna dla ochrony przyrody i życia. Uważamy, że sama świadomość wpływu przestępczości ekologicznej na bezpieczeństwo narodowe oraz jej potencjalnie niszczycielskich i szkodliwych skutków może ułatwić stworzenie systemu zabezpieczenia społecznego umożliwiającego reagowanie w sytuacjach kryzysowych.

Badania naukowe stanowią częściowo początek świadomości ekologicznej oraz bezpiecznych i przyjaznych dla środowiska zachowań. Należy jednak kontynuować i rozwijać badania w dziedzinie przestępczości przeciwko środowisku. Musimy uzyskać głębszy wgląd i wiedzę na temat przestępstw przeciwko środowisku i ich skutków, aby opracować odpowiednie rozwiązania w zakresie powstrzymywania i zapobiegania przestępczości przeciwko środowisku. Ze względu na fakt, że dziedzina przestępstw przeciwko środowisku jest szeroka i pretensjonalna, przestępczość przeciwko środowisku jest przedmiotem badań różnych nauk. W porównaniu z dyscyplinami nauk przyrodniczych, dyscypliny nauk społecznych dość późno zdały sobie sprawę ze znaczenia ich roli w ochronie i zachowaniu środowiska (tj. zajmowaniu się kwestiami środowiskowymi). Współpraca między naukami jest konieczna, jeśli chcą one skutecznie reagować na kwestie ochrony środowiska. Ważne jest, aby naukowcy zajmujący się naukami społecznymi stosowali interdyscyplinarne i wielodyscyplinarne podejście do znajdowania rozwiązań problemów związanych ze środowiskiem naturalnym, jak ma to miejsce w przypadku kryminologii ekologicznej.

Zielona kryminologia jest jednym z możliwych sposobów na odnowienie współpracy pomiędzy dyscyplinami przyrodniczymi i socjologicznymi. W XXI wieku zielona kryminologia zwracała jeszcze większą uwagę na formułowanie podstawowej terminologii, a jednocześnie poszerzała swój obszar badań. Potwierdza to przewagę perspektywy socjologicznej nad przestępczością ekologiczną. Podstawy opracowania wywodzą się z jego historycznej spuścizny. Przegląd historyczny pokazuje, że kryminologia na początku była niezwykle powolna w reagowaniu na problemy związane z zagrożeniami dla środowiska i przestępczością ekologiczną. Wymagana reorganizacja w ramach działalności badawczej oraz przejście od ściśle klasycznych do nowych rodzajów przestępczości, które obejmują również przestępstwa przeciwko środowisku, nastąpiły dość późno. Obecnie jesteśmy jednak świadkami istotnej zmiany zainteresowania kryminologów przestępczością ekologiczną, co obserwujemy również w rosnącej liczbie badań i publikacji naukowych.

Kryminologia ekologiczna może być opisana jako badanie społeczne, które wykorzystuje multidyscyplinarne i interdyscyplinarne podejście do badań nad przestępczością przeciwko środowisku, szkodliwością dla środowiska, prawodawstwem w zakresie ochrony środowiska, przepisami dotyczącymi ochrony środowiska, środkami ochrony środowiska i reakcjami społeczeństwa na naruszenia. Zielona kryminologia to znacznie więcej niż tylko dyskusja na temat kwestii środowiskowych. Opiera się ona na krytycznym kryminologicznym dążeniu do obrony środowiska naturalnego jako jednego z podstawowych dóbr i praw człowieka. Program badań zielonej kryminologii opiera się na misji badania wszystkich znanych rodzajów zachowań dewiacyjnych wobec środowiska naturalnego. Zielona kryminologia obserwuje dynamikę między człowiekiem a środowiskiem naturalnym, a w szczególności jego zachowania i działania wobec jednego lub kilku elementów środowiska naturalnego. Jest ona zainteresowana ludźmi jako sprawcami przestępstw przeciwko środowisku, środowiskiem i ludźmi jako ofiarami przestępstw przeciwko środowisku, a także potencjalnymi metodami zapobiegania przestępczości, które mogłyby być stosowane w dziedzinie przestępczości przeciwko środowisku. Zielona kryminologia jest czymś więcej niż tylko debatą na temat kwestii środowiskowych. Ze względu na multidyscyplinarny przedmiot jej badań, kryminologia zielona zawiera również pewne cechy *kryminologii krytycznej*, z której faktycznie pochodzi. Jej ostrzeżenia o łamaniu praw człowieka i zagrożeniach dla środowiska naturalnego są nieistotne. Ponadto, tzw. *nowoczesna kryminologia,* ponieważ zajmuje się bieżącym obszarem zainteresowań, który jest znany ogółowi społeczeństwa lub całemu społeczeństwu,[110] oraz *kryminologia publiczna,* ponieważ aktywnie uczestniczy w przygotowywaniu programów polityki kryminalnej i stymuluje udział ekspertów ds. przestępczości mających doświadczenie w działalności społecznej i prezentowaniu swoich prac badawczych w debatach zawodowych i naukowych. Wreszcie, *kryminologia informacyjna,* która w epoce charakteryzującej się przewagą mediów głównego nurtu zapewnia realistyczne przekazy medialne, a tym samym przyczynia się do informowania i podnoszenia świadomości społeczeństwa. W ramach swoich prac oraz poprzez swoje ustalenia i wnioski, kryminologia ekologiczna wpływa również na tworzenie polityk dotyczących kwestii środowiskowych, które obejmują zarówno politykę kryminalną, jak i politykę ochrony środowiska. Stanowi ona jedną z ważnych

[110] Tak zwana *współczesna kryminologia* (Selinšek, 2006) zajmuje się problemem próby "normalizacji przestępcy" w odniesieniu do eksploatacji zysku kosztem eksploatacji środowiska.

więzi pomiędzy systemem sądownictwa kryminalistycznego, jego składnikami, innymi naukami i wszystkimi innymi zainteresowanymi stronami. Łączy on i łączy różne bazy wiedzy naukowej i doświadczenia.

Zielona kryminologia to *kryminologia ochrony środowiska*. W związku z tym kryminologia XXI wieku powinna mieć szeroki zakres intelektualny i przestrzeń prawną, aby móc objąć wszystkie elementy środowiska jako nierozerwalną i wzajemnie powiązaną dziedzinę wiedzy. Innymi słowy, we wszystkich badaniach kryminologicznych i karnych należy stosować perspektywę ekocentryczną lub społeczno-ekologiczną, która podkreśla równość ludzi i reszty natury. Związek pomiędzy socjologią a naukami przyrodniczymi w dziedzinie ochrony środowiska staje się powszechnie akceptowany. Zielona kryminologia musi zbadać rolę, jaką społeczeństwo odgrywa w generowaniu degradacji środowiska oraz rozszerzyć podejście metodologiczne w badaniach kryminologicznych nad przestępczością przeciwko środowisku.
Pozostaje problem dotyczący nazwy nowej nauki kryminalistycznej. Termin "kryminologia ochrony środowiska" mógłby być może złagodzić obecny konflikt między kryminologami.

Po czterech dekadach swojego rozwoju, opisana powyżej kulminacja zielonej kryminologii jest również obserwowana w Słowenii. W porównaniu z Wielką Brytanią, Stanami Zjednoczonymi i Australią, kryminologia ekologiczna w Słowenii nadal znajduje się na początkowym etapie, pozostając około dwóch dekad w tyle za liderami w tej dziedzinie, ale rozwija się znacznie szybciej niż w krajach wiodących. W Słowenii zielona kryminologia utrzymuje swoją pozycję "nowoczesnej" i nowej gałęzi kryminologii, wpływa na nowe tematy badań kryminologicznych i zachęca do rozwoju kryminologii w tej części świata. Przestępczość przeciwko środowisku jest specyficzna, ponieważ wprowadza multidyscyplinarne podejście do kryminologii i zmusza kryminologię do wyjścia poza jej własne ramy. Wymaga ona współpracy z innymi naukami i nadal rozwija oraz niezwłocznie publikuje własne ustalenia, informuje i edukuje społeczeństwo, a także przyczynia się do ochrony środowiska.

Słoweńskie badania przestępczości ekologicznej pokazują, że Słowenia nadal szczyci się w dużej mierze nienaruszonym charakterem, zwłaszcza bogatymi zasobami wodnymi i dużymi obszarami leśnymi. Z drugiej strony, liczba wykrywanych rocznie przestępstw przeciwko środowisku, przestrzeni i zasobom naturalnym jest stosunkowo niewielka; średnio w ciągu roku wykrywa się tylko 155,3 przestępstw. Z analizy oficjalnych statystyk wynika, że nielegalna utylizacja odpadów, torturowanie zwierząt, kłusownictwo, a także obciążanie i niszczenie środowiska i przestrzeni w ogóle to te grupy przestępczości środowiskowej, którymi najczęściej zajmują się policja i inspektorat. Jednym z głównych problemów w Słowenii jest zależność gmin (regionów i ludzi) od przemysłu i przedsiębiorstw na ich terenie. Często są to główni zanieczyszczający, ale przedstawiciele lokalni są pobłażliwi, współczujący i tolerancyjni wobec zanieczyszczeń, ponieważ są zależni od ich działalności gospodarczej, która między innymi reprezentuje również tak bardzo potrzebne miejsca pracy. Inna ciekawa kwestia związana jest z faktem, że tylko połowa zgłoszonych zarzutów karnych kończy się powodzeniem, czyli wydaniem wyroku skazującego. W latach 2001-2013 słoweńscy prokuratorzy państwowi uzyskali tylko jeden wyrok skazujący osobę prawną za przestępstwa przeciwko środowisku.

Dane pochodzące z badań opinii publicznej w Słowenii pozwalają nam stwierdzić, że społeczeństwo postrzega degradację środowiska oraz klęski żywiołowe i technologiczne jako średnie zagrożenie dla bezpieczeństwa. Ludzie w Słowenii są świadomi potencjalnego zagrożenia degradacją środowiska. Ponad trzy czwarte Słoweńców uważa, że celowe i bezprawne interwencje ludzi w środowisko i wynikające z nich konsekwencje mogą w przyszłości wpłynąć na ich bezpieczeństwo. Można stwierdzić, że przestępczość ekologiczna może być zaliczana do (krajowych) czynników ryzyka dla bezpieczeństwa.

Wyniki badania mającego na celu uzyskanie opinii ekspertów na temat przestępczości przeciwko środowisku w Słowenii pokazują, że przestępczość przeciwko środowisku jest postrzegana jako kwestia o umiarkowanym znaczeniu. Podobnie jak w przypadku oficjalnych statystyk, do najbardziej problematycznych rodzajów przestępstw przeciwko środowisku zalicza się gospodarkę odpadami, wszystkie rodzaje zanieczyszczeń oraz okrucieństwo wobec zwierząt. Interesujące jest to, że szczególne znaczenie mają również przestępczość "białych kołnierzyków" i zorganizowana przestępczość ekologiczna, a także przestępczość państwa, która często jest z nimi powiązana.

Ofiary przestępstw ekologicznych w Słowenii są jednym z gorących tematów dyskusji, zwłaszcza jeśli chodzi o obszary szczególnie narażone lub zagrożone, takie jak dolina Mežica, Idrija, Krško, dorzecze Savinjska i równiny wzdłuż rzek Drava i Mura. Problem ofiar przestępstw ekologicznych jest szczególnie związany z problemem zanieczyszczeń pochodzących z fabryk, korporacji i rolnictwa oraz pojawieniem się masowych ofiar przestępstw ekologicznych i jakością ich życia na terenach zdegradowanych. Odnosi się to do zjawisk niesprawiedliwości ekologicznej i korporacyjnych przestępstw ekologicznych, także związanych z przestępczością państwa, występujących w tych dziedzinach, w których państwo niewiele zrobiło dla ochrony swoich obywateli.

W aktach prawnych należy określić formalne reakcje państwa wobec naruszających prawo ochrony środowiska. Odpowiedzi słoweńskich agencji rządowych są nadal nieskuteczne ze względu na brak praktyki, kwalifikacji i doświadczenia; system prawny, który jest nadal na etapie tworzenia, luki prawne i zbyt powolne wdrażanie; brak uprawnień i władz; oraz nieokreślony podział kompetencji między organami krajowymi, zwłaszcza policją i służbami kontrolnymi. Najczęstsze reakcje nieformalne obejmują działania organizacji pozarządowych i inicjatywy obywatelskie, a następnie sprawozdania obywateli dotyczące naruszeń. Relacje w mediach, które zazwyczaj związane są z pracą organizacji pozarządowych i inicjatywami obywatelskimi, a także z edukacją, są rzadsze.

Współpraca między organizacjami rządowymi i pozarządowymi jest niewystarczająca, zbyt powolna i często pozostaje w ramach planów rocznych. Na tym poziomie wymagane jest partnerstwo. Przedstawiciele obu grup są krytyczni wobec skuteczności współpracy z ich odpowiednikami, dlatego też współpraca ta powinna być nawiązana na mocy przepisów ustawowych.

W odniesieniu do metod zapobiegania przestępczości przeciwko środowisku, które okazałyby się przydatne i skuteczne w Słowenii, eksperci podkreślają, że skuteczne, natychmiastowe i bardziej rygorystyczne działania podejmowane przez właściwe organy są najlepszą formą zapobiegania przestępczości przeciwko środowisku. Mamy tu na myśli sytuację, w której surowe kary i konsekwentne egzekwowanie sankcji (karnych) powinny funkcjonować jako ogólna forma zastraszania. W Słowenii konieczne są wyższe grzywny i ogólnie bardziej rygorystyczne przepisy. Inne skuteczne środki zapobiegawcze obejmują lepszą współpracę między właściwymi organami a organizacjami pozarządowymi, edukację, podnoszenie świadomości, szkolenia, dziennikarstwo śledcze oraz regularne doniesienia mediów o przestępcach naruszających przepisy ochrony środowiska (tzw. "lincz medialny"). Możemy stwierdzić, że aby skutecznie konkurować w tej "grze o przetrwanie" konieczne jest podejście multidyscyplinarne oraz połączenie różnych proaktywnych i reaktywnych metod reagowania na przestępstwa przeciwko środowisku.

Zwalczanie przestępczości ekologicznej z perspektywy kryminologicznej i wymiaru sprawiedliwości w sprawach karnych wymaga nowych sposobów myślenia o człowieku i społeczeństwie. Ogólny wniosek jest taki, że ochrona środowiska naturalnego musi stać się krajowym priorytetem i że społeczeństwo musi rozwinąć całkowitą nietolerancję wobec wszystkich rodzajów przestępstw przeciwko środowisku. W ten sposób społeczeństwo słoweńskie (i każde inne) musi walczyć o osiągnięcie swojego celu, jakim jest zrównoważony rozwój w czystym i chronionym środowisku. Edukacja, szkolenia, współpraca i zgodność będą potrzebne na wszystkich poziomach, zwłaszcza między organizacjami rządowymi i pozarządowymi na poziomie krajowym. Edukacja i podnoszenie świadomości społeczeństwa pozostaje naszym drugim priorytetem. Wstępne kroki są obiecujące; zidentyfikowaliśmy problem - rodzaje przestępstw ekologicznych i grupy sprawców - i zaczęliśmy go szczegółowo badać. Udało nam się zapoczątkować rozwój kryminologii ekologicznej jako jednej z nauk społecznych, która wykorzystuje multidyscyplinarne i interdyscyplinarne podejście do badań nad przestępczością ekologiczną, szkodliwością dla środowiska, prawodawstwem w zakresie ochrony środowiska, przepisami dotyczącymi ochrony środowiska, środkami ochrony środowiska i reakcjami społeczeństwa na naruszenia. Aby osiągnąć wyznaczone cele, konieczne jest ustanowienie połączenia reaktywnych i proaktywnych reakcji na kwestie środowiskowe (np. szkody, przestępczość, zagrożenia itp.) oraz włączenie ich do podejścia "odgórnego" i "oddolnego". Przed opracowaniem i zastosowaniem jakichkolwiek środków zapobiegawczych lub innych należy przeprowadzić dogłębną analizę każdego konkretnego problemu środowiskowego, a także unikać wszelkich form uogólnienia.

Cała gama nowych pojęć i wyników badań dotyczących przestępczości ekologicznej w Słowenii stanowi ważną podstawę dla dalszego rozwoju kryminologii ekologicznej i innych nauk socjologicznych oraz bardzo użyteczną podstawę dla dalszych, głębszych i bardziej ukierunkowanych badań, w tym dla przygotowania programów, rezolucji i innych dokumentów mających na celu reagowanie na zmiany w środowisku i jego ochronę w Słowenii. W tym kontekście niezmiernie ważne jest zapewnienie terminowego działania, dlatego też istotne jest również przygotowanie programów i rodzajów zapobiegania przestępczości przeciwko środowisku. Opracowując takie programy, powinniśmy skupić się na ofiarach przestępstw ekologicznych, a także na odpowiednich metodach i kursach edukacyjnych dla policjantów, inspektorów ochrony środowiska, prokuratorów państwowych oraz innych właściwych agencji i służb działających w obszarze wykrywania i przetwarzania przestępstw ekologicznych.

Prowadząc jakiekolwiek badania nad przestępczością ekologiczną, musimy pamiętać, że *"jednostka nie może wybrać określonego problemu środowiskowego i oczekiwać od niego, że w naturalny sposób spełni wszystkie aspekty teorii i praktyki kryminologicznej"* (White, 2003: 293). W rzeczywistym świecie sytuacja jest zupełnie odwrotna: zielona kryminologia dostosowuje się do pojawiających się kwestii środowiskowych, zawsze starając się je zrozumieć i wyjaśnić.

W tym momencie, kiedy wiemy już wszystko, co trzeba wiedzieć o teorii i praktyce kryminologicznej, szczególnie w odniesieniu do dziedziny przestępczości ekologicznej, która została szczegółowo przeanalizowana, możemy wrócić do początku i zacząć myśleć od nowa o kryminologicznym badaniu przestępczości ekologicznej w Słowenii, stosując nowe sposoby myślenia o ludziach i społeczeństwie oraz będąc świadomymi rzeczywistej wartości środowiska naturalnego.

7 Referencje

Adler, F. (1996). Specyficzne dla przestępcy a specyficzne dla przestępstwa podejście do badania przestępczości ekologicznej. W S. M. Edwards, T. D. Edwards, & C. B. Fields (Eds.), *Environmental crime and criminality: Zagadnienia teoretyczne i praktyczne* (s. 35-54). Nowy Jork: Garland Pub.

Albanese, J. S., & Pursley, R. D. (1993). *Przestępczość w Ameryce: Niektóre istniejące i pojawiające się problemy*. Nowy Jork: Prentice Hall.

Al-Damkhi, A. M., Khuraibet, A. M., Abdul-Wahab, S. A., & Al-Attar, F. A.-H. (2009). W kierunku zdefiniowania pojęcia przestępstwa przeciwko środowisku na podstawie zasady zrównoważonego rozwoju. *Praktyka środowiskowa*, *11*(2), 115-124.

Alesina, A., & Perotti, R. (1994). Polityczna gospodarka wzrostu: Krytyczne spojrzenie na najnowszą literaturę. *Przegląd gospodarczy Banku Światowego, 8*(3), 351-371.

Alkalaj, M. (2010). *Podnebna prevara*. Ljubljana: Orbis.

Areh, I., & Umek, P. (2011). Psihološki učinki onesnaževanja okolja. *Varstvoslovje, 13*(1) 30-38.

Areh, I., Umek, P., Odar, V., & Šifrer, J. (2012). Dojemanje vplivov onesnaženega okolja. W: G. Meško, Sotlar, A., & K. Eman (Eds.), Ekološka *kriminaliteta in varovanje okolja - perspektywa multidyscyplinarna (s.* 271-297). Ljubljana: Fakulteta za varnostne vede.

Asmus, C. L., & Bell, P. A. (1999). Wpływ zapachu otoczenia i stylu radzenia sobie z nim na negatywny wpływ, złość, podniecenie i ucieczkę. *Journal of Applied Psychology, 29*, 245-260.

Ayers, I., & Braithwaite, J. (1992). *Regulacja responsywna: Wyjście poza debatę o deregulacji*. Nowy Jork: Oxford University Press.

Bačić, F. (1999). Neki kazenskopravni aspekti problematike organiziranog kriminaliteta. *Hrvatski ljetopis za kazneno pravo i praksu, 1*, 37-54.

Barak-Glantz, I. L., & Johnson, E. H. (Eds.) (1983). *Kryminologia porównawcza*. Beverly Hills: Sage Publications.

Barry, J. (1999). *Środowisko i teoria społeczna*. Londyn, Nowy Jork: Routledge.

Bauman, Z. (2005). *Płynne życie*. Cambridge: Polityczna Prasa.

Beck, U. (1992). *Ryzykowne społeczeństwo: W kierunku nowej nowoczesności*. Beverly Hills: Sage.

Beck, U. (1999). *O braku bezpieczeństwa i redefiniowaniu pracy*. Odzyskane 12 września 2007 r., z http://www.jobsletter.org.nz/jbl10211.htm

Beck, U. (2001). *Družba tveganja: na poti v neko drugo moderno*. Ljubljana: Krtina.

Becker, G. S. (1968). Przestępstwo i kara: Podejście ekonomiczne. *The Journal of Political Economy, 76*(2), 169-217.

Beirne, P. (1983). Generalizacja i jej niezadowolenie: Kilka uwag na temat badania porównawczego przestępczości. W I. Barak-Glantz, & E. Johnson (Eds.), *Kryminologia* porównawcza *(str.* 19-37). Thousand Oaks: Publikacje Sage

Beirne, P. (1995). Wykorzystywanie i nadużywanie zwierząt w kryminologii: A Brief History and Current Review. Sprawiedliwość *społeczna, 22*, 5-31.

Beirne, P. (2007). Prawa zwierząt, wykorzystywanie zwierząt i zielona kryminologia. W P. Beirne, & N. South (Eds.), Issues *in green criminology: Konfrontacja ze szkodą dla środowiska, ludzkości i innych zwierząt* (s. 55-83). Cullompton, Portland: Willan Publishing.

Beirne, P., & Nelken, D. (Eds.) (1997). *Zagadnienia z kryminologii porównawczej*. Aldershot: Brookfield.

Beirne, P., & South, N. (Eds.) (1998). Wprowadzenie redaktora. *Kryminologia teoretyczna*, *2*(2): 147-148.

Bell, P. A., Greene, T. C., Fisher, J. D., & Baum, A. (2005). *Psychologia środowiska* (5. edycja). Orlando: Lawrence Erlbaum.

Bennett, R. R., & Lynch, J. P. (1990). Czy jest jakaś różnica? Porównanie międzynarodowych wskaźników przestępczości. *Kryminologia*, *28*(1), 153-182.

Benton, T. (1991). Biologia i nauki społeczne: Dlaczego powrót represjonowanych miałby być (ostrożnie) mile widziany? *Socjologia, 25*(1), 1-29.

Beranek, M. (2005). Ultimo Ratio. W *Priročni slovar tujk* (s. 691). Ljubljana: Cankarjeva založba.

Biderman, A. D., & Reiss, J. R. (1976) O badaniu "Mrocznej figury" zbrodni. *Annale Amerykańskiej Akademii Nauk Politycznych i Społecznych, 374*(1), 1-15.

Borštnik-Pribakovič, A., Zovnik, M., & Žagar, T. (2004). *Odgovorno okoljsko delovanje: sistemi ravnanja z okoljem*. Ljubljana: Schwarz.

Dno, A. E. (2007). Miejsce, przestrzeń, przestępczość i nieporządek. In M. Maguire, R. Morgan, & R. Reiner (Eds.), The *Oxford handbook of criminology (5th* ed. , str. 528-574). Ewangelia: Oxford University Press.

Bottoms, A. E., & Wiles, P. (2006). Kryminologia środowiskowa. W: M. Maguire, R. Morgan, & R. Reiner (Eds.), The *Oxford handbook of criminology (*3rd ed. , str. 322-375). Oksford: Oxford University Press.

Boyd, S., Chunn, D., & Menzies, R. (Eds.) (2002). *Toksyczna kryminologia: Środowisko, prawo i stan w Kanadzie*. Halifax: Fernwood Publishing.

Brack, D. (2002). Zwalczanie międzynarodowej przestępczości ekologicznej. *Globalne zmiany środowiskowe, 12*(2), 143-147.

Brack, D., & Hayman, G. (2002). *Międzynarodowa przestępczość ekologiczna: Natura i kontrola nad czarnymi atramentami środowiskowymi.* Odzyskane 17 listopada 2011 r., na stronie http://www.chathamhouse.org.uk/publications/papers/view/-/id/72/.

Brantingham, P. J., & Brantingham, P. L. (1981). *Kryminologia środowiskowa.* Beverly Hills, Londyn: Sage.

Bučar-Ručman, A. (2009). Okoljska kriminaliteta skozi pogled zelene kriminologije. *Revija za kriminalistiko in kriminologijo*, *60*(2), 118-130.

Buck, S. P. (1936). *Wygnanie.* Nowy Jork: John Day Company.

Bullard, R. D. (1994). *Nierówna ochrona: Sprawiedliwość ekologiczna i wspólnoty kolorów.* San Francisco: Sierra Club Books.

Burns, R. G., & Lynch, M. J. (2004). *Przestępczość ekologiczna: Książka źródłowa.* Nowy Jork: LFB Scholarly Publishing LLC.

Burns, R. G., Lynch, M. J., & Stretsky, P. (2008). *Prawo ochrony środowiska, przestępczość i sprawiedliwość.* Nowy Jork: LFB Scholarly Publishing LLC.

Buttel, F. H. (1987). Nowe kierunki w socjologii środowiskowej. *Roczny Przegląd Socjologii, 13*, 465-488.

Camacho, D. E. (Ed.) (1998). *Niesprawiedliwość ekologiczna, walki polityczne: Rasa, klasa i środowisko.* Londyn: Duke University Press.

Carrabine, E., Iganski, P., Lee, M., Plummer, K., & South, N. (2004a). *Kryminologia: Wprowadzenie socjologiczne.* Londyn: Routledge.

Carrabine, E., Lee, M., Plummer, K., South, N., & Iganski, P. (2004b). *Ekologiczna kryminologia.* W E. Carrabine, P. Iganski, M. Lee, K. Plummer, & N. South (Eds.), Criminology*: Wprowadzenie socjologiczne* (s. 313-330). Nowy Jork: Routledge.

Carter, S. T. (1996). *Desperadosa, brud i pojemniki na kurz: Uregulowania prawne dotyczące przestępczości ekologicznej i zorganizowanej w stanie Nowy Jork* (rozprawa doktorska). Pennsylvania: Graduate School College of the Liberal Arts, Pennsylvania State University.

Carter, S. T. (1999). Akcent modelu korporacyjnego, jakim jest przestępczość zorganizowana ekologicznie. *Przestępczość, prawo i zmiany społeczne 31(1),* 1-30.

Cazaux, G. & Beirne, P. (2006). Znęcanie się nad zwierzętami. W E. McLaughlin & J. Mucie (Eds.) The *Sage Dictionary of Criminology (str.* 10-11). Londyn: Sage.

Clarke, R. (1992). Wprowadzenie. W R. Clarke (Eds.), *Situational crime prevention: Udane studia przypadków* (s. 3-38). Nowy Jork: Harrow & Heston.

Clarke, R. V. (1980). Zapobieganie przestępczości sytuacyjnej: Teoria i praktyka. *British Journal of Criminology, 20*(2), 136-147.

Clarke, R. V. (1997). Wprowadzenie. W R. Clarke (Eds.), *Situational crime prevention: Udane studia przypadków* (2. edycja) (s. 2-44). Nowy Jork: Harrow & Heston.

Clarke, R. V. (2010). Teoria i praktyka sytuacyjnego zapobiegania przestępczości. Odzyskane 17 listopada 2011 r., na stronie http://www.e-doca.eu/content/docs/Situational_crime_prevention.pdf.

Clarke, V. R., & Eck, J. E. (2008). *Priročnik za policijske (kriminalistične) analitike - v 60 korakih do rešitve problema.* Ljubljana: Fakulteta za varnostne vede.

Clifford, M. (1998). *Przestępczość ekologiczna: Egzekwowanie prawa, polityka i odpowiedzialność społeczna.* Gaithersburg: Aspen Publishers.

Clifford, M., & Edwards, T. D. (1998). Zdefiniowanie "przestępstwa przeciwko środowisku". W M. Clifford (Ed.), *Przestępstwo ekologiczne: Egzekwowanie prawa, polityka i odpowiedzialność społeczna* (s. 121-145). Gaithersburg: Aspen Publishers.

Cohen, L. E., & Felson, M. (1979). Zmiany społeczne i tendencje w zakresie przestępczości: Rutynowe podejście do czynności. *American Sociological Review, 44*(4), 588-608.

Cohen, M. A. (1998). Skazanie przestępcy środowiskowego. W M. Clifford (Ed.), *Przestępstwo ekologiczne: Egzekwowanie prawa, polityka i odpowiedzialność społeczna* (s. 229-249). Gaithersburg: Aspen Publishers.

Coleman, J. W. (1989). *Kryminalna elita: Socjologia przestępczości w białych kołnierzykach* (wyd. 2.). Nowy Jork: St. Martin's Press.

Commoner, B. (1990). Zawarcie *pokoju z planetą*. Nowy Jork: Panteon.

Comte, F., & Krämer, L. (Eds.) (2004). *Przestępczość ekologiczna w Europie: Zasady dotyczące sankcji.* Groningen: Europa Law Publishing.

Cornish, D. B., & Clarke, R. V. (2003). Możliwości, opady i decyzje karne: Odpowiedź na krytykę Wortleya dotyczącą sytuacyjnego zapobiegania przestępczości. W M. J. Smith, & D. B. Cornish (Eds.), Theory *for practice in situational crime prevention: Badania nad zapobieganiem przestępczości,* (Vol. 16, str. 41-96). Monsey: Criminal Justice Press.

Cornish, D., & Clarke, R. V. (1986). Wprowadzenie. W D. Cornish, & R. V. Clarke (Eds.), The *reasoning criminal (str.* 1-16). Nowy Jork: Springer-Verlag.

Croall, H. (1992). Zbrodnia w *białych kołnierzykach.* Buckingham: Open University Press.

Crook, S., & Pakulski, J. (1995). Odcienie zieleni: Opinia publiczna na temat kwestii ochrony środowiska w Australii. *Australian Journal of Political Science, 30,* 39-55.

Curson, P., & Clark, L. (2004). Środowiska patologiczne. W R. White (Ed.), *Controversies in environmental sociology* (str. 236-256). Melbourne: Cambridge University Press.

Del Frate, A., & Norberry, J. (Eds.) (1993). *Przestępczość ekologiczna: Strategie karania i zrównoważonego rozwoju.* Rzym: UNICRI.

Dežman, Z. (2004). Nekaj kritičnih pogledov na novi model slovenskega kazenskega postopka. *Podjetje in delo, 30*(6/7), 1575-1589.

Dignan, J. (2005). *Zrozumienie ofiar i sprawiedliwość naprawcza.* Maidenhead: Open University Press.

Dini, J. W. (2007). Międzynarodowa przestępczość ekologiczna. *Plating and Surface Fishing, 94*(7), 58-59.

Dobovšek, B. (1997). *Organiziran kriminal.* Ljubljana: Unigraf.

Dobovšek, B. (2008). Gospodarcze sieci przestępczości zorganizowanej w rozwijających się demokracjach. *International journal of social economics, 35*(9/10), 679-690.

Dobovšek, B., & Goršek, J. (2007). Ekološka kriminaliteta - ogrožanje živalskih in rastlinskih vrst. *Varstvoslovje, 9*(1/2), 47-57.

Dobovšek, B., Praček, R., & Petrovič, B. (2011). Preiskovanje kraja onesnaženja dejanja. *Varstvoslovje, 13*(1), 39-52.

Dobovšek, B., Sotlar, A., & Flander, B. (2009). Parlament v post moderni družbi med svobodo in varnostjo = Post modern parlament between freedom and security. *Varstvoslovje, 11*(1), 98-129.

Dowling, J., & Pfeffer, J. (1975). Legitymacja organizacyjna: Wartości społeczne i zachowania organizacyjne. *Pacific Sociological Review, 18*(1), 122-136.

Drengson, A. (1999). Podejście ekofilozoficzne, głęboki ruch ekologiczny i zróżnicowane ekofizjologie. *Trębacz: Journal of Ecosophy, 14*(3), 110-111.

Dunn, G., & Everitt, B. S. (1982). *Wprowadzenie do taksonomii matematycznej.* Nowy Jork: Cambridge University Press.

Dvoršek, A. (2001). *Kriminalistična strategija.* Ljubljana: Visoka policijsko varnostna šola.

Edwards, S. M., Edwards, T. D., & Fields, B. C. (Eds.) (1996). *Przestępczość ekologiczna i przestępczość: Kwestie teoretyczne i praktyczne.* Nowy Jork: Garland Pub.

Ehrlich, P., & Ehrlich, A. H. (1991). *Uzdrowienie planety.* Nowy Jork: Addison-Wesley.

Ekblom, P. (2006). Zapobieganie przestępstwom sytuacyjnym. W E. McLaughlin, & J. Muncie (Eds.), The *Sage dictionary of criminology (str.* 383-385). Londyn: Sage Publications.

Elliott, L. (2009). Zwalczanie transnarodowej przestępczości ekologicznej: "Wspólne myślenie" o sieciach transnarodowych". W K. Kangaspunta, & I. H. Marshall (Eds.), Eco-crime *and justice: Eseje na temat przestępczości ekologicznej* (s. 55-78). Turyn: UNICRI.

Eman, K. & Dobovšek, B. (2012). Transnarodowa przestępczość ekologiczna we współczesnym ryzykownym społeczeństwie. *Revija za bezbednost, 6*, 75-84.

Eman, K. (2008). Uvod v fenomenološko analizo ekološke kriminalitete. *Varstvoslovje, 10*(1), 220-239.

Eman, K. (2010). Organizirana ekološka kriminaliteta - nekoč teoretični pojem, danes preteče dejstvo. W *Zborniku 3. konference kazenskega prava in kriminologije 2010* (s. 95-104). Ljubljana: GV založba.

Eman, K. (2011). Ekološka kriminaliteta v kriminologiji: razvoj nove veje kriminologije v Sloveniji. *Revija za kriminalistiko in kriminologijo, 62*(4), 312-324.

Eman, K., & Meško, G. (2009). Ekološka kriminologija - poskus opredelitve in razprava. *Varstvoslovje, 11*(3), 357-381.

Eman, K., & Meško, G. (2011a). Doniesienia mediów na temat przestępczości ekologicznej w Republice Słowenii. W *międzynarodowej konferencji naukowej "Bezpieczeństwo na Bałkanach Zachodnich po zakończeniu konfliktu", "Transformacje i wyzwania stojące przed Republiką Macedonii": Księga abstraktów*, 27-28 maja 2011, Ohrid (s. 12). Skopje: Wydział Bezpieczeństwa.

Eman, K., & Meško, G. (2011b). Kwestie ochrony środowiska poprzez prawo karne w Republice Słowenii. W *międzynarodowej konferencji naukowej "Bezpieczeństwo na Bałkanach Zachodnich po zakończeniu konfliktu", "Transformacje i wyzwania stojące przed Republiką Macedonii": Księga abstraktów*, 27-28 maja 2011, Ohrid (s. 13). Skopje: Wydział Bezpieczeństwa.

Eman, K., Meško, G., & Fields, C. B. (2009). Przestępstwa przeciwko środowisku: Zielona kryminologia i wyzwania badawcze w Słowenii. *Varstvoslovje, 11*(4), 574-592.

Eman, K., Meško, G., & Fields, C. B. (2013). Przestępczość przeciwko środowisku: nowe wyzwanie dla bezpieczeństwa. W A. Maas (Ed.), *Globalne zmiany w środowisku: nowe czynniki napędzające opór, przestępczość i terroryzm?* (str. 15-35). Baden-Baden: Nomos.

Eman, K., Meško, G., & Ivančič, D. (2011). Ekološska kriminaliteta przeciwko Pomurju. *12. dnevi varstvoslovja: Zbornik* (s. 12). Ljubljana: Fakulteta za varnostne vede.

Eman, K., Meško, G., Dobovšek, B., & Sotlar, A. (2013). Przestępczość ekologiczna i kryminologia ekologiczna w Europie Południowo-Wschodniej - praktyka i badania. *Przestępczość, prawo i zmiany społeczne, 59*(3), 341-358.

Emanuelsson Korsell, L. (2001). Wielki kij, mały kij: Strategie kontroli i zwalczania przestępczości ekologicznej. *Journal of Scandinavian Studies in Criminology & Crime Prevention, 2*(2), 127-148.

Emery, A., & Watson, M. (2004). Organizacje i przestępczość ekologiczna: Perspektywy prawne i ekonomiczne. *Managerial Auditing Journal, 19*(6), 741-759.

Erickson, F. (1986). Różnica kulturowa i edukacja naukowa. *The Urban Review, 18*(2), 117-124.

Faber, D. (2009). Wykorzystując przestępczość ekologiczną: Studium przypadku kompleksu polluter-industrial w USA w dobie globalizacji. W K. Kangaspunta, i I. H. Marshall (Eds.), *Eco-crime i sprawiedliwość: Eseje na temat przestępczości ekologicznej* (s. 79-104). Turyn: UNICRI.

Faure, G. M., & Visser, M. (2003). *Prawo i ekonomia przestępczości ekologicznej: Ankieta.* Odzyskane 29 stycznia 2008 r., na stronie http://www.hertig.ethz.ch/LE_2004_files/Papers/Faure_Environmental_Crime.pdf

Fields, C. B., & Moore, R. H. (Eds.) (2005). *Porównywalny wymiar sprawiedliwości w sprawach karnych: Tradycyjne i nietradycyjne systemy prawa i kontroli* (wyd. 2.). Long Grove: Waveland Press.

Fields, C. B., Arrigo, J. E., & Webb, K. R. (2005). Pomiar międzynarodowej przestępczości i kryminalności: Rozważania i wątpliwości metodologiczne. W C. B. Fields, & H. R. Moore (Eds.) Comparative *criminal justice: Tradycyjne i nietradycyjne systemy prawa i kontroli* (wyd. 2, s. 3-18). Long Grove: Waveland Press.

Frank, N., & Lynch, M. J. (1992). Przestępczość korporacyjna, *przemoc korporacyjna.* Nowy Jork: Harrow i Heston.

Fritz, M. (2011). Okolje kot dejavnik (ne)stabilnosti", *Varstvoslovje, 13*(1), 72-83.

Gibbons, D. C. (1994). *Mówiąc o przestępstwach i przestępcach: Problemy i problemy w rozwoju teorii w kryminologii.* Englewood Cliffs: Prentice Hall.

Gibbs, C., Gore, M. L., McGarrell, E. F., & Rivers III., L. (2009). Wprowadzenie kryminologii konserwatorskiej w kierunku interdyscyplinarnego stypendium dotyczącego przestępstw i zagrożeń dla środowiska. *The British Journal of Criminology, 50*(1), 124-144.

Giddens, A. (1997). *Socjologia.* Cambridge: Polityczna Prasa.

Groombridge, N. (1998). Męskość i przestępczość przeciwko środowisku. *Theoretical Criminology, 2*(2), 249-267. Odzyskane 17 listopada 2011 r., na stronie http://tcr.sagepub.com/cgi/content/abstract/2/2/249?ck=nck

Grošelj, K. (2007). Okoljsko ogrožanje nacionalne varnosti. W I. Prezelj (red.), *Model celovitega ocenjevanja ogrožanja nacionalne varnosti Republike Slovenije* (s. 147-165). Ljubljana: Ministrstvo za obrambo.

Gunningham, N., & Grabosky, P. (1998). *Inteligentna regulacja: Opracowywanie polityki ochrony środowiska.* Oksford: Clarendon.

Gunningham, N., Norberry, J., & McKillop, S. (Eds.) (1995). *Przestępczość ekologiczna: Obrady konferencji.* Canberra: Australian Institute of Criminology.

Halsey, M. (2004). Przeciwko "zielonej" kryminologii. *The British Journal Criminology, 44*(6), 833-853.

Halsey, M. (2006). *Deleuze i szkody dla środowiska.* Aldershot: Ashgate.

Halsey, M., & White, R. D. (1998). Przestępczość, ekofilozofia i szkodliwość dla środowiska. *Kryminologia teoretyczna, 2*(3), 345-371.

Hannigan, A. J. (1995). *Socjologia ochrony środowiska. Perspektywa budowy społecznej.* Londyn, Nowy Jork: Routledge.

Hans-Gunther, H., Shelley, L. I., & Kaoth, H. (Eds.) (1992). *Przestępczość i kontrola w perspektywie porównawczej.* Berlin: De Gruyter.

Harrison, P., & Pearce, F. (2000). *AAAS atlas ludności i środowiska.* Berkeley: University of California Press.

Hayward, K. J, & Morrison, W. (2005). Teoretyczna kryminologia: Punkt wyjścia. W C. Hale, K. Hayward, A. Wahidin, & E. Wincup (Eds.), Criminology *(str.* 61-88). Oksford: Oxford University Press

Heckenberg, D. (2009). Badania nad przestępczością ekologiczną: Słowa kluczowe, akronimy i źródła informacji. W R. D. White (Ed.), *Przestępstwo ekologiczne: A reader* (str. 9-24) Cullompton: Willan Publishing.

Herbig, F. J., & Joubert, S. J. (2006). Kryminologiczna semantyka: Kryminologia konserwatywna - wizja czy pochopna? *Acta Criminologica, 19,* 88-103.

Hirschi, T. (1969). *Przyczyny przewinienia.* Kalifornia: University of California Press.

Homer Dixon, F. T. (1994). Bezpieczeństwo środowiskowe i brutalne konflikty *Bezpieczeństwo międzynarodowe, 19*(1), 5-40.

Homer-Dixon, F. T. (2004). Niedobory środowiska naturalnego i gwałtowne konflikty: Dowody ze spraw. W M. E. Brown, O. Cote-Jr., S. M. Lynn-Jones, & S. E. Miller (Eds.), New *global hazards: Zmiana wymiarów bezpieczeństwa międzynarodowego* (str. 265-300). Cambridge: MIT.

Howard, G., Newman, G., & Pridemore, W. A. (Eds.) (2001). *Odmiany kryminologii porównawczej.* Hampshire: Brill Academic Publishers.

Hren, K., Ćirjaković, J., Korenič, R., Kralj, A., Peceli, S., Repovž Grabnar, I., et al. (2011). *Sloveniji za 20. rojstni dan: slovenski statistiki.* Ljubljana: Statistični urad Republike Slovenije. Odzyskane 12 września 2011 r., na stronie http://www.stat.si/Brdo2011/doc/SLO-20-let.pdf.

Hughes, G. (1998). *Zrozumienie zapobiegania przestępczości: Kontrola społeczna, ryzyko i późna nowoczesność.* Buckingham: Open University Press.

Huntington, S. P. (1968). *Porządek polityczny w zmieniających się społeczeństwach.* Fredericksburg: Yale University Press.

Husain, S. (1990). *Sąsiedzka obserwacja i przestępczość: Ocena wpływu.* Londyn: Fundacja Policyjna.

Inšpektorat Republike Slovenije za okolje in prostor [IRSOP]. (2004). *Poročilo o delu Inšpektorata za okolje in prostor za leto 2003.* Odzyskane 17 listopada 2011 r., z http://www.iop.gov.si/fileadmin/iop.gov.si/pageuploads/IRSOP_dokumenti/Porocila_IJZ/letno_porocilo_2003.pdf.

Inšpektorat Republike Slovenije za okolje in prostor [IRSOP]. (2005). *Poročilo o delu Inšpektorata za okolje in prostor za leto 2004.* Odzyskane 17 listopada 2011 r., na stronie http://www.iop.gov.si/fileadmin/iop.gov.si/pageuploads/IRSOP_dokumenti/Porocila_IJZ/letno_porocilo_2004.pdf.

Inšpektorat Republike Slovenije za okolje in prostor [IRSOP]. (2006). *Poročilo o delu Inšpektorata za okolje in prostor za leto 2005.* Odzyskane 17 listopada 2011 r., z http://www.iop.gov.si/fileadmin/iop.gov.si/pageuploads/IRSOP_dokumenti/Porocila_IJZ/letno_porocilo_2005.pdf

Inšpektorat Republike Slovenije za okolje in prostor [IRSOP]. (2007). *Poročilo o delu Inšpektorata za okolje in prostor za leto 2006.* Odzyskane 17 listopada 2011 r., na stronie http://www.iop.gov.si/fileadmin/iop.gov.si/pageuploads/IRSOP_dokumenti/Porocila_IJZ/letno_porocilo_2006.pdf.

Inšpektorat Republike Slovenije za okolje in prostor [IRSOP]. (2008). *Poročilo o delu inšpektorata za okolje in prostor za leto 2007.* Odzyskane 17 listopada 2011 r., na stronie http://www.iop.gov.si/fileadmin/iop.gov.si/pageuploads/IRSOP_dokumenti/Porocila_IJZ/letno_porocilo_2007.pdf.

Inšpektorat Republike Slovenije za okolje in prostor [IRSOP]. (2009). *Poročilo o delu Inšpektorata za okolje in prostor za leto 2008.* Odzyskane 17 listopada 2011 r., na stronie http://www.iop.gov.si/fileadmin/iop.gov.si/pageuploads/IRSOP_dokumenti/Porocila_IJZ/letno_porocilo_2008.pdf.

Inšpektorat Republike Slovenije za okolje in prostor [IRSOP]. (2010). *Poročilo o delu Inšpektorata za okolje in prostor za leto 2009.* Odzyskane 17 listopada 2011 r., na stronie http://www.iop.gov.si/fileadmin/iop.gov.si/pageuploads/IRSOP_dokumenti/Porocila_IJZ/Porocilo_o_delu_IRSOP2009.pdf.

Inšpektorat Republike Slovenije za okolje in prostor [IRSOP]. (2011a). *Poročilo o delu Inšpektorata za okolje in prostor za leto 2010.* Odzyskane 17 listopada 2011 r., z http://www.iop.gov.si/fileadmin/iop.gov.si/pageuploads/IRSOP_dokumenti/Porocila_IJZ/LETNO_POROCILO_2010_1_.pdf.

Inšpektorat Republike Slovenije za okolje in prostor [IRSOP]. (2011b). Odzyskane 17 listopada 2011 r., z http://www.iop.gov.si/.

Ivanuša, T., Banutai, E., & Podbregar, I. (2011). Fizična zaščita oboroženih in drugih varnostnih sil kot kritična infrastruktur. *Varstvoslovje, 13*(1), 84-90.

Kajfež-Bogataj, L. (2006). Podnebne spremembe in nacionalna varnost. *Ujma, 20*, 170-176,

Kanduč, Z. (1992). Radikalna kriminologija - kriminologija vsakdanjega življenja. *Revija za kriminalistiko in kriminologijo, 43*(2), 103-115.

Kanduč, Z. (1994). Nekateri vidiki radikalne narave 'radikalne' kriminologije. *Revija za kriminalistiko in kriminologijo, 45*(2), 113-128.

Kanduč, Z. (1997). Gospodarski kriminal in ekonomsko nasilje: kriminološke in kazenskopravne perspektive. *Revija za kriminalistiko in kriminologijo, 48*(1), 11-25.

Kanduč, Z. (1999). Okolje, priložnosti, nadzorca w kriminalno vedenje. *Revija za kriminalistiko in kriminologijo, 50*(4), 324-333.

Kangaspunta K., & Marshall, I. H. (Eds.) (2009). *Eko-przestępczość i sprawiedliwość: Eseje na temat przestępczości ekologicznej.* Turyn: UNICRI.

Kazenski zakonik Republike Slovenije [KZ-1]. (2008). *Uradni lista RS*, (55/08, 66/08).

Keel, R. O. (1997). *Racjonalny wybór i teoria odstraszania.* Odebrane 10 maja 2010 r. z http://www.umsl.edu/~keelr/200/ratchoc.html

King, L., & McCarthy, D. (Eds.) (2008). *Socjologia ochrony środowiska: Od analizy do działania.* Lanham: Rowman & Littlefield.

Kirn, A. (1985). Ekološke meje in protislovja družbenega razvoja. W A. Kirn (Ed.), *Pasti razvoja: ekološke študije* (str. 5-33). Ljubljana: Komunista.

Kiss, A., & Shelton, D. (1991). *Międzynarodowe prawo ochrony środowiska.* Londyn: Graham & Trotman.

Klenovšek, A., & Meško, G. (2011). Międzynarodowy handel odpadami - wstępne poszukiwania. W: G. Meško, D. Dimitrijević, & C. B. Fieds (Eds.), *Understanding and managing threats to the environment in South Eastern Europe (str.* 79-100). Dodrecht: Springer.

Klenovšek, A., & Meško, G. (2013). Międzynarodowy handel odpadami: wstępne poszukiwania. W R. D. White (red.), *Transnational environmental crime (The library of essays on transnational crime)* (str. 275-295). Farnham, Burlington: Ashgate.

Koser Wilson, N. (1999). Eko-krytyczna kryminologia - wprowadzenie. *Criminal Justice Policy Review, 10*(2), 155-160.

Kostantinović Ilić, S., Nikolić Ristanović, V., & Kostić, M. (2009). *Kriminologija.* Niš: Pelikan Print.

Lane, P. (1998). Ekofeminizm spotyka się z kryminologią. *Theoretical Criminology, 2*(2), 235-248.

Lash, S., Szerszynski, B., & Wynne, B. (1996). *Ryzyko, środowisko i nowoczesność: W kierunku nowej ekologii.* Londyn: Sage.

Lemieux, A. M., & Clarke, R. V. (2009). Międzynarodowy zakaz sprzedaży kości słoniowej i jego skutki dla kłusownictwa słoniowego w Afryce. *British Journal of Criminology, 49*(4), 451-471.

Levy, M.A. (1994). Czy środowisko jest kwestią bezpieczeństwa narodowego? *Bezpieczeństwo międzynarodowe, 20*(2), 35-62.

Liddick, D. (2009). Transport śmieci i odpadów niebezpiecznych: Przegląd. *Trendy w przestępczości zorganizowanej, 3*(2-3), 134-146.

Lynch, J. M., & Stretsky, B. P. (2001). Toksyczne przestępstwa: Badanie korporacyjnej wiktymizacji ogółu społeczeństwa z wykorzystaniem dowodów medycznych i epidemiologicznych. *Critical Criminology, 10*(3), 153-172.

Lynch, J. M., & Stretsky, B. P. (2003). Znaczenie zielonego: Kontrastujące perspektywy kryminologiczne. *Theoretical Criminology, 7*(2), 217-238.

Lynch, J. M., & Stretsky, P. (2007) Green criminology in the United States. W P. Beirne, & N. South (Eds.), Issues *in green criminology: Konfrontacja ze szkodami dla środowiska, ludzkości i innych zwierząt* (str. 217-238). Portland: Willan Publishing.

Lynch, J. M., McGurrin, D., & Fenwick, M. (2004). Znikający akt: Reprezentacja badań nad przestępczością korporacyjną w literaturze kryminalistycznej. *British Journal of Criminology, 44*(2), 319-341.

Lynch, J. P. (1988). Porównanie wykorzystania więzień w Anglii, Kanadzie, Niemczech Zachodnich i Stanach Zjednoczonych. *Journal of Criminal Law and Criminology, 79*(1), 180-217.

Lynch, M. (1990). Ekologiczna kryminologia: Perspektywa na lata dziewięćdziesiąte. *The Critical Criminologist, 7*(2), 11-12.

Mailley, J. (2008). Zapobieganie przestępczości sytuacyjnej w przestępczości związanej z dziką przyrodą. W *Krajowej Konferencji Środowiskowej, październik 2008 r.* (s. 13-43). Londyn: British Library.

Malešič, M., Malnar, B., Toš, N. et al. (2010). *Slovensko javno mnenje 2009/2: Raziskava o nacionalni in mednarodni varnosti.* Ljubljana: Fakulteta za družbene vede, Center za raziskovanje javnega mnenja in množičnih komunikacij. Odzyskane 9 września 2001 r.1 , z http://www.adp.fdv.uni-lj.si/opisi/sjm092/.

Marshall, A. (1966). *Zasady ekonomii.* Londyn: Macmillan.

Mawby, R. I., & Walklate, S. (1994). *Krytyczna wiktymologia: Perspektywy międzynarodowe.* Londyn: Sage.

McKendall, M.A. (1990). *W obrębie uświęconych ścian: Związek pomiędzy strukturą korporacyjną, kulturą korporacyjną i przestępczością korporacyjną* (rozprawa doktorska). Michigan: Uniwersytet Stanowy Michigan.

Meško, G. & Eman, K. (2012). Udział przestępczości zorganizowanej w handlu odpadami - przypadek Republiki Słowenii. *Kriminalističke teme, 12*(5/6), 79-96.

Meško, G. (2002). *Osnove preprečevanja kriminalitete.* Ljubljana: Visoka policijsko-varnostna šola.

Meško, G. (2008). Prenos kriminalitetnih politik - sodobne kulture odzivanja na kriminaliteto in vloga kriminologov v procesih oblikovanja nadzorstvenih politik. *Revija za kriminalistiko in kriminologijo, 59*(1), 31-38.

Meško, G. (2010). *Kriminologija.* Ljubljana: Fakulteta za varnostne vede.

Meško, G., & Flander, B. (2011). "Penitencjonalność" i tendencje karne w Słowenii: Po "cienistej stronie Alp"? In H. Kury, & E. Shea (Eds.), Punitivity *international developments (*Vol. 1, pp. 227-249). Bochum: Universitätsverlag Brockmeyer.

Meško, G. & Jere, M. (2012). Przestępczość, wymiar sprawiedliwości w sprawach karnych i kryminologia w Słowenii. *Europejskie czasopismo kryminologiczne, 9*(3), 323-334.

Meško, G., Bančič, K., Eman, K., & Fields, C. B. (2011). Situational crime-prevention measures to environmental threats. W: G. Meško, D. Dimitrijević, & C. B. Fields (Eds.), *Understanding and managing threats to the environment in South Eastern Europe (str.* 41-68). Dordrecht: Springer.

Meško, G., Bučar-Ručman, A., & Tominc, B. (2007). Wyzwania związane z lokalnym bezpieczeństwem w Słowenii: Na drodze dobrej woli, odpowiedzialnego obywatelstwa i menadżerstwa. W G., Meško, & B., Dobovšek (Eds.), Policja *w nowych demokracjach: Krytyczne refleksje* (s. 209-241). Ljubljana: Fakulteta za varnostne vede.

Meško, G., Dimitrijević, D., & Fields C. B. (Eds.) (2011). *Zrozumienie i zarządzanie zagrożeniami dla środowiska naturalnego w Europie Południowo-Wschodniej.* Dordrecht: Springer.

Michalowski, R. J., & Kramer, R. C. (1987). Przestrzeń pomiędzy prawami: Problem przestępczości korporacyjnej w kontekście międzynarodowym. *Problemy społeczne, 34*(1), 34-53.

Mihalič, T. (1993). *Problematika okolja in ukrepi ekološke politike v turizmu* (rozprawa doktorska). Ljubljana: Ekonomska fakulteta.

Mitar, M. (2000). *Uvod v metodologijo znananstvenega raziskovanja varnostnih pojavov: splošni del.* Ljubljana: Visoka policijsko-varnostna šola.

Mitar, M. (2011). Nekatere dileme v razmerjih med varstvom okolja in varnostjo sodobne družbe. *Varstvoslovje, 13*(1), 20-29.

Monckton, C. (2009). *Czy Ameryka zrezygnuje z abdykacji?* Wykład na dorocznej konwencji ALEC, Atlanta, Gruzja (lipiec 2009). Odzyskane 17 listopada 2011 r., z http://www.alec.org/am/pdf/nrtf/lord-christopher-monckton.pdf.

Muratbegović, E. & Guso, H. (2011). Primary Categories and Symbiotic Green Crimes in Bosnia and Herzegovina. W: G. Meško, D., Dimitrijević, & C. B. Fields (Eds.), *Understanding and Managing Threats to the Environment in South Eastern Europe (str.* 101-120). Dodrecht: Springer.

Navarro, P. L., Simpson-Housley, P., & de Man, A. F. (1987). Lęk, miejsce kontroli i oceny zanieczyszczenia powietrza. *Percepcyjne umiejętności motoryczne, 64*(3), 811-814.

Nelken, D. (1997). Komu możesz zaufać? Przyszłość kryminologii porównawczej. W: P. Bierne, & D. Nelken (Eds.), Issues *in comparative criminology (str.* 469-492). Aldershott: Ashgate Publishing Company.

Neuman, W. L., & Berger, R. J. (1988). Konkurencyjne perspektywy w zakresie przestępczości międzynarodowej: Ewolucja teorii i dowodów. *The Sociological Quartley, 29*(2), 281-313.

Newburn, T. (2007). *Kryminologia.* Cullompton: Willan Pub.

Odar, V., & Dobovšek, B. (2011). Organizirana ekološka kriminaliteta. *Varstvoslovje, 13*(1), 53-71.

Odar, V., Dobovšek, B., & Eman, K. (2012). Organizirana ekološka kriminaliteta. W: G. Meško, Sotlar, A., & K. Eman (Eds.), Ekološka *kriminaliteta in varovanje okolja - perspektywa multidyscyplinarna (str.* 335-363). Ljubljana: Fakulteta za varnostne vede.

Park, R. E. (1952). *Społeczności ludzkie: Miasto i ekologia człowieka Glencoe.* Illinois: The Free Press.

Pearce, F. (1976). *Przestępstwa potężnych.* Londyn: Pluto Press.

Pečar, J. (1981). Ekološska kriminaliteta w kriminologi. *Revija za kriminalistiko in kriminologijo, 34*(1), 33-45.

Pečar, J. (1988). "Kriminološko" javno mnenje. *Zbornik znanstvenih razprav, 48*, 105-125.

Pečar, J. (1992). Gospodarski kriminal - večna dylemat. *Revija za kriminalistiko in kriminologijo, 43*(4), 328 -341.

Pečar, J. (1996). Podjetnišska kriminaliteta. *Revija za kriminalistiko in kriminologijo, 47*(3), 203-212.

Phelan, J. (1940). *Podróż do więzienia.* Londyn: Seeker & Warburg.

Platt, A. M. (1975). Prospects for a radical criminology in the U.S.A. In I. Taylor, P. Walton, and J. Young (Eds.), *Critical criminology* (pp. 95-112). Londyn: Routledge.

Pličanič, S. (2003). *Temelji ekološkega prava.* Ljubljana: Cankarjeva založba.

Plumwood, V. (2002). *Kultura środowiskowa: Ekologiczny kryzys rozsądku.* Nowy Jork: Routledge.

Plut, D. (2004). *Planeta Zeleni?: prebivalstvo, energija in okolje v 21. stoletju.* Radovljica: Didakta.

Policija. (2003). *Poročilo o delu policije za leto 2002.* Odzyskane 17 listopada 2011 r., ze strony http://www.policija.si/images/stories/Statistika/_LetnaPorocila/PDF/lp2002.pdf

Policija. (2004). *Poročilo o delu policije za leto 2003.* Odzyskane 17 listopada 2011 r., na stronie http://www.policija.si/images/stories/Statistika/_LetnaPorocila/PDF/lp2003.pdf

Policija. (2005). *Poročilo o delu policije za leto 2004*. Odebrane 17 listopada 2011 r., z http://www.policija.si/images/stories/Statistika/_LetnaPorocila/PDF/lp2004.pdf

Policija. (2006). *Poročilo o delu policije za leto 2005*. Odebrane 17 listopada 2011 r., z http://www.policija.si/images/stories/Statistika/_LetnaPorocila/PDF/lp2005.pdf

Policija. (2007). *Poročilo o delu policije za leto 2006*. Odzyskane 17 listopada 2011 r., na stronie http://www.policija.si/images/stories/Statistika/_LetnaPorocila/PDF/pol-lp2006.pdf

Policija. (2008). *Poročilo o delu policije za leto 2007*. Odebrane 17 listopada 2011 r., z http://www.policija.si/images/stories/Statistika/_LetnaPorocila/PDF/pol-lp2007.pdf

Policija. (2009). *Poročilo o delu policije za leto 2008*. Odebrane 17 listopada 2011 r., z http://www.policija.si/images/stories/Statistika/_LetnaPorocila/PDF/LetnoPorocilo2008.pdf

Policija. (2010). *Poročilo o delu policije za leto 2009*. Odzyskane 17 listopada 2011 r., z http://www.policija.si/images/stories/Statistika/LetnaPorocila/PDF/LetnoPorocilo2009.pdf.

Policija. (2011). *Poročilo o delu policije za leto 2010*. Odzyskane 17 listopada 2011 r., z http://www.policija.si/images/stories/Statistika/LetnaPorocila/PDF/LetnoPorocilo2010.pdf.

Policija. (2012). *Poročilo o delu policije za leto 2011*. Odzyskane 17 listopada 2011 r., z http://www.policija.si/images/stories/DelovnaPodrocja/Kriminaliteta/Statistika/PDF/delo-krim2011.pdf.

Policija. (2013). *Poročilo o delu policije za leto 2012*. Odzyskane 17 listopada 2011 r., na stronie http://www.policija.si/images/stories/DelovnaPodrocja/Kriminaliteta/Statistika/PDF/delo-krim2012.pdf.

Policija. (2014). *Poročilo o delu policije za leto 2013*. Odzyskane 17 listopada 2011 r., ze strony http://www.policija.si/images/stories/DelovnaPodrocja/Kriminaliteta/Statistika/PDF/delo-krim2013.pdf.

Posner, R. A. (1998). *Analiza ekonomiczna prawa* (5. edycja). Nowy Jork, Aspen. Prawo i biznes.

Poveda, T. (1994). *Przemyślana zbrodnia w białych kołnierzykach*. Londyn: Praeger.

Prezelj, I. (2010). Infrastruktura Koncept kritične. W I. Prezelj (Ed.), *Kritična infrastruktura v Sloveniji* (s. 9-27). Ljubljana: Fakulteta za družbene vede.

Pulido, L. (2000). Przemyślenie rasizmu środowiskowego: Biały przywilej i rozwój urbanistyczny w południowej Kalifornii. *Annale Stowarzyszenia Geografów Amerykańskich, 90*(1), 12-40.

Quinney, R. (1972). Kim jest ofiara? *Kryminologia, 10*(4), 309-329.

Rakar, I., & Tičar, B. (2011). Nekatera vprašanja upravnopravnega varstva okolja v Republiki Sloveniji. *Varstvoslovje, 13*(1), 5-19.

Reichel, P. L. (2008). *Systemy porównawcze wymiaru sprawiedliwości w sprawach karnych - podejście tematyczne* (5. edycja). Upper Saddle River, New Jersey: Pearson Education.

Reid, S. T. (2004). Przestępczość *i kryminologia*. Floryda: Uniwersytet Stanowy Floryda.

Reuveny, R., & Moore, W. H. (2009). Czy degradacja środowiska wpływa na migrację? Emigracja do krajów rozwiniętych pod koniec lat 80. i 90. *Social Science Quarterly, 90*(3), 461-479.

Rock, P. (1994). *Historia kryminologii*. Dartmouth: Aldershot.

Rokaw, W. M., Mercy, J. A., & Smith, J. C. (1990). Porównując dane z aktu zgonu ze statystykami FBI dotyczącymi zabójstw w USA. *Raporty dotyczące zdrowia publicznego, 105*(5), 447-455.

Romm, J. (1993). *Definiowanie bezpieczeństwa narodowego: Aspekty niewojskowe*. Washington: Rada ds. Stosunków Zagranicznych.

Rosenbaum, D. P., Lurigio, A. J., & Davis, R. C. (1998). *Zapobieganie przestępczości*. Belmont Kanada: Firma wydawnicza Wadsworth.

Ross, D. E. (1999). Wyjaśnienie *czynników związanych z przestępstwami dotyczącymi odpadów niebezpiecznych z wykorzystaniem pola organizacyjnego jako poziomu analizy* (praca doktorska). Newark: Graduate School-Newark Rutgers, State University of New Jersey.

Ross, M. G. (2005). *Praktyczne przetwarzanie i dochodzenie na miejscu zbrodni*. Boca Raton: CRC Press.

Rossi, P. H., Wright, J. D., Weber-Burdin, E., & Pereira, J. (1983). *Ofiary z otoczenia: Straty spowodowane zagrożeniami naturalnymi w Stanach Zjednoczonych*. Nowy Jork: Plenum Press.

Savage, M., Bagnall, G., & Longhurst, B. L. (2001). Zwykłe, ambiwalentne i defensywne: Tożsamości klasowe w północno-zachodniej Anglii. *Socjologia, 35*(4), 875-892.

Schmidt, W. C. (2004). Przestępstwa ekologiczne: Zyski na kosztach Ziemi. *Environmental Health Perspective, 112*(2), 96-103.

Schnaiberg, A. (2002). Refleksje na temat moich 25 lat przed masztem działu środowiska i technologii. *Organizacja i środowisko, 15*(1), 30-41.

Schnaiberg, A., & Gould, K. A. (1989). *Środowisko i społeczeństwo: Trwały konflikt*. Nowy Jork: St. Martin's Press.

Schneider, J. L. (2008). Ograniczenie nielegalnego handlu dzikimi zwierzętami: Podejście polegające na ograniczeniu rynku. *Journal of Contemporary Criminal Justice, 24*(3), 274-295.

Scott, R. W. (1999). *Instytucje i organizacje*. Thousand Oaks, Londyn, New Delhi: Sage Publications.

Seis, M. (1996). Rdzenna amerykańska kryminologia przestępczości ekologicznej. W S. M. Edwards, T. D. Edwards, & C. B., Fields (Eds.), *Environmental crime and criminality: Zagadnienia teoretyczne i praktyczne* (s. 121-146). Nowy Jork: Garland Pub.

Selinšek, L. (2003). Kazenskopravno varstvo okolja in naravnih dobrin - izziv ali nuja? *Pravnik, 58*(9-12), 651-672.

Selinšek, L. (2006). *Gospodarsko kazensko pravo*. Ljubljana: GV založba.

Shelley, L. I. (1981). *Przestępczość i modernizacja: Wpływ industrializacyjnej urbanizacji na przestępczość*. Carbondale: Southern Illinois University Press.

Shusterman, D. (1992). Przegląd krytyczny: Znaczenie zdrowotne zanieczyszczenia środowiska zapachami. *Archiwum Zdrowia Środowiskowego, 47*(1), 76-87.

Siegel, L. J. (2001). Białe kołnierzyki i zorganizowana przestępczość. W S. Horne (Ed.), *kryminologia: Teorie, wzory i typologie* (s. 123-146). Wadsworth: Thomson Learning.

Simon, D. R. (2000). Korporacyjne przestępstwa ekologiczne i nierówności społeczne: Nowe kierunki badań w zakresie sprawiedliwości środowiskowej. *American Behavioral Scientist, 43*(4), 633-645.

Situ, Y., & Emmons, D. (2000). *Przestępczość ekologiczna: Rola systemu sądownictwa karnego w ochronie środowiska.* Thousand Oaks: Sage Publications.

Słoweńska Służba Leśna. (2011). *Lasy w Słowenii.* Odzyskane 17 listopada 2011 r., z http://www.zgs.gov.si/eng/slovenian-forests/forests-in-slovenia/forestation-and-variety-of-forests/index.html.

Smith, R. L., & Smith, T. M. (1998). *Elementy ekologii* (4. edycja). Menlo Park: Benjamin Cummings.

Snider, L. (2000). Socjologia przestępczości korporacyjnej: Nekrolog (lub: czyja wiedza twierdzi, że ma nogi?). *Theoretical Criminology, 4*(2), 169-206.

Sotlar, A., Tičar, B., & Tominc, B. (2011). Analiza słoweńskiej polityki ochrony środowiska: Od deklaracji instytucjonalnych do instrumentalnych regulacji prawnych. W: G. Meško, D. Dimitrijević, & C. B. Fields (Eds.), *Understanding and managing threats to the environment in South Eastern Europe (str.* 11-39). Dordrecht: Springer.

Południe, N. (1998). Zielone pole dla kryminologii? Propozycja perspektywy. *Theoretical Criminology, 2*(2), 211-233.

South, N., Eman, K., & Meško, G. (2014). Historia zielonej kryminologii. W G. Bruinsma & D. Weisburd (Eds.), Encyklopedia *kryminologii i sądownictwa karnego (str.* 2172-2181). Nowy Jork: Springer.

Spence, A. M. (2011). *Następna konwergencja: Przyszłość wzrostu gospodarczego w świecie wielu prędkości.* Nowy Jork: Farrar, Straus i Giroux.

Strojin, T. (1987). *Uvod v pravo okolja.* Ljubljana: Delavska enotnost.

Sutherland, E. H. (1949). Zbrodnia w *białych kołnierzykach.* Nowy Jork: Holt, Rinehart & Winston.

Sutherland, E. H., & Cressey, D. R. (1974) (pochodzenie. 1960). *Zasady kryminologii.* Philadelphia: Lippincott.

Šifrer, J. & Bren, M. (2011). *SPSS - multivariatne metode v varstvoslovju.* Ljubljana: Fakulteta za varnostne vede.

Šinkovec, J. (1986). *Splošno o varstvu okolja.* Ljubljana: Delavska skupnost.

Šturm, L. (1996). Izhodišča za pravno varstvo okolja. W: L. Šturm (red.), *Upravni zbornik* (str. 173-190). Ljubljana: Inštitut za javno upravo.

Taylor, I. (1999). Kryminologia po Maastricht. *Crime, Law & Social Change, 30(4),* 333-346.

Terrill, R. J. (1982). Podejście do nauczania porównawczego wymiaru sprawiedliwości w sprawach karnych dla studentów. *Criminal Justice Review, 7*(1), 23-27.

Tranter, B. (2004). Ruch na rzecz środowiska: Dokąd stąd? W R. White (Ed.), *Controversies in environmental sociology* (str. 185-203). Melbourne: Cambridge University Press.

Organizacja Narodów Zjednoczonych. (1985). *Deklaracja podstawowych zasad dla ofiar przestępstw i nadużycia władzy.* Odzyskane 18 kwietnia 2011 r., na stronie http://www2.ohchr.org/english/law/pdf/victims.pdf.

van Dijk, J., & de Waard, J. (1991). Dwuwymiarowa typologia projektów zapobiegania przestępczości. *Criminal Justice Abstracts*, (Sep.), 483-503.

van Swaaningen, R. (1997). *Krytyczna kryminologia: Wizje z Europy*. Londyn: Sage Publications.

Vrhovno državno tožilstvo [VDT]. (2002). *Skupno poročilo o delu državnih tožilstev 2001*. Ljubljana: Ministrstvo za pravosodje, Vrhovno državno tožilstvo.

Vrhovno državno tožilstvo [VDT]. (2003). *Skupno poročilo o delu državnih tožilstev 2002*. Ljubljana: Ministrstvo za pravosodje, Vrhovno državno tožilstvo.

Vrhovno državno tožilstvo [VDT]. (2004). *Skupno poročilo o delu državnih tožilstev 2003*. Ljubljana: Ministrstvo za pravosodje, Vrhovno državno tožilstvo.

Vrhovno državno tožilstvo [VDT]. (2005). *Skupno poročilo o delu državnih tožilstev 2004*. Ljubljana: Ministrstvo za pravosodje, Vrhovno državno tožilstvo.

Vrhovno državno tožilstvo [VDT]. (2006). *Skupno poročilo o delu državnih tožilstev 2005*. Odzyskane z http://www.dt-rs.si/uploads/documents/letno_porocilo_2005.pdf

Vrhovno državno tožilstvo [VDT]. (2007). *Skupno poročilo o delu državnih tožilstev 2006*. Odzyskane z http://www.dt-rs.si/uploads/documents/Letno_porocilo_06.pdf

Vrhovno državno tožilstvo [VDT]. (2008). *Skupno poročilo o delu državnih tožilstev 2007*. Odzyskane z http://www.dt-rs.si/uploads/documents/Letno__POROCILO_2007_24.pdf

Vrhovno državno tožilstvo [VDT]. (2009). *Skupno poročilo o delu državnih tožilstev 2008*. Odzyskane z http://www.dt-rs.si/uploads/documents/POROCILO-2008-koncna8.pdf.

Vrhovno državno tožilstvo [VDT]. (2010). *Skupno poročilo o delu državnih tožilstev 2009*. od http://www.dt-rs.si/uploads/documents/letno%20porocilo/POROCILO-2009.pdf.

Vrhovno državno tožilstvo [VDT]. (2011). *Skupno poročilo o delu državnih tožilstev 2010*. Odzyskane z http://www.dt-rs.si/uploads/documents/letno%20porocilo/POROCILO-2010-koncno_III.pdf.

Vrhovno državno tožilstvo [VDT]. (2012). *Skupno poročilo o delu državnih tožilstev 2011*. Odzyskane z http://www.dt-rs.si/uploads/documents/letno%20porocilo/POROCILO-2011.pdf

Vrhovno državno tožilstvo [VDT]. (2013). *Skupno poročilo o delu državnih tožilstev 2012*. Odzyskane z http://www.dt-rs.si/uploads/documents/letno%20porocilo/POROCILO-2012.pdf.

Vrhovno državno tožilstvo [VDT]. (2014). *Skupno poročilo o delu državnih tožilstev 2013*. Odzyskane z http://www.dt-rs.si/uploads/documents/letno%20porocilo/porocilo-2013.pdf

Watson, M. (2005). Przestępczość zorganizowana i środowisko: Brytyjskie doświadczenie. *Przegląd europejskiego prawa ochrony środowiska, 14*(9), 207-213.

Weber, M. (1954). *Max Weber o prawie w gospodarce i społeczeństwie*. Nowy Jork: Touchstone Book.

Weisburd, D. (1997). *Reorientacja badań i polityki w zakresie zapobiegania przestępczości: Od przyczyn przestępczości do kontekstu przestępstwa. Raport z badań*. Washington: National Institute of Justice, Departament Sprawiedliwości USA.

Wellsmith, M. (2010). Możliwość zastosowania zapobiegania przestępczości do problemów związanych ze szkodami w środowisku: Uznanie nielegalnego handlu zagrożonymi gatunkami. W R. D. White (Ed.), *Global environmental harm* (str. 132-147). Portland: Willan Publishing.

White, R. D. (2003). Kwestie środowiskowe i wyobraźnia kryminologiczna. *Theoretical Criminology*, *7*(4), 483-506.

White, R. D. (2004). *Kontrowersje w socjologii środowiskowej*. Cambridge, Nowy Jork: Cambridge University Press.

White, R. D. (2007). Zielona kryminologia i dążenie do sprawiedliwości społecznej i ekologicznej. W P. Beirne, & N. South (Eds.), Issues *in green criminology: Konfrontacja ze szkodą dla środowiska, ludzkości i innych zwierząt* (str. 32-54). Cullompton, Portland: Willan Publishing.

White, R. D. (2008a). *Przestępstwa przeciwko naturze: Kryminologia środowiskowa i sprawiedliwość ekologiczna*. Cullompton, Portland: Willan Publishing.

White, R. D. (2008b). Szkody w środowisku i zapobieganie przestępczości. *Trendy i problemy w przestępczości i wymiarze sprawiedliwości w sprawach karnych, (*360), 1-6.

White, R. D. (2010a). Ofiary środowiskowe i opór wobec przestępstw państwowych poprzez działalność międzynarodową. Sprawiedliwość *społeczna, 36*(3), 46-60.

White, R. D. (2010b). Ściganie i skazywanie w związku z przestępstwami przeciwko środowisku: Ostatnie wydarzenia społeczno-prawne. *Przestępczość, prawo i zmiany społeczne*, *53*(4), 365-381.

White, R. D. (Ed.) (2009). *Przestępczość ekologiczna: Czytelnik*. Cullompton: Willan Publishing.

White, R. D., & Habibis, D. (2005). *Przestępczość i społeczeństwo*. Oksford: Oxford University Press.

Williams, B. L., Brown, S., & Greenberg, M. (1999). Czynniki wpływające na postrzeganie zaufania wśród mieszkańców okolic składowiska broni jądrowej rzeki Savannah. *Środowisko i zachowanie, 31*(3), 354-371.

Williams, C. (2009). Wiktymologia środowiskowa. W R. D. White (Ed.), *Przestępstwo ekologiczne: Czytnik* (s. 200-221). Cullompton: Willan Publishing.

Wilson, D. B., Mitchell, O., & MacKenzie, D. L. (2006). Systematyczny przegląd skutków sądownictwa antynarkotykowego w zakresie recydywy. *Journal of Experimental Criminology, 2*(4), 459-487.

Zakon o inšpekcijskem nadzoru [ZIN-UPB1]. (2007). *Uradni lista RS*, (43/07).

Zakon o ohranjanju narave (uradno prečiščeno besedilo) [ZON-UPB2]. (2004, 2006, 2008, 2010). *Uradni lista RS*, (96/04, 61/06, 32/08, 8/10).

Zakon o prekrških (uradno prečiščeno besedilo) [ZP-1-UPB8]. (2011). *Uradni lista RS*, (29/11).

Zakon o ravnanju z gensko spremenjenimi organizimi [ZRGSO-UPB1]. (2005, 2010). *Uradni lista RS*, (23/05, 21/10).

Zakon o spremembah in dopolnitvah Kazenskega zakonika [KZ-1B]. (2011). *Uradni lista RS*, (91/11).

Zakon o varstvu okolja (uradno prečiščeno besedilo) [ZVO-1-UPB1]. (2006, 2008, 2009). *Uradni list RS*, (39/06, 66/06, 112/06, 70/08, 108/09).

Zakon o vodah [ZV-1]. (2002, 2004, 2008). *Uradni list RS*, (67/02, 110/02, 2/04, 41/04, 57/08).

Zgaga, S. (2011). Uczestnictwo w międzynarodowym prawie karnym. *Law & Justice review, 1(2),* 99-132.

Zilney, L. A., McGurrin, D., & Zahran, S. (2006). Sprawiedliwość ekologiczna i rola kryminologii: Analityczny przegląd 33 lat badań nad sprawiedliwością środowiskową. *Criminal Justice Review, 31*(1), 47-62.

Zorman, I. (1986). Kazenskopravno varstvo okolja. W: J. Gregorič (Ed.), *Prostor in okolje: pravni problemi* (s. 269-300). Ljubljana: Gospodarski vestnik.

Žnidaršič-Kranjc, A. (1998). Nekaj izhodišč o gospodarski kriminaliteti. *Revija za kriminalistiko in kriminologijo, 40*(2), 198-204.

FSC
www.fsc.org
MIX
Papier | Fördert gute Waldnutzung
FSC® C083411

Kolibri 360 GmbH
Ferdinand-Jühlke-Straße 7
99095 Erfurt, Deutschland
produktsicherheit@kolibri360.de

Druck:
CPI Druckdienstleistungen GmbH
im Auftrag der
Kolibri 360 GmbH
Ferdinand-Jühlke-Str. 7
99095 Erfurt